ESTE ES EL MOMENTO DE LA VERDAD

Verdades que harán más profunda tu fe en Cristo

LEE STROBEL
Mark Mittelberg

Para vivir la Palabra

Para vivir la Palabra

Publicado por:

Editorial Nivel Uno, Inc.
3838 Crestwood Circle
Weston, Fl 33331
www.editorialniveluno.com

©2016 Derechos reservados

ISBN: 978-1-941538-21-0

Desarrollo editorial: *Grupo Nivel Uno, Inc.*
Diseño interior: *Grupo Nivel Uno, Inc.*

Copyright ©2016 por Lee Strobel
Originally published in English under the title:
    Today's Moment of Truth
    by Zondervan
    Grand Rapids, Michigan, 49546, U.S.A.

Todos los derechos reservados. Se necesita permiso escrito de los editores, para la reproducción de porciones del libro, excepto para citas breves en artículos de análisis crítico.

A menos que se indique lo contrario, todos los textos bíblicos han sido tomados de las siguientes versiones:
Santa Biblia, Nueva Versión Internacional® NVI® ©1999 por Bíblica, Inc.®. Usada con permiso.
Reina Valera 1960© por Sociedades Bíblicas en América Latina. Usada con permiso.

Printed in the United States of America
Impreso en Estados Unidos de América

16 17 18 19 20 21 22 VP 9 8 7 6 5 4 3 2 1

Dedicado a nuestros queridos amigos Karl y Barbara Singer, tenazmente comprometidos a compartir con los demás el amor y la verdad de Cristo.

«Conocerán la verdad, y la verdad los hará libres.»

JESÚS, EN JUAN 8:32

ÍNDICE

Introducción 9

    La ciencia se encuentra con las Escrituras. 10
    Un equilibro delicado 12
    Los orígenes de la vida. 14
    Hechos a imagen de Dios 16
    ¿Jesús en Génesis? 18
    ¿Podemos confiar en la historia de Jonás? 20
    Busca a Dios de todo corazón. 22
    Un científico descubre a Dios. 24
    Divina condescendencia. 26
    Los cielos cuentan 28
    ¿Quién diseñó al Diseñador? 30
    Las personas importan. 32
    La tribu del Mesías 34
    El universo ofrece pistas 36
    ¿Algo de la nada? 38
    ¿Es eterno Dios? 40
    Al filo de la navaja 42
    Diseño en el nivel molecular 44
    Si tuviera que adivinar. 46
    El Mesías sufriente 48
    Probabilidades proféticas 50
    Traspasado 52
    En busca de Nazaret 54
    ¿Murió Jesús en realidad? 56
    ¿Estaba vacía la tumba? 58
    ¡Último momento! ¡Resucitó! 60
    Aparición del Jesús resucitado 62
    ¿Discípulos soñadores? 64
    El factor Jerusalén 66
    Evidencia más allá de la Biblia 68
    Argumento a favor de la resurrección 70
    Respuestas a la resurrección. 72
    El impacto de la Pascua 74

La esperanza de la Pascua	76
Santa audacia	78
Plan de acción	80
Nos conocerán por nuestro... ¿qué?	82
¿Cuántos dioses?	84
¿Es Jesús Dios?	86
Cuestión de identidad	88
Los no profetas	90
¿Es el Espíritu Santo una fuerza?	92
Triunidad	94
¿Son tres iguales a uno?	96
Implicaciones de la naturaleza de Dios	98
¿Y si los científicos crearan vida?	100
La fe es...	102
Creer que vs. Creer en	104
Profetas de la Biblia vs. Mahoma	106
¿Paternidad universal?	108
El problema del mal	110
Jesús dijo la verdad	112
Sigue la luz	114
Puntos que iluminan, primera parte	116
Puntos que iluminan, segunda parte	118
Puntos que iluminan, tercera parte	120
Puntos que iluminan, cuarta parte	122
Puntos que iluminan, quinta parte	124
La Luz suprema	126
Negación del mal	128
Deificación del mal	130
¿El mal como evidencia de Dios?	132
La verdad prevalece	134
Malas noticias, buenas noticias	136
Dios habla	138
Interrupciones divinas	140
Lo que es	142
La verdad del evangelio: Dios	144
La verdad del evangelio: las personas	146
La verdad del evangelio: Cristo, primera parte	148
La verdad del evangelio: Cristo, segunda parte	150

La verdad del evangelio: Tú	152
La propensión anti-Dios	154
Excursiones de Dios	156
Preparados	158
Eliminar obstáculos	160
Morir por la esperanza	162
De primera mano	164
Coincidencias sin designio	166
¿Demasiado angosto?	168
¿Sudar sangre?	170
Jesús o nadie	172
Con toda tu mente	174
¿Es malo tener razón?	176
¿No podemos solo coexistir?	178
Bienvenidas las preguntas	180
¿Quién tiene fe?	182
Sustitutos de la fe	184
Bendiciones del que duda	186
Camino a creer, primera parte	188
Camino a creer, segunda parte	190
Cristianos geniales	192
Hacer vs. Hecho	194
¿Mensajeros de Dios?	196
Representantes convincentes	198
El particular amor de Dios	200
El amor personal de Dios	202
Confianza espiritual	204
La última puerta	206
El evangelio que cambia vidas	208
Rocas imposiblemente grandes	210
El beneficio de la duda	212
Descanso para el cansado	214
Deja espacio para la duda	216
Cuando las respuestas te eluden	218
Acceso divino	220
¿Un club exclusivo?	222
La avalancha de la información científica	224
Paralelos curiosos	226

De la ciencia a Dios. 228
El peso de la prueba 230
Dios y la esclavitud. 232
Dios y el racismo 234
La vida sin Dios. 236
La muerte sin Dios 238
La historia habla 240
¿Qué pensaría Jesús del islam? 242
¿Qué pensaría Jesús de los musulmanes? 246
Cristianos conocen a un musulmán 248
Encuentra tu voz, primera parte 250
Encuentra tu voz, segunda parte 252
Tomar la Biblia en sentido literal 254
¿Falta de verdad en la Biblia? 256
La naturaleza de Proverbios. 258
Religión verdadera 260
La inspiración de la Biblia. 262
Letras y tildes. 264
El libro más vendido de todos los tiempos. 266
Coherencia de la Biblia. 268
Fechas de la antigüedad 270
La línea viva. 272
«Vergüenza de riqueza» 274
La arqueología y la Biblia, primera parte 276
La arqueología y la Biblia, segunda parte 278
La arqueología y el libro del Mormón 280
¿Una religión de imitación? 282
Mitos sobre Mitras 284
Recursos literarios de la Biblia 286
Distorsión de las Escrituras 288
Cómo interpretar las Escrituras 290
Los nacidos de nuevo. 292
¿Evangelios perdidos? 294
Dudas sobre (el evangelio de) Tomás. 296
Gente que jamás oyó, primera parte 298
Gente que jamás oyó, segunda parte. 300
¿Son todos los pecados iguales? 302
¿Es malo juzgar siempre? .304

7

Amar aun en desacuerdo 306
Hablar la verdad en amor 308
¿Hay alguien que busque a Dios en verdad? 310
Respuesta a la reencarnación, primera parte 312
Respuesta a la reencarnación, segunda parte 314
Ateos enojados 316
Separación lenta de Dios. 318
Nunca estamos solos 320
Matrimonio bíblico 322
Supuestas contradicciones, primera parte. 324
Supuestas contradicciones, segunda parte. 326
Supuestas contradicciones, tercera parte 328
¿Alteraciones irremediables? 330
Argumento a favor de la Biblia 332
¿Proyección de Dios? 334
El canon del Nuevo Testamento 336
El verdadero Jesús 338
Falsificaciones del Nuevo Testamento 340
Variaciones en los manuscritos bíblicos 342
Impacto de Jesús en el mundo 344
Especulaciones sobre el multiversículo 346
El argumento a partir de la moralidad. 348
Historia de dos pródigos. 350
Gracia para la gente «buena» 352
El codificador divino. 354
Evidencia desde la conciencia 356
La evidencia del diseño 358
Incluso en los malos tiempos 360
La realidad del cielo 362
Riquezas no reclamadas 364
Las armas con que peleamos, primera parte 368
Las armas con que peleamos, segunda parte 370
Las armas con que peleamos, tercera parte 372
Notas 374
Los autores . . . .

INTRODUCCIÓN

ACERCÁNDOSE UNO DE LOS ESCRIBAS, QUE LOS HABÍA OÍDO DISPUtar, y sabía que les había respondido bien, le preguntó: ¿Cuál es el primer mandamiento de todos? Jesús le respondió: El primer mandamiento de todos es: Oye, Israel; el Señor nuestro Dios, el Señor uno es. Y amarás al Señor tu Dios con todo tu corazón, y con toda tu alma, y con toda tu mente y con todas tus fuerzas. Este es el principal mandamiento (Marcos 12:28-30).

Muchos cristianos aman de veras a Dios en dos de estas tres formas: con todo su *corazón* y con toda su *alma*. Quizá se deba en parte al hecho de que casi toda la literatura devocional suele cubrir esas dos áreas.

Lo que parece estar faltando es material devocional que se ocupe de las otras dos áreas, la tercera y la cuarta que Jesús mencionó: amar a Dios con toda nuestra *mente* y con todas nuestras *fuerzas*. Y como muchos cristianos no están tan bien capacitados en esos aspectos, suelen reaccionar ante nuestra cultura cada vez más secular a la defensiva, con confusión espiritual o incluso negociando.

Como resultado hay muchos creyentes que, como dice el apóstol Pablo, terminan «llevados por doquiera de todo viento de doctrina, por estratagema de hombres que para engañar emplean con astucia las artimañas del error» (Efesios 4:14).

No tiene por qué ser así. Más bien, explica luego Pablo, tenemos que ser personas que hablemos «siguiendo la verdad en amor» para crecer «en todo en aquel que es la cabeza, esto es, Cristo» (v. 15).

Fue con esa visión que mi compañero de ministerio de tantos años, Mark Mittelberg, y yo decidimos escribir *Este es el momento de la verdad*. La visión de esta obra es comunicar la verdad con amor, en formas que nos ayuden a amar mejor a Dios con toda nuestra mente, con todas nuestras fuerzas.

Estamos convencidos de que una de las mejores maneras de fortalecer a los fieles en su vida con Cristo es brindándoles infusiones diarias de verdad, las cuales les ayuden a crecer en el entendimiento de Dios, quién es Él, qué han de saber acerca de Él y por qué es que podemos confiar en Él.

Más allá de ello, quisimos preparar estos devocionales diarios para que no solo refuercen la fe del cristiano sino que abran el acceso a la evidencia en pro de la fe cristiana a esos lectores curiosos —incluidos los estudiantes— que se interesan por evaluar en mayor profundidad el argumento a favor de la fe bíblica.

Lo que escribimos se basa en datos y hechos de las Escrituras, pero también en la ciencia, la historia, la filosofía, la arqueología, la experiencia y otros campos del saber. En última instancia, queremos cada día señalarte una vez más a aquel que dijo: «Yo *soy*... la verdad» (Jesús, en Juan 14:6, énfasis añadido por mí).

Como verás, cada lectura comienza con un breve pasaje de la Biblia que tiene que ver con el tema que exploraremos ese día. Luego tratamos el asunto, a menudo con la cita de algún pensador opuesto a la posición cristiana, y continuamos con un razonamiento y con evidencia que nos muestra dónde está la verdad y por qué podemos creerla. Concluimos la lectura de cada día con un resumen breve titulado «La verdad para este día».

Hay 180 lecciones. Podrás leerlas a solas, con un amigo, con alguien de tu familia. O quizá quieras hacerlo con tu grupo de la iglesia, con tu clase de escuela dominical, o con toda tu congregación, en grupo o individualmente para luego poder conversar y animarse los unos a los otros en cuanto a lo que vayan aprendiendo.

Habrá quienes encuentren que lo aprendido se podrá aplicar de inmediato en sus vidas. Habrá otras verdades que quedarán «archivadas» en la memoria para surgir más adelante, cuando haga falta. Y aun otras que brindarán información que te ayudará en tu conversación con otras personas, permitiéndote presentar la verdad de la fe cristiana con confianza y seguridad, ante quienes necesiten conocer a Cristo.

Es lo que me sucedió cuando Mark y yo nos preparábamos para una conferencia a micrófono abierto con cientos de creyentes y sus amigos no creyentes, en una iglesia de Atlanta. Mientras nos preparábamos percibí que Dios me llevaba a estar dispuesto a responder a una pregunta sobre las influencias que supuestamente tuvieron las religiones míticas sobre el cristianismo (Ver: ¿Una religión de imitación? y Mitos sobre Mitra).

Presté especial atención al tema mientras me preparaba y, de hecho, esa tarde solamente pensé en ello. Cuando comenzó la conferencia, yo estaba pronto para responder. Pero durante las dos horas de preguntas y respuestas, ¡esa noche nadie preguntó sobre el tema! Volví a la habitación de mi hotel rascándome la cabeza. Había tenido tanta certeza de que Dios me había guiado en eso.

Pero unas dos semanas después Mark y yo estábamos de regreso en nuestra iglesia de Chicago, donde organizamos una conferencia de preguntas y respuestas parecida a la anterior. Tras dos horas de responder a una cantidad de preguntas por parte de la gente, Mark les dijo que solo teníamos tiempo para una pregunta más.

Sí… adivinaste. La última pregunta de esa noche la formuló un hombre que estaba sentado en la primera fila y a quien le perturbaba el hecho de que las religiones míticas hubiesen influido en las historias del Nuevo Testamento. Después de que el hombre explicara qué era lo que le preocupaba, Mark respondió: «Es una pregunta realmente muy buena. Creo que dejaré que Lee la responda», y me miró, sonriendo.

¡Al fin!, pensé, y procedí a ofrecerle una de las respuestas que mejor había preparado para cualquiera de los temas. Y fíjate lo que pasó: después de mi explicación, el hombre se sentó y dijo: «Gracias. Fue muy útil. De hecho, era el último tema que me impedía ser cristiano».

¡Esa misma noche el hombre le entregó su vida a Cristo!

Así que recuerda esto a medida que leas este libro día tras día: hay momentos de verdad que son para ti en ese preciso instante y habrá otros que son para el futuro, así como otros más para aquellas personas a las que Dios quiere que llegues.

Que Dios te bendiga mientras lees y compartes con los demás lo que hemos escrito en *Este es el momento de la verdad*.

Lee Strobel

LA CIENCIA SE ENCUENTRA CON LAS ESCRITURAS

«En el principio creó Dios los cielos y la tierra».

GÉNESIS 1:1

SE HA ESCRITO MUCHO SOBRE LOS ORÍGENES DEL UNIVERSO. ¿Existió siempre o tuvo un comienzo? Y si lo tuvo, ¿qué fue lo que causó que surgiera a existencia?

A comienzos del siglo veinte se difundió la idea que fue formando la teoría que prevaleció entre los cosmólogos. «En el principio hubo una explosión», explicó el físico y premio Nobel Steven Weinerg. «No fue una explosión como las que conocemos en la tierra, que comienza en un centro definido y se expande para abarcar una porción cada vez mayor del aire circundante, sino más bien una explosión simultánea en todas partes, que llenó todo el espacio desde el principio y en la que cada partícula de materia se separó de las demás partículas».[1]

En la más mínima fracción de segundo, la temperatura llegó a cien mil millones de grados centígrados. «Eso es mucho más caliente que el núcleo de la estrella más ardiente», escribió.[2]

Al separarse y dispersarse la materia, explicó, se aislaron esas partículas elementales, los electrones de carga negativa y los positrones de carga positiva, más los neutrinos que carecen de carga eléctrica y masa. Lo interesante es que también había fotones. Además, dijo que «el universo estaba lleno de luz».[3]

Robert Jasrow, astrónomo y director fundador del Instituto Goddard de la NASA para el estudio del espacio, escribió que «la materia del universo [estaba] compactada en una densa masa bajo enorme presión, con temperaturas en el rango de los trillones de grados. La enceguecedora brillantez de este universo denso y caliente tiene que haber sido indescriptible. Es una imagen que sugiere la explosión de una bomba cósmica de hidrógeno. El instante en el que estalló la bomba cósmica marcó el comienzo del universo... en el más puro sentido físico, fue el momento de la creación».[4]

El universo mismo y el tiempo estallaron surgiendo a la existencia a partir de un punto infinitesimal que los científicos llaman *singularidad*. Y la ciencia no puede explicarlo.

Sin embargo, el primer versículo de la Biblia explica: «En el principio creó Dios los cielos y la tierra» (Génesis 1:1). Los teólogos tienen una expresión clásica: «Dios lo creó todo *ex nihilo*», es decir, a partir de la nada.

La ciencia se está poniendo a la par de las Escrituras. Jastrow, que no era cristiano, observó en una de sus más famosas citas: «Para el científico que ha vivido por la fe en el poder de la razón, la historia termina igual que una pesadilla. Ha escalado las montañas de la ignorancia; está a punto de conquistar el pico más alto; pero cuando logra trepar esa última roca lo saludan una banda de teólogos que han estado sentados allí desde hace siglos».[5]

La verdad para este día

Como cristianos debemos amar la verdad. Aprovecha entonces toda oportunidad de aprender de la teología y de la ciencia mientras adoras al Dios de toda verdad.

UN EQUILIBRO DELICADO

«E hizo Dios las dos grandes lumbreras; la lumbrera mayor para que señorease en el día, y la lumbrera menor para que señorease en la noche; hizo también las estrellas. Y las puso Dios en la expansión de los cielos para alumbrar sobre la tierra, y para señorear en el día y en la noche, y para separar la luz de las tinieblas. Y vio Dios que era bueno».

GÉNESIS 1:16-18

HAY MUCHAS PERSONAS QUE PIENSAN QUE LA EXISTENCIA DE LA vida no es más que un feliz accidente. Que todos los elementos fueron uniéndose por casualidad y entonces... ¡Puf! ¡Aparecimos!

Pensemos, por ejemplo, en lo esenciales que son nuestro sol y nuestra luna para la vida en la tierra. Sin el sol el agua estaría congelada y no podrían vivir ni las plantas ni los animales. Y la luna también tiene un papel vital. Pero, ¿no es acaso nuestro sol una estrella común y nuestra luna igual a tantísimas otras del sistema solar? ¿Son tan inusuales los factores que contribuyen a la vida en nuestro planeta?

Tal como lo descubrieron los astrónomos, nuestro sol y nuestra luna son mucho más excepcionales de lo que se pensaba. Lejos está nuestro sol de ser común porque tiene exactamente la masa y composición correctas y está a la distancia ideal de la tierra como para permitir que haya vida en nuestro planeta. Si su tamaño fuera mucho menor, su luminosidad no daría lugar a la tan eficiente fotosíntesis que necesitan las plantas. Y si estuviera mucho más cerca, el agua herviría y se evaporaría de la superficie de la tierra. Del mismo modo, nuestra luna está justo a la distancia adecuada y tiene el tamaño preciso como para mantener estable el eje de inclinación de la tierra. Sin esa presencia estabilizadora, la tierra oscilaría peligrosamente y las consecuencias para la vida serían devastadoras.

Los factores que permiten que haya vida en nuestro planeta son inusualmente ideales.

El sol y la luna son solamente dos de las incontables variables que están perfectamente alineadas desde el comienzo del universo, como para preparar el escenario para la vida humana.

Así, Dios nos amonesta en Isaías 40:26: «Levantad en alto vuestros ojos, y mirad quién creó estas cosas; él saca y cuenta su ejército; a todas llama por sus nombres; ninguna faltará; tal es la grandeza de su fuerza, y el poder de su dominio».

El Creador diseñó y equilibró amorosamente las huestes estelares a fin de proveer todo lo necesario para la vida. ¡Y eso no fue ningún accidente!

La verdad para este día

Mira de nuevo al cielo, quizá esta noche cuando esté oscuro, y recuerda quién creó todo lo que ves. Luego alábale por poner todo en su lugar para que podamos vivir, conocerle ¡y adorarle!

LOS ORÍGENES DE LA VIDA

> «Dijo Dios: Produzcan las aguas seres vivientes, y aves que vuelen sobre la tierra, en la abierta expansión de los cielos».
>
> Génesis 1:20

«DARWIN... NO PUDO RESPONDER A LA PREGUNTA DE CÓMO ES que surgió la vida», afirmó el físico Paul Davies, uno de los científicos citados en un artículo del *New York Times*. «A pesar de que la investigación ha sido y es intensiva, los científicos todavía no logran conocer el mecanismo que transformó una sopa química inerte en una célula con vida».[1]

Le pregunté acerca de las distintas teorías al experto en origen de la vida Walter Bradley, coautor del importante libro *El misterio del origen de la vida*. Mi pregunta fue qué explicaciones han hallado los científicos para que naturalmente se haya generado la primera célula viva, incluyendo el azar, la afinidad química, las tendencias al orden propio, la semilla del espacio, las fumarolas del océano y el uso de la arcilla para alentar la configuración de sustancias químicas prebióticas. Bradley demostró que ninguna de esas teorías logra pasar el escrutinio científico.[2]

Muchos otros hombres de ciencia han llegado a la misma conclusión. «La ciencia no tiene ni la menor idea de cómo fue que comenzó la vida», escribió el periodista Gregg Easterbrook sobre el campo de estudio del origen de la vida. «No existe una teoría que se acepte en general; por lo que los pasos que lleven de un mundo primordialmente estéril a la frágil química de la vida parecen imponderables».[3]

Bradley no solo concuerda con esa postura sino que dijo que las incomprensibles dificultades para cubrir la brecha que hay entre la falta de vida y la vida significan que bien podría no existir potencial de encontrar una teoría que explique la posibilidad de que la vida haya surgido de manera espontánea. Por eso está convencido de que la «evidencia abrumadora y absoluta» apunta a una inteligencia creadora de la vida.

Es más, dijo: «Pienso que quienes creen que la vida surgió naturalmente necesitan tener una fe mucho más grande que los que infieren razonablemente que existe un Diseñador Inteligente».[4]

El bioquímico y escéptico espiritual Francis Crick, coganador del premio Nobel por el descubrimiento de la estructura molecular del ADN, reconoció: «Un hombre sincero armado con todo el conocimiento del que disponemos hoy podría afirmar que, en cierto sentido, el origen de la vida aparenta ser en este momento casi un milagro, porque son muchas las condiciones que tendrían que haberse satisfecho para que comenzara la vida».[5]

«Si no hay una explicación natural y no parece haber potencial de que lleguemos a encontrarla, entonces creo adecuado que miremos la explicación sobrenatural», declaró Bradley. «Basándonos en la evidencia, pienso que esta es la deducción más razonable».[6]

Creo que el autor del libro de Génesis estaría de acuerdo con él.

La verdad para este día

Son muchos los que se esfuerzan por encontrar respuestas que no son las que se nos dan en la Biblia. Pero se demuestra cada vez más que Jesús dijo la verdad al afirmar ante el Padre en Juan 17:17: «Tu palabra es verdad».

HECHOS A IMAGEN DE DIOS

> «Y creó Dios al hombre a su imagen, a imagen de Dios lo creó; varón y hembra los creó».
>
> Génesis 1:27

EL HECHO DE QUE LOS SERES HUMANOS FUIMOS CREADOS A IMAgen de Dios, para los cristianos, es una de las revelaciones bíblicas más importantes. Y es también la más atacada por quienes son ajenos a la fe.

Es cierto que ello suele provocarnos una interminable cantidad de asesinatos, violaciones, ataques, genocidios y otras formas de violencia cruel en este mundo. ¿Cómo podríamos haber sido creados a imagen de Dios si los humanos cometemos actos tan malvados? ¿Cómo explicar las guerras y el abuso si es cierto que compartimos con Dios algunas de sus características?

Hay quienes afirman incluso que, aunque podemos ser más sofisticados y avanzados que el resto del reino animal, nuestro valor no es mayor al de ninguna otra criatura porque —según creen los que lo afirman— todos hemos evolucionado naturalmente y sin impronta divina alguna.

Imago Dei significa «la imagen de Dios». Esta frase se refiere a dos cosas de manera que se entiendan: a las características del espíritu humano, y a nuestra capacidad para reconocer la diferencia entre lo bueno y lo malo, el bien y el mal.

Nuestro espíritu humano brinda evidencia de que en nosotros están vivas las características de Dios: el amor, la justicia y la libertad. La naturaleza humana no tiene par sobre la tierra. Hasta el académico evolucionista Ian Tattersall admite: «El *Homo sapiens* no es simplemente la versión mejorada de sus ancestros. Es un concepto nuevo».[1] En el nivel más básico de esta naturaleza yace la capacidad de conocernos a nosotros mismos, algo que tiene sus raíces en la conciencia de sí mismo, inherente al ser humano, y también en nuestra capacidad para razonar y en nuestras emociones, como la ira y el amor. Nuestra conciencia de nosotros mismos nos permite ver que tenemos un valor inherente, más allá de nuestra utilidad o función.

Otra de las cualidades que compartimos con Dios es la capacidad moral para reconocer el bien y el mal, que Dios mostró a través de Adán y Eva. Podemos actuar entonces con libertad, de modo moralmente bueno o malo. Podemos elegir si queremos reflejar la imagen moral de Dios o rechazarla. Pero sea lo que sea que elijamos, la capacidad para decidir revela nuestra subyacente semejanza con nuestro Creador.

No es una exageración decir que los humanos somos tan distintos del resto de la creación. Esas abismales diferencias que separan la conciencia de nosotros mismos, la moralidad de la amoralidad, nos hablan de la potente evidencia de que en verdad fuimos creados a imagen de Dios.

La verdad para este día

De toda la creación somos los únicos creados a imagen de Dios. Esto nos recuerda que fuimos creados con gran valor y para propósitos nobles. Que tenemos enorme potencial. ¿Qué buen objetivo quiere Dios que intentes cumplir hoy?

¿JESÚS EN GÉNESIS?

> *«Jehová Dios dijo a la serpiente: Por cuanto esto hiciste... pondré enemistad entre ti y la mujer, y entre tu simiente y la simiente suya; ésta te herirá en la cabeza, y tú le herirás en el calcañar».*
>
> Génesis 3:14-15

HAY UNA ESCENA EN LOS PRIMEROS MOMENTOS DE LA PELÍCULA *La pasión de Cristo* que tal vez haya resultado enigmática para algunos. Fue cuando la serpiente se arrastra desde debajo de Satanás, que estaba parado cerca de Jesús, tentándolo. La serpiente se arrastró frente a Jesús mientras estaba en el suelo orando al Padre.

La escena inspiró miedo en quienes veían la película, pero Jesús casi no pareció notar a la serpiente. Es decir, hasta que se levantó y, sin aviso alguno, ¡pisoteó su cabeza!

¿Qué significó eso? Era la ilustración de la predicción de las primeras páginas de la Biblia, de Génesis 3:14-15. Allí Dios le advirtió a la serpiente, poco después de que hubiera tentado a Eva para que le desobedeciera: «Pondré enemistad entre ti y la mujer, y entre tu simiente y la simiente suya; ésta te herirá en la cabeza, y tú le herirás en el calcañar».

Es la primera profecía de la Biblia sobre el Mesías que vendría. Tras la rebeldía de Adán y Eva, Dios castigó a los involucrados: primero a la serpiente, luego a Eva y finalmente, a Adán. Cuando Dios le dijo a la serpiente «pondré enemistad» entre ella y Eva, se refería no solo a su historia en particular sino a la historia de toda la humanidad, una historia en la que Satanás el maligno es plaga y peste.

Sin embargo, a continuación hay un giro sutil en el versículo. De «su simiente» en general, pasa a hablar específicamente de aquel que aplastará la cabeza de Satanás, señalando directamente a Cristo, que un día vendría y derrotaría a Satanás.

Cuando llegó el momento, Jesús vino al mundo (Juan 1.14; Gálatas 4:4-5). Sí, es verdad que Satanás «le hirió el calcañar» a Jesús cuando fue crucificado. Pero fue solo una herida en el talón, porque pronto fue vencido por la resurrección de Cristo. Por otra parte, Jesús vino a destruir la obra de Satanás y, en última instancia, al mismo Satanás, «hiriéndole la cabeza» de manera que resultaría fatal.

Nos anima saber que incluso antes de que existiéramos, Dios conocía el predicamento al que nos llevarían Satanás y nuestros deseos pecaminosos, y que ya tenía un plan para nuestra liberación y nuestra salvación.

La verdad para este día

Si le interesas tanto a Dios como para que hiciera provisión para tu salvación tras la primera ocasión de pecado, ¿cuánto le importarán entonces nuestras vidas y preocupaciones cotidianas? Presenta ante Él tus problemas e inquietudes. Eres importante para Él.

¿PODEMOS CONFIAR EN LA HISTORIA DE JONÁS?

«Jehová tenía preparado un gran pez que tragase a Jonás; y estuvo Jonás en el vientre del pez tres días y tres noches».

JONÁS 1:17

SOMOS MUCHOS LOS QUE OÍMOS LA HISTORIA DE JONÁS DESDE LA más tierna infancia. Jonás fue ese profeta pródigo que, cuando Dios le ordenó que predicara arrepentimiento al pueblo de Nínive, decidió huir de Él abordando un barco con destino a Tarsis, lo más lejos posible de Nínive.

Pero entonces, por una serie de sucesos, Jonás debió ser arrojado por la borda y, como nos lo indica el versículo citado más arriba, viajó gratis por debajo del agua hasta Nínive ¡en el vientre de un gran pez! Tras predicar finalmente en esa ciudad, el pueblo se apartó de su mal camino para seguir al Dios verdadero.

Es una historia genial pero, ¿es verdad? Por cierto, resulta un blanco preferido para los escépticos, los que ridiculizan las probabilidades —aparentemente imposibles— de que sucediera tal cosa.

Hay incluso algunos teólogos que relegan ese suceso al nivel de una metáfora. Pero surge entonces un problema muy real: esto se presenta como relato de un hecho verídico en el Antiguo Testamento y el pueblo judío lo acepta como tal, además de que el Nuevo Testamento trata la historia también en sentido literal.

Más específicamente, Jesús presentó el relato de Jonás como paralelo de su inminente muerte y resurrección. Dijo: «Porque como estuvo Jonás en el vientre del gran pez tres días y tres noches, así estará el Hijo del Hombre en el corazón de la tierra tres días y tres noches» (Mateo 12:40). Pero si la historia de Jonás fuese ficción, ¿por qué apelaría Jesús a ella como precedente de lo que Él iba a sufrir muy pronto? Establecía una correlación entre un hecho histórico (del pasado) con otro histórico (del futuro cercano).[1]

Algunos han intentado defender esa historia señalando hechos más recientes en los que hubo personas que sobrevivieron tras ser tragadas por ballenas. Son historias que resultarían fascinantes, si fuesen ciertas. Pero una investigación atenta muestra que son relatos no creíbles.[2] Y, como resultado, hay quienes llegan a la conclusión de que tampoco se puede considerar creíble la historia de Jonás.

Sin embargo, esa lógica no es firme. Porque al igual que con la creación del universo o la resurrección de Jesús, no necesitamos ejemplos similares para demostrar que pueden suceder cosas como esas. Son, después de todo, *milagros*. ¡Y por eso no esperaríamos que se repitieran al azar en distintos momentos de la historia! Si Dios puede crear los cielos y la tierra *ex nihilo*, entonces transportar a un profeta rebelde dentro de un pez enorme ¡sería un juego de niños para Él!

La verdad para este día

«Yo soy Jehová, Dios de toda carne; ¿habrá algo que sea difícil para mí?» (Jeremías 32:27). Si Dios puede obrar milagros, como el del viaje submarino de Jonás hasta determinado lugar, entonces puede ocuparse de lo que sea que hoy te preocupe.

BUSCA A DIOS DE TODO CORAZÓN

«Me buscaréis y me hallaréis, porque me buscaréis de todo vuestro corazón».

JEREMÍAS 29:13

«EN ESTOS TIEMPOS LA VERDAD ES TAN DIFÍCIL DE ENCONTRAR, Y la falsedad está tan establecida, que a menos que amemos la verdad no podremos conocerla», dijo Blas Pascal, filósofo del siglo diecisiete.[1]

Tenemos que buscar a Dios con pasión y tesón. Si ya conoces a Dios, presta atención a las lecciones del Salmo 42:1-2: «Como el ciervo brama por las corrientes de las aguas, así clama por ti, oh Dios, el alma mía. Mi alma tiene sed de Dios, del Dios vivo; ¿Cuándo vendré, y me presentaré delante de Dios?». ¿Tienes sed del Dios de la vida y jadeas por encontrarlo?

Y para nuestros amigos que no le conocen, la búsqueda de Dios puede resultar en perplejidad, sobre todo en un mundo en el que hay tantas opciones espirituales. Con la enorme y creciente variedad de líderes religiosos, enseñanzas y organizaciones que compiten por sumar adherentes, ¿cómo discernir en qué creer?

Por dicha, Jesús prometió en Lucas 11:9 que el que pide recibirá, el que busca hallará y al que llame se le abrirá la puerta. No dijo que fuese fácil, o que la verdad viniera servida en bandeja de plata. Más bien, la respuesta a la búsqueda espiritual llega si la buscas con persistencia. El profeta Jeremías dijo: «Me buscaréis y me hallaréis, porque me buscaréis de todo vuestro corazón» (Jeremías 29:13).

Esta búsqueda «de todo corazón» se contrapone a nuestra tendencia a la complacencia. Es fácil postergar la consideración de las cuestiones espirituales de mayor peso, aceptar pasivamente prácticas religiosas tradicionales o simplemente someterse a las enseñanzas de autoridades espirituales que quieren dejar en nosotros la impronta de sus propias creencias. Tal vez cuando uno es joven la respuesta natural sea ceder ante esas cosas, pero llega un punto en que tenemos que madurar en las cuestiones de la fe y asegurarnos de que abrazamos el conjunto correcto de creencias.

Tenemos una excelente noticia: Jesús no se limitó a decirnos que le busquemos. También dijo que vino «a buscar y a salvar lo que se había perdido» (Lucas 19:10): nosotros. Es su promesa para todos los que abracemos y nos aferremos a su enseñanza: «Y conoceréis la verdad, y la verdad os hará libres» (Juan 8:32).

La verdad para este día

Dios «es galardonador de los que le buscan» (Hebreos 11:6). Incluso después de conocer a Cristo, necesitamos jadear y tener sed de Él. Santiago 4:8 nos dice: «Acercaos a Dios, y él se acercará a vosotros». Así que búscale hoy y ayuda a tus amigos que no lo conocen a pedir, a buscar y a llamar.

UN CIENTÍFICO DESCUBRE A DIOS

«¿Quién midió las aguas con el hueco de su mano y los cielos con su palmo?».

Isaías 40:12

ALLAN REX SANDAGE, EL MÁS GRANDE COSMÓLOGO OBSERVACIOnal del mundo que descifró los secretos de las estrellas, midió los misterios de las cuásares, reveló la edad de los clústeres globulares, calculó las distancias de las galaxias remotas y cuantificó la expansión del universo a través de su trabajo en los observatorios de Mount Wilson y Palomar, se preparaba para subir al podio y dar una conferencia.

Pocos científicos gozaban del respeto de ese hombre, que había sido protegido del legendario astrónomo Edwin Hubble. Sandage había recibido premios y honores de la Sociedad Astronómica de Estados Unidos, la Sociedad de Física de Suiza, la Sociedad Astronómica Real y la Academia Sueca de Ciencias, incluyendo el equivalente del premio Nobel de astronomía. El *New York Times* decía que era «el grandioso hombre de la cosmología».[1]

Mientras se acercaba al podio en esa conferencia sobre ciencia y religión, casi no había dudas de cuál sería su postura. Hablaría sobre el origen del universo; los científicos del panel se dividían entre los que creían en Dios y los que no. Cada una de las facciones ocupaba uno de los extremos del escenario, enfrentándose.

Muchos de los que asistían a la conferencia tal vez supieran que Sandage, de etnia judía, había sido un ateo virtual incluso en su niñez. Otros, sin duda, creían que un científico de su estatura seguramente tenía que ser escéptico respecto de Dios. *Newsweek* lo expresó así: «Cuanto más profundo ven los científicos el interior de los secretos del universo, sería de esperar que Dios fuera esfumándose de sus corazones y sus mentes».[2]

Por eso, se suponía que Sandage se sentaría entre los que dudaban.

Pero sucedió algo inesperado. Sandage hizo que el salón se llenara de murmullos y voces apagadas cuando giró sobre sí mismo para tomar asiento entre los teístas. Y lo más confuso para todos fue que, en el contexto de la charla sobre el Big Bang y sus implicaciones filosóficas, reveló en público que a los cincuenta años se había convertido, y que era cristiano.

El Big Bang, dijo ante el auditorio lleno que escuchaba como en trance, era un hecho sobrenatural que no podía explicarse en el plano de la física tal como la conocemos. Sí, la ciencia nos ayudó a llegar a ese primer suceso, pero no puede llevarnos hasta la primera causa. La súbita aparición de la materia, el espacio, el tiempo y la energía apuntaban a la necesidad de que hubiera alguna clase de trascendencia.

«Es mi ciencia lo que me llevó a la conclusión de que el mundo es mucho más complicado de lo que la ciencia puede explicar», le dijo luego a un reportero. «Es solo por medio de lo sobrenatural que puedo entender el misterio de la existencia».[3]

La verdad para este día

En mi caso, fue la ciencia la que pavimentó el camino al ateísmo. Pero lo irónico es que también pavimentó luego mi camino hacia Dios. Estoy convencido de que la buena información nos señala a un buen Dios.

DIVINA CONDESCENDENCIA

«Cristo Jesús, el cual, siendo en forma de Dios, no estimó el ser igual a Dios como cosa a que aferrarse, sino que se despojó a sí mismo, tomando forma de siervo, hecho semejante a los hombres».

Filipenses 2:5-7

ES UNA VERDAD QUE LA MENTE NO LLEGA A ENTENDER: EL Creador, que hizo el universo y todo lo que hay en él, se humilló a sí mismo por nosotros. Aunque Jesús existe desde la eternidad «en forma de Dios», estuvo dispuesto a dejar su posición celestial y sus privilegios.

Se rebajó tomando la naturaleza de siervo y haciéndose semejante a los hombres. Es difícil llegar a entender la magnitud de esta divina condescendencia, la de Dios humillándose para ser uno más entre nosotros. C. S. Lewis lo explicaba así:

> La segunda Persona en Dios, el Hijo, se hizo a sí mismo humano: nació en el mundo como hombre, un hombre real con una altura particular, con cabello de un color particular, que hablaba un idioma en particular... El Ser Eterno que todo lo sabe y que creó el universo entero no solo se hizo hombre sino (antes de eso) bebé, y antes de ello feto, dentro del cuerpo de una mujer. Si quieres entenderlo mejor, piensa: ¿te gustaría hacerte babosa o cangrejo?[1]

Resulta tentador pensar que el ejemplo de Lewis es un poco extremo. Pero piensa en lo que dijo el teólogo Bruce Ware respecto de la encarnación de Cristo:

> ¿Serías tú, ser humano pleno, si también asumieras la naturaleza de un gusano, una babosa, un pez? Sí, pero... no. Más allá de la humilde escala de la criatura con la que te unieras, seguiría siendo el caso de una criatura unida a otra. Simplemente no llegamos a imaginar ni a entender lo que ha hecho Dios el Hijo en obediencia a su Padre cuando Él, el eterno e infinito Dios, Creador de todo lo

que existe, vino y asumió además la naturaleza de una humanidad pequeña, finita, creada.[2]

Cuando intentamos entender lo que Dios hizo al convertirse en humano, también tenemos que preguntarnos por qué recurrió a medidas tan drásticas. Lo hizo para poder cumplir su misión de ser «obediente hasta la muerte, ¡y muerte de cruz!» (Filipenses 2:8) para pagar por nuestros pecados y con el objetivo supremo de que «toda lengua confiese que Jesucristo es el Señor, para gloria de Dios Padre» (v. 11).

En otras palabras, lo hizo por nosotros. Lo hizo para que pudiéramos conocerle y vivir con Él por siempre, como nuestro perdonador, nuestro líder y nuestro amigo.

La verdad para este día

La divina condescendencia de Dios debería llevarnos a la alabanza: «Gracias, Señor, por hacer lo incomprensible para volverte como nosotros, de modo que pudieras morir por mis pecados, perdonarme y hacer de mí uno de tus hijos».

LOS CIELOS CUENTAN

«Los cielos cuentan la gloria de Dios, y el firmamento anuncia la obra de sus manos».

SALMOS 19:1

EN *TEOLOGÍA NATURAL*, EL LIBRO QUE WILLIAM PALEY PUBLICÓ EN 1802, el autor dice que si caminaras por un sendero y encontraras un reloj, de inmediato sabrías que alguien debía haberlo hecho. Un reloj, con tan clara evidencia de complejidad y diseño, requiere de un relojero.

Era una lógica muy persuasiva que apuntaba a una verdad intuitiva: dondequiera que hallemos diseño, tiene que haber un diseñador. A esto se le llama comúnmente *argumento teleológico*.

Y sigue siendo cierto dos siglos después. Mark Mittelberg afirma que, incluso hoy, nadie levantaría un reloj que encontrara en la playa para exclamar: «¡Alabado sea el cosmos! Mira qué maravillosa creación han armado las fuerzas del azar». Nuestro amigo Cliffe Knechtle añade: «Si piensas que el reloj requiere de un diseñador, aparta un poco la vista de él y mira tu mano. Es mucho más compleja, tiene muchísimas más partes móviles, su diseño es mucho más elaborado y, por ello, requiere de un diseñador en mucho mayor grado».[1]

Sin embargo, hay muchas personas que no llegan a darse cuenta de que este argumento del diseño se presentó mucho antes de la era de la ciencia. Es más, hace tres mil años el rey David escribió en el Salmo 19:1: «Los cielos cuentan la gloria de Dios». ¿Lo sentiste alguna vez? ¿No has estado fuera en una noche oscura, viendo la asombrosa cantidad de estrellas que iluminan el cielo, incontables, a distancias incalculables, con esa abrumadora sensación de grandeza de la creación y de la grandeza del Creador? Por cierto, yo sí lo he pensado.

Fue esa conciencia en combinación con la increíble complejidad del universo y la cantidad de evidencia, cada vez mayor en relación a sus orígenes, lo que llevó al prominente astrónomo Robert Jastrow a admitir que tenía que haber un Creador, a pesar de que durante tanto tiempo había sido agnóstico.

Luego escribió *Dios y los astrónomos*, un libro en el que señala cinco líneas de evidencia que respaldan su conclusión: «El movimiento de las galaxias, el descubrimiento de la primera bola de fuego, las leyes de la termodinámica, la abundancia de helio en el universo y la historia de vida de las estrellas,[2] todo eso», afirmó, nos señala la «perspectiva bíblica del origen del mundo».[3]

No extraña entonces que el apóstol Pablo se sintiera movido a explicar en Romanos 1:20: «Porque las cosas invisibles de él, su eterno poder y deidad, se hacen claramente visibles desde la creación del mundo, siendo entendidas por medio de las cosas hechas, de modo que no tienen excusa».

La verdad para este día

Los cielos hablan, pero ¿los escuchamos? Y, más que eso, ¿estamos ayudando a otros a oír lo que Dios está diciendo? No estamos aquí solo para conocer a Dios, sino para darlo a conocer a los demás.

¿QUIÉN DISEÑÓ AL DISEÑADOR?

«Vosotros sois mis testigos, dice Jehová, y mi siervo que yo escogí, para que me conozcáis y creáis, y entendáis que yo mismo soy; antes de mí no fue formado dios, ni lo será después de mí. Yo, yo Jehová, y fuera de mí no hay quien salve».

Isaías 43:10-11

A VECES LOS ESCÉPTICOS OBJETAN: «SI LOS RELOJES REQUIEREN de la obra del relojero, y las manos requieren del creador que las hizo, establecemos entonces una regresión sinfín de la que no puede escapar el concepto cristiano de Dios».

El evolucionista ateo Richard Dawkins escribió: «La hipótesis del diseñador hace surgir de inmediato el problema más grande: quién diseñó al diseñador».[1] También escribió: «Cualquier dios capaz de diseñar lo que sea tendría que ser tan complejo como para exigir el mismo tipo de explicación respecto de sí mismo. Dios presenta una regresión infinita».[2]

Dawkins parece indicar que en el mejor de los casos el diseño del universo apunta tan solo a un diseñador finito, no a una deidad infinita. Y que por ello ese diseñador requiere de un diseñador, que a su vez requiere de otro diseñador, y así hasta el infinito.

Mark Mittelberg ofrece una cantidad de ideas:[3]

1. Incluso si solo pudiéramos llegar como conclusión a la existencia de un diseñador finito, ese diseñador tiene que ser *inimaginablemente anciano, increíblemente inteligente, asombrosamente poderoso y maravillosamente* sabio como para haber inventado, diseñado y producido todo lo que podemos ver en el universo, incluyendo sus diez mil millones de galaxias y setenta mil trillones de estrellas (es decir, 70.000.000.000.000.000.000.000).[4] Cualquier ser con esa capacidad creativa, por cierto, tiene que captar nuestra atención; por lo tanto, hay que escucharle.
2. Siguiendo con esta línea de pensamiento, sin embargo, no debiéramos detenernos en el diseñador finito. Si el diseño del universo nos

obliga a reconocer que hay un diseñador sabio y poderoso, entonces esa misma lógica aplicada al diseñador en sí mismo nos lleva al menos un paso más allá. Resulta más asombroso todavía para la mente eso del diseñador tras el diseñador. Pero si ese diseñador está limitado en aspecto alguno, tan solo podemos imaginar cómo será ese ser que lo hizo a él. Y si seguimos esta línea hacia atrás lo suficiente, muy pronto nos acercaremos a un Dios ilimitado, extrañamente similar al Dios de la Biblia.

3. ¿Y si este diseñador en realidad revelara cómo es, en distintas formas? ¿Si hablara por medio de profetas escogidos, explicando que no solo es un diseñador inteligente sino el Creador eterno, todopoderoso, que cuida de sus criaturas y quiere una relación con nosotros?

La evidencia a partir del diseño debiera llevarnos a considerar al menos información adicional de la revelación divina, la Biblia. Y la revelación puede llevarnos a lo largo del resto del camino, a casa.

La verdad para este día

El argumento del diseño no nos lo dice todo, aunque sí nos dice mucho y, en última instancia, nos lleva al único verdadero Dios del universo.

LAS PERSONAS IMPORTAN

«¿Qué es el hombre, para que tengas de él memoria, y el hijo del hombre, para que lo visites? Le has hecho poco menor que los ángeles, y lo coronaste de gloria y de honra».

SALMOS 8:4-5

LA FILOSOFÍA POLÍTICA DE ADOLF HITLER SE HA RESUMIDO DE esta manera: «Las necesidades de la sociedad vienen antes de las de la persona».[1] La historia, por supuesto, nos cuenta cómo funcionó esa manera de pensar.

El comunismo, de manera parecida, pone énfasis en la importancia del partido político por sobre la persona. De hecho, bajo los esfuerzos por la colectivización de José Stalin en la Unión Soviética a principios del siglo veinte, los campesinos se vieron obligados a dar sus tierras y sus animales en beneficio del estado, para que pasaran a ser parte de granjas colectivas. Como resultado, murieron de hambre muchos millones de personas inocentes.

En contraste con esas filosofías, la perspectiva bíblica sostiene que son las personas las que importan más que cualquier otra cosa, puesto que le importan a Dios. Génesis 1:26-27 deja en claro que los seres humanos somos los únicos creados a imagen de Dios. Por eso tenemos más valor intrínseco que el que tienen todas las demás criaturas de la tierra. Y ese valor no depende de nuestras capacidades, calidad de vida o valor percibido en la sociedad.

Jesús dijo que el mayor de los mandamientos de Dios es: «Amarás al Señor tu Dios con todo tu corazón, y con toda tu alma, y con toda tu mente… [y] *Amarás a tu prójimo como a ti mismo* De estos dos mandamientos depende toda la ley y los profetas» (Mateo 22:37-40, énfasis añadido por mí). Jesús también nos desafió a ir más allá de amar al prójimo: «Oísteis que fue dicho: Amarás a tu prójimo, y aborrecerás a tu enemigo. Pero yo os digo: Amad a vuestros enemigos, bendecid a los que os maldicen, haced bien a los que os aborrecen, y orad por los que os ultrajan y os persiguen; para que seáis hijos de vuestro Padre que está en los cielos» (Mateo 5:43-45).

Fue a partir de su mentalidad informada por la Biblia que los fundadores de Estados Unidos escribieron las palabras que daban forma a la civilización en la Declaración de Independencia: «Sostenemos estas verdades como autoevidentes, que todos los hombres son creados iguales, dotados por su Creador de determinados derechos inalienables, entre ellos la vida, la libertad y la búsqueda de la felicidad».

Por lo general, son las personas influidas por la perspectiva bíblica las que luchan por proteger a los no nacidos, las que luchan por los derechos de los oprimidos y trabajan para alimentar, vestir y levantar a quienes están en la pobreza. Son el reflejo práctico de las enseñanzas de Jesús, que en Mateo 25:40 dijo: «De cierto os digo que en cuanto lo hicisteis a uno de estos mis hermanos más pequeños, a mí lo hicisteis».

La verdad para este día

A Dios le importas, como le importa cada una de las personas que conoces, y las que no conoces también. ¿A quién querría Dios que protejas, alientes o ames en su nombre el día de hoy?

LA TRIBU DEL MESÍAS

«No será quitado el cetro de Judá, ni el legislador de entre sus pies, hasta que venga Siloh; y a él se congregarán los pueblos».

GÉNESIS 49:10

LAS PREDICCIONES SOBRE EL MESÍAS QUE VENDRÍA APARECEN A lo largo del Antiguo Testamento. Aquí, en Génesis 49:10, encontramos una predicción impactante porque Dios le dice al pueblo, ya desde Génesis, que el Mesías procedería del linaje de Judá, uno de los doce hijos de Jacob.

Las frases clave en este versículo («No será quitado el cetro», *«el legislador»*, «a él se congregarán los pueblos») dejan en claro que vendría de la tribu de Judá no solo un rey, sino *el Rey*. Es decir que el Mesías que juzgaría a todos los pueblos en el fin de los tiempos sería descendiente de Judá.[1]

La profecía vuelve a aparecer a lo largo del Antiguo Testamento, prediciendo no solo que el Mesías vendría de la tribu de Judá sino más específicamente que vendría de la casa de David (anterior descendiente de Judá; ver 2 Samuel 7:12-13). Y se cumplió finalmente en el Nuevo Testamento.

Cuando vemos las genealogías de Jesús en Mateo 1:1-17 (la línea de José, padre legal de Jesús) y en Lucas 3:23-28 (que se cree comúnmente que es la línea de María, madre de Jesús) descubriremos que Jesús descendía de la familia de Judá y de la casa de David.

Además, en Mateo 25:31-46 vemos que Jesús un día presidirá por sobre todas las naciones y todos reconocerán su autoridad (ver también Isaías 9:6 y Filipenses 2:9-11). Esto todavía no ha sucedido, pero es importante que recordemos que algunas profecías apuntan a la primera venida del Mesías en tanto que otras señalan a su regreso. La primera venida fue cuando Jesús vino como siervo sufriente para entregar su vida «en rescate por muchos» (Marcos 10:45). El triunfante regreso del Mesías es cuando Jesús venga a juzgar a la tierra y establecer su reino, cuando a Él «se congregarán los pueblos» (Génesis 49:10).

La profecía de Génesis apunta claramente al futuro y eterno reino de un hijo de Judá. Jesús cabe perfectamente en esa descripción.

La verdad para este día
Cuando parece que los países y los reinos de este mundo son invencibles, recuerda las noticias de aliento: Dios ya ha enviado al Rey verdadero. Él volverá pronto para establecer su reino eterno, ¡del que formaremos parte!

EL UNIVERSO OFRECE PISTAS

«Yo Jehová, que lo hago todo, que extiendo solo los cielos, que extiendo la tierra por mí mismo».

Isaías 44:24

«CASI TODO EL MUNDO HOY CREE QUE EL UNIVERSO Y EL TIEMPO comenzaron con el Big Bang», dijo el físico ateo Stephen Hawking.[1]

Pero no es una creencia que sostienen solamente los científicos seculares. El apologista cristiano William Lane Craig me explicó: «Tanto filosófica como científicamente yo argumentaría que el universo y el tiempo mismo tuvieron un comienzo en algún punto del pasado finito. Pero como algo no puede surgir de la nada, tiene que haber una causa trascendente más allá del espacio y el tiempo, que trajo a existencia al universo».

«Ahora», continuó Craig, «esto representa un enorme problema para los escépticos».[2] Y eso se debe a que el ateo no tiene que creer que el universo surgió de la nada, sin intervención alguna. Pero incluso el famoso escéptico David Hume dijo: «Jamás he afirmado una proposición tan absurda como que algo pudiera surgir sin que hubiera una causa».[3] Sin embargo, eso obviamente nos lleva a preguntar cuál podría ser esa causa.

El Dr. Craig formuló una respuesta a esa pregunta bajo la forma de un poderoso argumento basado en la existencia misma del universo. Y me la describió:

- Primero, lo que comienza a existir tiene una causa.
- Segundo, el universo comenzó a existir.
- Y tercero, por eso el universo tiene una causa.

Luego añadió: «El eminente científico Sir Arthur Eddington escribió: "El comienzo parece presentar insuperables dificultades a menos que acordemos verlo como algo francamente sobrenatural"».

«Bien», lo interrumpí. «Eso apunta a un Creador pero, ¿nos dice algo acerca de él?».

«En realidad sí lo hace», contestó Craig. «[El Creador] tiene que ser no causado porque sabemos que no puede haber una regresión infinita de causas. Tiene que ser atemporal y, por ello, inmutable; al menos fuera del universo porque fue el Creador del tiempo. Además, como también creó el espacio tiene que trascender el espacio y por ello tiene que ser inmaterial, no de naturaleza física».

Craig explicó que la ciencia y la lógica nos señalan de manera convincente hacia un poder tras el universo, que se ve muy parecido a aquel sobre quien leemos en las primeras páginas de la Biblia.

La verdad para este día

Si tanto el universo como la Biblia apuntan al mismo Creador que hizo todas las cosas, ¿valdrá la pena, entonces, aprender todo lo que podamos acerca de Él y, mejor aún, conocerle personalmente? Tómate tiempo hoy para acercártele y hablar con Él.

¿ALGO DE LA NADA?

> *«Estos ignoran voluntariamente, que en el tiempo antiguo fueron hechos por la palabra de Dios los cielos, y también la tierra, que proviene del agua y por el agua subsiste».*
>
> 2 Pedro 3:5

«NO ES CIERTO QUE "NADA SURJA DE LA NADA"», OÍ DECIR A UN ateo. «De hecho, la ciencia ha observado el surgimiento de algo a partir de la nada —en el proceso de la física cuántica— que tiene que ver con pares de partículas virtuales. Por eso el surgimiento del universo mismo podría ser análogo a esa fluctuación cuántica de algo que surge de la nada».

Es una afirmación extraordinaria esta de los universos que surgen a la existencia sin causa alguna, pero algunos escépticos la toman en serio. Le pregunté sobre eso al filósofo cristiano William Lane Craig. Él me explicó que las «partículas virtuales» son teóricas y que ni siquiera está claro si existen en realidad, en lugar de ser tan solo construcciones teóricas.

Y prosiguió: «Hay, sin embargo, algo mucho más importante que decir. Verás que estas partículas, si son reales, no provienen de la nada. El vacío cuántico no es lo que se imaginan la mayoría de las personas cuando piensan en un vacío. No es la nada absoluta. Por el contrario, se trata de un mar de energía fluctuante, un escenario de violenta actividad con una rica estructura física que puede describir las leyes de la física. Se piensa que esas partículas se originan por fluctuaciones de la energía en el vacío.

Por lo tanto, no sirve como ejemplo de algo que surja de la nada, ni de algo que venga a existencia sin una causa. El vacío cuántico y la energía encerrada en el vacío son la causa de esas partículas. Y luego tenemos que preguntar, bueno, ¿cuál es el origen de todo ese vacío cuántico? ¿De dónde proviene?».

Hizo una pausa, y continuó: «Lo que han hecho no es más que postergar la cuestión de la creación. Porque ahora hay que explicar cómo es que surgió a existencia ese muy activo océano de energía en fluctuación.

Si las leyes de la física cuántica operan dentro del dominio que describe la física cuántica, no puedes usar legítimamente la física cuántica para explicar el origen de tal dominio. Necesitas algo trascendente que esté más allá del dominio para explicar cómo surgió a existencia todo ese dominio. Así que volvemos a la pregunta de los orígenes».[1]

Los apologistas Bob y Gretchen Passantino añadieron: «Si el ateo puede creer que algo (p. ej.: el universo, el mundo material) puede provenir de la nada, por cierto no le será difícil creer que el mundo surgió materialmente de la nada porque hubo como agente un Creador inteligente y con intención creadora».[2]

Todo eso nos lleva de nuevo a Dios, una vez más. Y a *su* creación.

La verdad para este día

Cuando vas más allá de los términos técnicos, ves que la afirmación de los escépticos —de que todo surgió de la nada y por nada—, no tiene sustento. Si hasta la canción de la película *La novicia rebelde* refuta esa idea. «Nada surge de la nada, no puede suceder». Y lo más importante es que la ciencia y las Escrituras dicen lo mismo.

¿ES ETERNO DIOS?

«Antes que naciesen los montes y formases la tierra y el mundo, desde el siglo y hasta el siglo, tú eres Dios».

SALMOS 90:2

¿SERÁ POSIBLE, EN REALIDAD, QUE DIOS EXISTA DESDE SIEMPRE, como dice el versículo: «desde el siglo y hasta el siglo» sin que haya tenido un comienzo?

Algunos ateos ven en esto lo que consideran una incongruencia mortal. No logran entender cómo pueden decir los cristianos que Dios el Creador no tuvo causa que le diera existencia. Por ejemplo, el ateo George Smith pregunta: «Si todo tiene que tener una causa, ¿cómo es que Dios está exento de eso?».[1] David Brooks, en *La necesidad de ser ateos*, dice: «Si todo tiene que tener una causa, entonces la Primera Causa tiene que tenerla y, por lo tanto, ¿quién hizo a Dios? Decir que esta Primera Causa existió desde siempre es negar la presunción básica de esta "teoría"».[2]

Sin embargo, el filósofo y teólogo Dr. William Lane Craig responde: «Es equivocar la cuestión misma. No conozco a ningún filósofo de reputación que diga que todo tiene una causa».[3] Más todavía, se trata de argumentar contra una afirmación que nadie efectúa. Lo que se conoce como argumento cosmológico *kalan* para explicar la existencia de Dios, afirma que *todo lo que empieza a existir* tiene una causa, no que «todo lo que existe tiene una causa». El universo comenzó a existir, por lo cual tiene una causa.

Por definición, como Primera Causa, Dios no tiene causa. Jamás *comenzó* a existir, sino que ha existido siempre. «No se trata de un argumento especial en el caso de Dios», afirma Craig. Señala que los ateos solían sostener que el universo es eterno y que por ello no necesita una causa, y lo afirmaron hasta que la evidencia científica lo refutó. «¿Cómo podrían sostener que el universo sí puede ser eterno y sin causa pero que Dios no puede ser atemporal y sin causa?», pregunta.[4]

Hay otros que señalan que más allá de lo que uno crea, solo le quedan dos opciones: *o algo siempre ha existido* o *algo comenzó a existir desde la nada.* Ahora bien, no creo que las cosas surjan a existencia a partir de la nada (y espero que tampoco lo creas), de modo que nos queda la idea de lo que siempre ha existido. El teólogo J. Oliver Buswell lo resumió bien al decir: «Como tenemos que creer que algo es eterno, a menos que algo provenga de la nada encontraremos que la creencia más razonable en un ser eterno es creer en el Dios eterno».[5]

Así que, aun cuando para nuestras pequeñas y limitadas mentes sea casi imposible de entender, lo cual no debe extrañarnos, es lógico que Dios haya existido eternamente. Y además, Él nos lo dice como verdad en su revelación, la Biblia.

La verdad para este día

Dios siempre ha existido y siempre existirá. ¿Piensas que Él puede con los problemas que te angustian hoy? Sí que puede, si se los presentas con fe.

AL FILO DE LA NAVAJA

«Porque las cosas invisibles de él, su eterno poder y deidad, se hacen claramente visibles desde la creación del mundo, siendo entendidas por medio de las cosas hechas, de modo que no tienen excusa».

Romanos 1:20

«CUANDO LOS CIENTÍFICOS HABLAN DE LA SINTONÍA FINA DEL UNIverso», dijo el filósofo y científico Robin Collins, «en general están haciendo referencia al extraordinario equilibro de las leyes y parámetros fundamentales de la ciencia, y a las condiciones iniciales del universo. Nuestras mentes no pueden llegar a comprender la precisión de algunas de esas cosas, cuyo resultado es un universo que tiene las condiciones exactas para el sustento de la vida».

«Hablemos de la gravedad», continuó Collins. «Imaginen una regla, o uno de esos antiguos diales lineales de radio que cruzara todo el universo. Se descompondría en incrementos de un centímetro; lo que significa que habría miles de miles de miles de millones de centímetros».

«Toda su longitud y su medida representará el rango de las fuerzas que actúan en la naturaleza, con la gravedad como la más débil y la fuerza nuclear que vincula a los protones y neutrones del núcleo como la más fuerte, una fuerza miles de millones de veces más fuerte que la gravedad. El rango de posibles configuraciones de la fuerza de la gravedad podría llegar a ser al menos tan grande como el rango total de las potencias de las fuerzas».

«Imaginemos ahora que quieres mover el dial de donde está ubicado. Incluso si lo movieras un solo centímetro, el impacto sobre la vida en el universo sería catastrófico».

«¿Un centímetro, comparado con el universo entero?», pregunté. «¿Qué impacto podría tener?».

«Ese mínimo ajuste del dial aumentaría la gravedad miles de millones de veces», respondió.

«¿Y qué pasaría con la vida?», quise saber.

«Los animales de todas partes, que fueran más o menos del tamaño de los seres humanos, quedarían aplastados. Como verás, si se la compara con el rango total del poder de las fuerzas de la naturaleza, la gravedad tiene una muy estrecha posibilidad de variación en su rango como para que exista la vida. De todas las demás configuraciones del dial, de un extremo del universo hasta el otro, resulta que está ubicada en la fracción de centímetro exacta como para que en nuestro universo pueda haber vida».

«En estos últimos treinta años, más o menos, los científicos han descubierto que todo lo que conforma la estructura básica del universo está en un equilibro que podríamos llamar "al filo de la navaja", como para que pueda haber vida. Son coincidencias demasiado fantásticas como para atribuirlas a la mera coincidencia o como para afirmar que no hace falta una explicación. Estos diales están configurados tan precisamente que no puede haber sido por accidente. El astrónomo y cosmólogo Fred Hoyle dijo que alguien tiene que haber sabido de física para que así fuera».[1]

La verdad para este día

A Dios le importó que vivieras y prosperaras, al punto de ajustar ese dial en el universo de manera precisa. También le importa lo que hoy te importa en tu vida.

DISEÑO EN EL NIVEL MOLECULAR

«Porque en él fueron creadas todas las cosas, las que hay en los cielos y las que hay en la tierra ... todo fue creado por medio de él y para él. Y él es antes de todas las cosas, y todas las cosas en él subsisten».

COLOSENSES 1:16-17

«DARWIN DIJO QUE SI PUDIERA DEMOSTRARSE QUE EXISTE UN órgano complejo que no pudiera haber sido formado por numerosas, sucesivas y leves modificaciones, su teoría sería un fracaso absoluto», afirmó el bioquímico Michael Behe, profesor universitario y autor de *Darwin's Black Box* [La caja negra de Darwin].[1]

«Y esa fue la base de mi concepto de la complejidad irreductible. Verás, un sistema o dispositivo es complejo y puede reducirse si tiene una cantidad de componentes diferentes que operan todos en conjunto para cumplir con la tarea de ese sistema, de modo que si llegaras a quitar uno de los componentes, el sistema ya no funcionaría. Me gusta usar como ilustración la trampa para cazar ratones».

Behe sostenía en la mano una trampa para ratones.

«Aquí ves que las partes funcionan de forma interdependiente», y señaló los cinco componentes. «Pero si quitas alguna de estas partes, entonces no es que la trampa cazará la mitad de los ratones o será la mitad de eficiente. Si quitas una parte, ya no funcionará en absoluto».

«[Esto sirve de ilustración] para mostrar que los sistemas biológicos de complejidad irreductible desafían la explicación darwiniana», prosiguió. «La evolución no puede producir de repente una máquina biológica irreductiblemente compleja, porque es demasiado complicada. Sería exageradamente improbable. Y no puedes producirla aplicando numerosas, sucesivas y leves modificaciones directas a un sistema precursor porque a cualquier sistema así le faltaría alguna parte y, en consecuencia, no funcionaría».

«¿Hay muchas clases diferentes de máquinas biológicas a nivel de las células?», pregunté.

«La vida en realidad se basa en máquinas moleculares», respondió. «Llevan carga de un lugar de la célula a otro, y operan los interruptores de encendido y apagado; actúan como poleas y cables, como máquinas eléctricas que hacen fluir la corriente por los nervios; como máquinas industriales que producen otras máquinas; como máquinas a energía solar que capturan la energía de la luz y la guardan en forma de químicos. La maquinaria molecular permite que las células se muevan, se reproduzcan y procesen el alimento. De hecho, cada una de las partes de la función de la célula está controlada por máquinas complejas, altamente calibradas».

Behe señaló la trampa para cazar ratones. «Si para crear un dispositivo sencillo como este hace falta un diseño inteligente», dijo, «entonces tenemos que preguntarnos qué pasa con las máquinas altamente sintonizadas en el mundo celular. Si la evolución no puede explicarlas de manera adecuada, entonces los científicos debieran tener libertad para considerar otras alternativas».

«Mi conclusión», indicó Behe, «puede resumirse en una sola palabra: *diseño*».

La verdad para este día

La creatividad y la sabiduría de Dios pueden verse incluso con un microscopio. ¿Acaso piensas que un Dios como este no tiene entonces la sabiduría y los recursos que hacen falta para resolver tus problemas actuales? Acude a Él y pídele que te ayude.

SI TUVIERA QUE ADIVINAR

«Pero tú, Belén Efrata, pequeña para estar entre las familias de Judá, de ti me saldrá el que será Señor en Israel; y sus salidas son desde el principio, desde los días de la eternidad».

MIQUEAS 5.2

HAY PERSONAS QUE PIENSAN QUE LAS PROFECÍAS DE LA BIBLIA NO son más que declaraciones generales que bien podrían cumplirse en una variedad de situaciones. O creen que son casi como acertijos que, con suerte, se cumplirán dada cierta probabilidad en algún momento.

Meditemos en eso de nuevo. Veamos, por ejemplo, la predicción que leemos en Miqueas 5:2, en la que el profeta predijo el nacimiento del Mesías en la pequeña aldea de Belén. Era tan insignificante el lugar que hasta Miqueas dijo que era «pequeña entre las familias de Judá».

¡Hablando de apuestas y probabilidades! Si me pidieran que predijese dónde nacerá el presidente de los Estados Unidos número cien, apostaría a lo seguro y adivinaría que podría ser en alguna de las grandes ciudades del país, como Nueva York, Los Ángeles, Chicago, Houston o tal vez Washington, DC. Y no me aventuraría a predecir que pudiera darse en un lugar como Tecumseh en Nebraska, o Velva en Dakota del Norte, o Daniels en Virginia Occidental. ¿Qué probabilidades habría de que sucediera algo así?

En su libro *Science Speaks* [La ciencia habla], el matemático Peter Stoner y su equipo de investigadores formulan esta pregunta: «¿Un hombre de cuántos en el mundo entero nació en Belén?».[1]

¿Cuál es la respuesta que ofrecen? «El mejor cálculo que podemos hacer proviene del intento de averiguar cuál es la población promedio de Belén, desde el tiempo de Miqueas hasta el presente, y dividirlo por la población promedio de la tierra en el mismo período… Como la población probable de la tierra ha tenido un promedio de menos de dos mil millones, la población de Belén ha tenido uno de menos de 7.150. Nuestra respuesta puede expresarse diciendo que un hombre de entre 7.150/2.000.000.000 o un hombre de $2,8 \times 10^5$ ha nacido en Belén».[2]

El cómputo de la probabilidad estimada de que el Mesías en verdad naciera en Belén es de 1 en 280.000.

Así que, o Miqueas tenía una suerte increíble para adivinar, o en realidad era —como lo muestra claramente la historia bíblica— un verdadero profeta de Dios que recibió una revelación del Todopoderoso respecto a dónde nacería un día el Redentor de la humanidad.

¡Apuesto a la segunda opción!

La verdad para este día

Los planes de Dios jamás son arbitrarios, ni son decisiones de último momento. Dios dice: «[Yo] anuncio lo por venir desde el principio, y desde la antigüedad lo que aún no era hecho» (Isaías 46:10). A la luz de esto, ¿piensas que no puede ayudarte con cualquier problema que puedas tener hoy?

EL MESÍAS SUFRIENTE

«Él herido fue por nuestras rebeliones, molido por nuestros pecados; el castigo de nuestra paz fue sobre él, y por su llaga fuimos nosotros curados. Todos nosotros nos descarriamos como ovejas, cada cual se apartó por su camino; mas Jehová cargó en él el pecado de todos nosotros».

ISAÍAS 53:5-6

LOUIS LEPIDES, QUE ES JUDÍO, SE SORPRENDIÓ ANTE EL DESAFÍO que le presentó un predicador de la calle: «Tan solo lee el Antiguo Testamento y pídele al Dios de Abraham, de Isaac y Jacob —el Dios de Israel— que te muestre si Jesús es el Mesías. Porque Él *es* tu Mesías».

«Poco después», me informó Lapides, «empecé a leer el Antiguo Testamento todos los días, y a mirar una profecía tras otra. Por ejemplo, Deuteronomio hablaba de un profeta mayor que Moisés, que vendría y a quien debíamos escuchar. Y yo pensé: *¿Quién puede ser más grande que Moisés?* Parecía que sería el Mesías, alguien tan grande y respetado como Moisés, pero que fuera un maestro más grande, con mayor autoridad. Guardé eso en mi mente y empecé a buscarlo».

Sin embargo, Lapides quedó atónito al leer Isaías 53. Con toda claridad, en una predicción específica que le maravilló, envuelta en poesía exquisita, estaba la imagen de un Mesías que sufriría y moriría por los pecados de Israel y del mundo. Escrita más de setecientos años antes de que Jesús caminara sobre la tierra.

Al instante Lapides reconoció la imagen: era Jesús de Nazaret, el Cristo sufriente, el Jesús crucificado, el Señor que ahora podía reconocer como «herido por nuestras rebeliones», el que había «llevado el pecado de muchos» (vv. 5, 12).

Así como los judíos del Antiguo Testamento buscaban la propiciación de sus pecados a través de un sistema de sacrificios animales, estaba Jesús, el supremo Cordero de Dios, sacrificado, que pagó por los pecados de una sola vez y para siempre. Ahí estaba la personificación del plan redentor de Dios.

Ese descubrimiento dejó sin aliento a Lapides y la sorpresa fue que llegó a la conclusión de que ¡era un fraude! Creyó que los cristianos habían reescrito el Antiguo Testamento, torciendo las palabras de Isaías para que pareciera como que el profeta había preanunciado a Jesús.

Lapides quiso mostrar que era un engaño. «Le pedí a mi madrastra que me enviara una Biblia judía para que pudiera verificarlo yo mismo», me contó. «Me la envió y, adivina ¿qué? ¡Vi que decía lo mismo que la otra! Y ahora sí que debía enfrentarlo».

Lo enfrentó. Y se convirtió en seguidor de Jesús y, a fin de cuentas, en pastor.[1]

La verdad para este día

La horrenda crucifixión de Jesús no fue un error ni una tragedia de la historia. Era el plan de Dios para utilizar las acciones pecaminosas de los humanos a fin de obrar nuestra redención. Dale gracias hoy por su increíble sacrificio y su gracia sublime y maravillosa.

PROBABILIDADES PROFÉTICAS

«¿No era necesario que el Cristo padeciera estas cosas, y que entrara en su gloria? Y comenzando desde Moisés, y siguiendo por todos los profetas, les declaraba en todas las Escrituras lo que de él decían».

Lucas 24:26-27

¿ES POSIBLE QUE JESÚS HAYA CUMPLIDO LAS PROFECÍAS DEL Antiguo Testamento por accidente, nada más?

«Jamás», respondió con absoluta seguridad Louis Lapides, el judío que llegó a la fe en Cristo, como ya vimos, por la influencia de las profecías mesiánicas. «Las probabilidades son astronómicamente reducidas, al punto que quedan descartadas. Alguien hizo el cálculo de probabilidades de que tan solo ocho profecías se cumplieran, y el resultado fue una vez en cien millones de miles de millones. Es una cantidad de millones mayor a la suma total de personas que hayan caminado en este planeta en toda la historia».

«El cálculo matemático fue que si tomaras esa cantidad de dólares en monedas de plata, cubrirías todo el estado de Texas, con una capa de sesenta centímetros. Si marcaras una sola moneda de esas y luego le vendaras los ojos a alguien para que la encontrara, ¿qué probabilidades habría de que escogiera la que marcaste?».

Con eso, Lapides respondía a su propia pregunta: «Son las mismas probabilidades de que cualquier persona de la historia pudiese haber cumplido tan solo ocho de las profecías».

Yo había estudiado ese mismo análisis estadístico efectuado por el matemático Peter W. Stoner cuando estaba investigando las profecías mesiánicas. Y Stoner también calculó que la probabilidad de que se cumplieran cuarenta y ocho profecías era una en trece veces un billón.[1]

Nuestras mentes no pueden llegar a comprender un número tan enorme. Es una estadística imposible de entender, equivalente a la cantidad de minúsculos átomos en ¡cinco veces un billón de miles de millones de universos del tamaño de nuestro universo!

«Las probabilidades por sí solas te dicen que sería imposible que alguien cumpliera las profecías del Antiguo Testamento», explicó Lapides. «Y, sin embargo, Jesús y tan solo Él en toda la historia, las cumplió».[2]

Me vienen a la mente las palabras del apóstol Pedro: «Pero Dios ha cumplido así lo que había antes anunciado por boca de todos sus profetas, que su Cristo había de padecer» (Hechos 3:18).

Cuanto más pienso en la asombrosa evidencia que respalda que Jesús fue el Mesías anunciado, y la evidencia mayor todavía que respalda a la fe cristiana en general, tanto más repite mi corazón la conclusión a la que llegué el día en que entregué mi vida a Cristo: «¡Haría falta más fe para mantener mi ateísmo que para ser cristiano!».

La verdad para este día

La verdad para este día es que tu fe en Cristo ¡se basa en evidencia abrumadora! ¿No es maravilloso saber que tu fe se erige sobre un fundamento de datos y hechos tan asombrosos?

TRASPASADO

«*Y mirarán a mí, a quien traspasaron, y llorarán como se llora por hijo unigénito, afligiéndose por él como quien se aflige por el primogénito*».

ZACARÍAS 12:10

«DIOS MÍO, DIOS MÍO, ¿POR QUÉ ME HAS DESAMPARADO?», son las palabras que Jesús pronunció en la cruz y que sirvieron a dos propósitos. Ante todo, fueron la auténtica expresión de la agonía que sufría el «Cordero de Dios, que quita el pecado del mundo» (Juan 1:29) voluntariamente, el «que no conoció pecado, por nosotros lo hizo pecado, para que nosotros fuésemos hechos justicia de Dios en él» (2 Corintios 5:21).

En segundo lugar, estaba recitando el Salmo 22:1. «Al citarlo», dice *El comentario bíblico Moody*: «Jesús probablemente estuviera dirigiendo la atención hacia su cumplimiento de todo lo que contiene el Salmo 22:1-18».[1]

Lo significativo de ello es que el Salmo 22 está lleno de alusiones al sufrimiento del Mesías venidero. Por ejemplo, los versículos 7 y 8 dicen: «Todos los que me ven me escarnecen; estiran la boca, menean la cabeza, diciendo: Se encomendó a Jehová; líbrele él; sálvele, puesto que en él se complacía». Y en el versículo 18 leemos: «Repartieron entre sí mis vestidos, y sobre mi ropa echaron suertes».

Aunque tal vez el versículo más significativo sea este: «Porque perros me han rodeado; me ha cercado cuadrilla de malignos; *horadaron mis manos y mis pies*» (v. 16, énfasis añadido por mí).[2] Sería una predicción notable si se hubiera escrito incluso pocos años antes de la crucifixión de Jesús, pero el rey David la escribió unos mil años antes de que llegara Cristo. Y, más todavía, ¡fue unos quinientos años antes de que se inventara siquiera la crucifixión![3]

Por si todo esto no fuera lo suficientemente notable, unos setecientos años antes de que viniera Jesús, y que muriera por nuestros pecados, Isaías efectuó una predicción parecida cuando dijo: «*Mas él herido fue por nuestras rebeliones*, molido por nuestros pecados; el castigo de nuestra paz fue sobre él, y por su llaga fuimos nosotros curados» (Isaías

53:5, énfasis añadido por mí). Y también, unos quinientos años antes del nacimiento de Cristo el profeta Zacarías predijo un tiempo en que «*Y mirarán a mí, a quien traspasaron*, y llorarán como se llora por hijo unigénito, afligiéndose por él como quien se aflige por el primogénito» (Zacarías 12:10, énfasis añadido por mí).

Son predicciones asombrosas, efectuadas siglos antes de los hechos que las cumplieron y que hablaban de un tiempo en que vendría Jesús a cumplir su misión de «dar su vida en rescate por muchos» (Mateo 20:28).

La verdad para este día

El plan de Dios desde el principio fue enviar a su Hijo para que fuera nuestro Salvador, permitiendo que cargara con el castigo que merecíamos nosotros. ¡Qué gran razón para adorarle y seguirle hoy!

EN BUSCA DE NAZARET

> «Después de haber cumplido con todo lo prescrito en la ley del Señor, volvieron a Galilea, a su ciudad de Nazaret. Y el niño crecía y se fortalecía, y se llenaba de sabiduría; y la gracia de Dios era sobre él».
>
> Lucas 2:38-40

«LO QUE RESULTA RIDÍCULO ES QUE LA EVIDENCIA HOY MUESTRA que Nazaret, el pueblo donde supuestamente creció Jesús, ni siquiera existía en la Palestina del primer siglo».

Fue una conversación memorable. Mi coautor Mark y yo desayunábamos con una pareja de ateos importantes. Esos muchachos no solo negaban la existencia de Dios sino que estaban determinados a comprobar lo ridículo que es creer en Dios.

Salí con ideas y pensamientos en conflicto. Una parte de mí sabía que lo que afirmaban era realmente ridículo en sí mismo. Pero la otra parte preguntaba: *¿Cómo puedo estar seguro? ¿Investigué en serio la evidencia respecto de Nazaret?*

Así que investigué. ¿Y sabes lo que descubrí? Como lo explico en *El caso de Cristo*, la evidencia de que Nazaret existía en el siglo I es abrumadora y siguen surgiendo nuevos datos. El estudioso Craig A. Evans escribió: «Las excavaciones recientes en Nazaret y sus alrededores —hoy es una ciudad de unos 60.000 habitantes—, sugiere que en tiempos de Jesús la aldea tal vez no fuera ese lugar dormido y aislado que tantos imaginaron».[1]

También, en el año 2006 el Proyecto Arqueológico Nazaret comenzó a trabajar realizando excavaciones debajo del Convento Hermanas de Nazaret. El director del proyecto, Ken Dark de la Universidad de Reading, describió las ruinas de un hogar del primer siglo que se encontraron allí. «En su conjunto, los muros formaban el plano de lo que se llamaría una casa con patio, una de las formas típicas de la arquitectura de los antiguos asentamientos romanos del primer período en… Galilea», afirmaba Dark.[2]

Los arqueólogos hallaron puertas y ventanas, vasijas para cocinar, un huso para hacer hilo, fragmentos de vasijas de piedra caliza que los judíos creían no contaminaría el alimento. Todo eso sugería que allí habría vivido una familia judía. «La casa tiene que ser del primer siglo o antes», concluyó Dark. «No se descubrió alfarería estratificada anterior o posterior al primer período romano en las capas relacionadas con la casa».[3]

Además, se descubrió otra casa del siglo I con una estructura similar. Fue cerca de allí, en una excavación que llevó a cabo Yardenna Alexandre, de la Autoridad de Antigüedades de Israel en 2009.[4]

«La evidencia sugiere que Jesús pasó su niñez en una comunidad judía conservadora que tenía poco contacto con las culturas romana o helénica», concluyó Dark.

A pesar de los desafíos, sigue creciendo y fortaleciéndose el hecho de que Nazaret sí existía en tiempos de Jesús.

La verdad para este día

«Justo parece el primero que aboga por su causa; pero viene su adversario, y le descubre», dice Proverbios 18:17. Es lógico sentirte intimidado cuando alguien cuestiona un aspecto de tu fe. Pero el mirar más profundo hará que tu fe se fortalezca.

¿MURIÓ JESÚS EN REALIDAD?

«Jesús clamó a gran voz, diciendo: Eloi, Eloi, ¿lama sabactani? que traducido es: Dios mío, Dios mío, ¿por qué me has desamparado? Mas Jesús, dando una gran voz, expiró».

MARCOS 15:34, 37

«EL HECHO DE QUE SE CREA QUE JESÚS FUE VISTO CON VIDA DESpués de la crucifixión podría significar que sobrevivió al atentado contra su vida, a menos que haya evidencia clara de que murió. Los rumores sobre su muerte han sido exagerados en gran medida», escribe el apologista musulmán Shabir Ally.[1]

Esta afirmación, de que Jesús no murió en la cruz, se conoce comúnmente como la Teoría del Desmayo y se hizo popular en el libro de Hugh Schonfield de 1965, titulado *The Passover Plot* [La conspiración de la Pascua].

Es fácil ver por qué la teoría serviría de interesante argumento para una novela o película. Pero los hechos la derriban enseguida:

- No hay registros de que nadie haya sobrevivido a una crucifixión romana.
- A Jesús lo azotaron docenas de veces con látigos que tenían astillas de huesos y bolitas de plomo entretejidas en el cuero. El historiador Eusebio describía esos azotes así: «Quedaban a la vista las venas de la víctima, y hasta los mismos músculos, tendones y entrañas».
- Luego, mientras Jesús estaba en shock hipovolémico, atravesaron sus muñecas y sus pies con los clavos y lo colgaron en la cruz. La crucifixión es muerte por asfixia lenta, puesto que la presión sobre el pecho cierra los pulmones en la posición de inhalación.
- Después de que Jesús dio su último aliento un soldado traspasó su costado entre las costillas, con una lanza, y perforó su corazón, demostrando que estaba muerto en verdad.[2]
- «Es claro que el peso de la evidencia histórica y médica indica que Jesús estaba muerto antes de que lo hirieran en el costado»,

concluyó el *Journal of the American Medical Association* [Publicación de la Asociación de Médicos de los EE.UU.].[3]

- Cada uno de los cuatro evangelios, que se basan en relatos de testigos oculares, deja en claro que Jesús murió en la cruz (Mateo 27:45-56; Marcos 15:33-41; Lucas 23:44-49; Juan 19:28-37).
- El apóstol Pablo nos ha dejado uno de los primeros credos de la iglesia: «Cristo murió por nuestros pecados, conforme a las Escrituras… y resucitó al tercer día» (1 Corintios 15:3-4).
- Jesús predijo que moriría por nuestros pecados (tres veces tan solo en Marcos: 8:31-33; 9:30-32; 10:32-34) y explicó que venía «para dar su vida en rescate por muchos» (Marcos 10:45).
- Incluso el académico liberal John Dominic Crossan afirmó: «La muerte de Jesús por ejecución bajo Poncio Pilato es tan histórica como cualquier otro suceso».[4] El historiador ateo Gerd Lüdemann reconoció que la evidencia histórica de la ejecución de Jesús es «incontestable».[5]

El veredicto es claro: Jesús, en verdad, murió en la cruz.

La verdad para este día

La evidencia deja en claro que Jesús murió. Pero no nos dice por qué. Por dicha, Jesús lo explicó cuando dijo que había venido «para dar su vida en rescate por muchos» (Marcos 10:45). Entregó su vida por nosotros.

¿ESTABA VACÍA LA TUMBA?

«*Y cuando entraron en el sepulcro, vieron a un joven sentado al lado derecho, cubierto de una larga ropa blanca; y se espantaron. Mas él les dijo: No os asustéis; buscáis a Jesús nazareno, el que fue crucificado; ha resucitado, no está aquí*».

MARCOS 16:5-6

«SI LOS ROMANOS SIGUIERON SUS POLÍTICAS Y COSTUMBRES habituales», escribió el académico agnóstico Bart Ehrman, «y si Pilato fue el hombre que todas nuestras fuentes indican que era, entonces es altamente improbable que Jesús fuese sepultado, de manera decente, el día de su ejecución en una tumba que cualquiera pudiese identificar más tarde».[1]

Si lo que afirma Ehrman es correcto, tendríamos enormes problemas con los registros de los evangelios que nos dicen que el cuerpo de Jesús fue puesto en una tumba que pertenecía a José de Arimatea, miembro del consejo judío, y que tres días después encontraron que la tumba estaba vacía.

¿Cómo responder? El estudioso del Nuevo Testamento Craig Evans explicó en su libro *How God became Jesus* [De cómo Dios se hizo Jesús] que el análisis que hizo Ehrman de la política romana en cuanto a la crucifixión y la sepultura es «soso e incompleto».[2] Y añade: «Los relatos de los evangelios que describen cómo se bajó a Jesús de la cruz y cómo lo sepultaron, tienen congruencia con la evidencia arqueológica y con la ley judía»[3] y «es, sencillamente, un error afirmar que los romanos no permitían que se sepultara a los ejecutados, incluyendo a los crucificados».[4]

Evans dijo: «Mi conclusión es que es altamente probable que sepultaran el cuerpo de Jesús en una tumba conocida de acuerdo a la ley y la costumbre de los judíos». Añadió también: «fue el hecho de conocer la tumba y el descubrimiento de que estaba vacía, además de las apariciones de Jesús, lo que hizo que sus seguidores hablaran en términos de la resurrección».[5]

Pero, ¿cómo fue que la tumba quedó vacía? Los romanos no se habrían robado el cuerpo de Jesús porque lo querían muerto. Los líderes judíos tampoco se lo habrían llevado ya que querían que permaneciera muerto. ¿Los discípulos? No tenían ni la audacia ni la oportunidad para sortear a los guardias, hacer rodar la piedra y robar el cadáver de Jesús. Y aun si hubieran podido, ¿por qué lo habrían hecho? Para vivir llenos de privación y sufrimiento, ¿y todo por una mentira?

Tal vez la evidencia más poderosa sea que incluso los enemigos de Jesús implícitamente admitieron que su tumba estaba vacía. En vez de refutar las afirmaciones de su resurrección, inventaron un cuento para explicar por qué faltaba el cuerpo (Mateo 28:11-15) y así ¡admitían que la tumba estaba vacía!

El registro es claro: en esa primera mañana de Pascua, el cuerpo de Jesús ya no estaba en la tumba.

La verdad para este día

La evidencia muestra que la tumba de Jesús estaba vacía. Pregúntales a tus amigos que tienen dudas acerca de esto, qué explicación posible daría cuenta de ello, aparte de la respuesta de la resurrección.

¡ÚLTIMO MOMENTO! ¡RESUCITÓ!

> «*Porque primeramente os he enseñado lo que asimismo recibí: Que Cristo murió por nuestros pecados, conforme a las Escrituras; y que fue sepultado, y que resucitó al tercer día, conforme a las Escrituras*».
>
> 1 Corintios 15:3-4

ANTES ESTABA DE MODA DECIR QUE LOS EVANGELIOS —MATEO, Marcos, Lucas y Juan— se escribieron demasiado tarde como para brindar un relato preciso de lo que en realidad sucedió en la vida de Jesús, incluyendo los hechos en torno a su resurrección. Incluso hubo quienes decían que se escribieron recién entre mediados y finales del siglo II, más de cien años después de lo acontecido en relación con el ministerio de Jesús. Se desacreditaba así la idea de que los evangelios se basan en relatos de testigos oculares, minando la confianza en lo que dicen sobre Jesús.

Sin embargo, ahora sabemos que los evangelios se escribieron en el siglo I, mientras los seguidores de Jesús todavía estaban vivos.[1]

También se afirma que Pablo escribió sus epístolas antes de que se registrara por escrito, en los evangelios, lo que había pasado. En sus cartas, Pablo señala muchos detalles sobre la vida de Jesús, incluida su resurrección. Y además las epístolas de Pablo nos transmiten varios credos antiguos que dan testimonio de lo que creían los primeros seguidores de Jesús. Uno de los más interesantes está en 1 Corintios 15:3-7.

El historiador Gary Haberman diseñó una línea cronológica relacionada con este credo, la cual resulta muy útil. Comienza con el entendimiento de que Jesús fue crucificado en el año 30 o el 33 D.C. Pablo escribió 1 Corintios en el año 54 o 55 D.C., lo que nos ubica de veintiún a veinticinco años después de la crucifixión. Pero Pablo dijo que ya les había pasado el credo a los del pueblo de Corinto, por lo que el credo data de fecha anterior.

Y hay más. Pablo dijo en 1 Corintios 15:3: «os he enseñado lo que asimismo recibí». ¿Cuándo recibió este credo? Bueno, él se convirtió entre uno a tres años después de la ejecución de Jesús y de inmediato fue a Damasco para conocer a los discípulos. Es probable que lo haya recibido en ese momento, pero hay más posibilidades de que fuera tres años después, cuando fue a Jerusalén y se reunió con Pedro y Santiago, ambos mencionados en el credo. Pablo describió esta reunión en Gálatas 1:18-19 utilizando el término griego *historesai* que sugiere que se trató de una investigación personal.

De un modo u otro eso significa que Pablo recibió el credo entre uno a seis años después de la crucifixión y que ya tenía forma de credo. Eso nos indica que las creencias eran anteriores.

«Esta tradición», concluye el historiador James D. G. Dunn «se formuló a pocos meses de la muerte de Jesús, y de eso podemos estar seguros, sin duda alguna».[2]

¡Meses! La noticia de la resurrección de Jesús era de esas que aparecen hoy como: «¡Último momento!», y resonó en el mundo antiguo, afirmando que el Jesús resucitado se les había aparecido a muchos testigos.

La verdad para este día

Muchos siguen creyendo en el falso rumor de que pasaron generaciones antes de que se registraran por escrito los primeros relatos cristianos. ¿A quién le contarías sobre este antiguo credo cristiano?

APARICIÓN DEL JESÚS RESUCITADO

> «[Tras resucitar Jesús]... apareció a Cefas, y después a los doce. Después apareció a más de quinientos hermanos a la vez... Después apareció a Jacobo; después a todos los apóstoles; y al último de todos, como a un abortivo, me apareció a mí».
>
> 1 Corintios 15:5-8

EL ANTIGUO CREDO QUE EMPEZAMOS A EXAMINAR EN LA LECTURA anterior explica en los versículos 5 a 8 no solo que la tumba de Jesús estaba vacía, sino que el Jesús resucitado apareció ante al menos 512 personas, incluyendo al mismo apóstol Pablo.

Es más, cuando miramos el Nuevo Testamento en general, obtenemos más detalles de cómo apareció el Salvador resucitado ante una cantidad de personas distintas en diversas situaciones: ante hombres y mujeres, individualmente o en grupo, unas veces dentro de un lugar y otras al aire libre, ante gente de corazón sensible como Juan y ante escépticos como Tomás. Y, en ocasiones, Jesús les pedía que tocaran las cicatrices de sus manos o su costado, o que comieran con Él, dejando en claro que estaba presente físicamente, no solo en lo espiritual.

Esas apariciones se prolongaron a lo largo de cuarenta días, en los que Jesús apareció ante:

- María Magdalena (Juan 20:11-18).
- Las otras mujeres (Mateo 28:8-10; comparar Mateo 28:1; Marcos 16:1; Lucas 24:10).
- Cleofas y otro discípulo en el camino a Emaús (Lucas 24:13-32).
- Pedro (Lucas 24:34).
- Diez de los apóstoles y otras personas, entre los que no estaba Tomás (Lucas 24:36, 49; Juan 20:19-23).
- Tomás y los otros apóstoles (Juan 20:24-29).
- Siete de los apóstoles (Juan 21:1-14).
- Los once apóstoles (Mateo 28:16-20).

- Los apóstoles en el monte de los Olivos, antes de su ascensión (Lucas 24:50-52; Hechos 1:3-9).

Además, los relatos proceden de fuentes distintas, tanto de dentro como de afuera del Nuevo Testamento. El historiador Michael Licona lo resume así: «En total tenemos nueve fuentes que reflejan múltiples testimonios muy antiguos de testigos oculares, sobre lo que los discípulos decían en cuanto a que vieron al Jesús resucitado. Esto es algo que los discípulos creían en lo más profundo de su ser».[1]

Incluso el académico ateo Gerd Lüdemann admitió: «Puede tomarse como certeza histórica que Pedro y los discípulos tuvieron experiencias después de la muerte de Jesús en las que este apareció ante ellos como el Cristo resucitado».[2]

La resurrección era la proclamación central de la iglesia primitiva desde el principio mismo. Los primeros cristianos no solo respaldaban las enseñanzas de Jesús. Estaban convencidos de que lo habían visto vivo después de su crucifixión.

La verdad para este día

Jesús le dijo a Tomás en Juan 20:29: «Porque me has visto, Tomás, creíste; bienaventurados los que no vieron, y creyeron». La evidencia de las apariciones de Jesús es fuerte y nos da buenas razones para sentir confianza en cuanto a la realidad de la resurrección.

¿DISCÍPULOS SOÑADORES?

«*Pero él les dijo: ¿Por qué estáis turbados, y vienen a vuestro corazón estos pensamientos? Mirad mis manos y mis pies, que yo mismo soy; palpad, y ved; porque un espíritu no tiene carne ni huesos, como veis que yo tengo*».

Lucas 24:38-39

ALGUNOS HAN SUGERIDO QUE LOS TESTIGOS DE LA RESURRECción de Jesús eran sinceros al creer que lo habían visto pero que, en realidad, tuvieron alucinaciones. Bueno… suena a posibilidad. Después de todo la gente cree que ve todo tipo de cosas, ¿verdad? *Extraterrestres, el hombre de las nieves, Elvis*... ¿Por qué no podríamos agregar a Jesús a la lista?

Sin embargo, la teoría está llena de fallas.

«Los discípulos tenían miedo y dudas. Estaban angustiados después de la crucifixión. Por otro lado, los que alucinan necesitan una mente fértil que cultive expectativa o anhelo», dijo el académico Gary Habermas. «Pedro era obstinado, pero para bien. Santiago era escéptico. Por cierto, no eran buenos candidatos para alucinar».

«Además», prosiguió Habermas, «las alucinaciones son comparativamente infrecuentes. Por lo general, su causa son las drogas o la privación de algo que el organismo precisa. Sin embargo, quieren que creamos que durante varias semanas tuvieron alucinaciones, gente de toda clase y extracción, de todo tipo de temperamentos y en distintos lugares».[1]

El sicólogo Gary Collins añadió: «Las alucinaciones ocurren de manera individual. Por su naturaleza misma, una persona puede ver determinada alucinación a la vez. Por cierto, no son algo que pueda ver un grupo de personas».[2]

Es lógico. Cuando sueño en plena noche que estoy de vacaciones en Hawái, desearía poder despertar a Leslie y decirle: «¡Rápido! Duérmete de nuevo y sueña esto que estoy soñando yo sobre nuestras vacaciones en un resort de la playa de Maui. ¡Así nos ahorraremos el tiempo, el dinero y el esfuerzo de viajar hasta allá en la realidad!».

Los sueños, al igual que las alucinaciones, no se comparten. Pero como hemos visto, el informe más antiguo que tenemos sobre la resurrección nos dice que Jesús apareció ante más de *quinientas personas* a la vez (1 Corintios 15:6). Por otra parte, los discípulos afirmaron que no solo vieron al Jesús resucitado sino que también hablaron y comieron con Él (Lucas 24:36-48).

Si las apariciones de Jesús hubiesen sido meras alucinaciones, su cuerpo estaría todavía en la tumba; ¿no es cierto? ¡Ah, qué cosa! La tumba estaba vacía. Y eso refuerza la credibilidad de quienes informaron haber visto a Jesús.

Cuando miras todos los datos con una mente abierta, se hace claro que los discípulos y las otras personas en realidad estuvieron ante el Jesús resucitado.

La verdad para este día

Jesús apareció vivo ante sus seguidores tras la crucifixión. Eso significa que también está vivo para perdonarte, animarte y guiarte. Acude al Salvador resucitado, pídele que te guíe y te bendiga en este día.

EL FACTOR JERUSALÉN

> *«Entonces Pedro, poniéndose en pie con los once, alzó la voz y les habló diciendo: Varones judíos, y todos los que habitáis en Jerusalén, esto os sea notorio, y oíd mis palabras… A este Jesús resucitó Dios, de lo cual todos nosotros somos testigos. Así que, los que recibieron su palabra fueron bautizados; y se añadieron aquel día como tres mil personas».*
>
> Hechos 2:14, 32, 41

DURANTE MI ENTREVISTA CON EL HISTORIADOR MICHAEL LICONA sobre el tema de la resurrección de Jesús, él pronunció una frase intrigante: «El factor Jerusalén».

«¿El factor Jerusalén?», le pregunté. «¿Qué es eso?».

Me respondió: «Se refiere al hecho de que Jesús fue públicamente ejecutado y sepultado en Jerusalén, y que luego su resurrección se proclamó en la misma ciudad. De hecho, varias semanas después de la resurrección, Pedro declaró ante la multitud, justamente en Jerusalén: "A este Jesús resucitó Dios, de lo cual todos nosotros somos testigos" (Hechos 2:32). En verdad, habría sido imposible para el cristianismo despegar y tomar vuelo en Jerusalén si el cuerpo de Jesús hubiese estado todavía en la tumba. Las autoridades romanas o las judías, sencillamente, podrían haber ido hasta la sepultura para ver el cadáver y todo el malentendido habría terminado allí».

«Pero lo que oímos, en cambio, es que hasta los enemigos daban testimonio de que la tumba estaba vacía. Es decir, ¿qué comentaban los escépticos? Que los discípulos habían robado el cuerpo… Y la cosa es así: ¿Por qué dirías que alguien se robó el cuerpo si todavía seguía en la tumba? Eso es admitir de manera implícita que la tumba está vacía».[1]

Mi coautor Mark Mittelberg añade: «El surgimiento de la iglesia estaba demasiado vinculado a las afirmaciones de la resurrección de Jesús como para que hubiera sido posible que la misma no fuera verdad. No es como el surgimiento del islam, el budismo o muchas otras religiones que se vinculan a un conjunto general de enseñanzas en vez de a un suceso histórico milagroso, un hecho que marcó un antes y un después».

«A la luz de eso, ¿cómo reaccionó la multitud ante la valiente afirmación de Pedro? El informe nos dice que "recibieron su mensaje" y que clamaban preguntando qué debían hacer. Pedro les instruyó, diciéndoles: "Arrepentíos, y bautícese cada uno de vosotros en el nombre de Jesucristo para perdón de los pecados; y recibiréis el don del Espíritu Santo" (Hechos 2:38). Y es lo que hicieron tres mil personas. Ese fue solo el inicio del rápido surgimiento y del exponencial crecimiento de la Iglesia cristiana… Jamás habría pasado algo así si Pedro no hubiera estado diciendo la verdad cuando, confiado, proclamó su mensaje sobre Jesús».[2]

Sin el hecho real de la resurrección de Jesús, habría sido muy difícil explicar cómo fue que la iglesia nació en Jerusalén.

La verdad para este día

Tres mil personas de Jerusalén, espiritualmente resistentes, creyeron en la evidencia de la resurrección y pusieron su confianza en Cristo. ¿A quién conoces que necesite oír la evidencia de la resurrección de Jesús?

EVIDENCIA MÁS ALLÁ DE LA BIBLIA

> «Mas él dijo: No estoy loco, excelentísimo Festo, sino que hablo palabras de verdad y de cordura. Pues el rey sabe estas cosas, delante de quien también hablo con toda confianza. Porque no pienso que ignora nada de esto; pues no se ha hecho esto en algún rincón».
>
> Hechos 26:25-26

UNO DE LOS MÁS POPULARES ARGUMENTOS QUE SE ESGRIMEN contra el hecho histórico de la vida, muerte y resurrección de Jesús es que todo se basa en los testimonios de creyentes sinceros: «Si todas esas cosas hubieran sucedido en verdad, seguramente habría registro de los hechos en fuentes seculares e imparciales», se dice.

Me gusta lo que les recuerda a sus oyentes Mark Mittelberg cuando surge este argumento en actividades con preguntas y respuestas en vivo: «*Sí que hay* evidencia secular, pero no nos apresuremos a citarla. ¿Han considerado que los fieles podrían ser creyentes *porque estaban allí y de veras habían visto lo que pasó?* En serio, si descartamos los testimonios de los que estaban allí, es como si el juez de un tribunal dijera que quiere oír a todos excepto a los testigos oculares porque su testimonio sería parcial».

Lo que dice Mark es cierto, y creo que saca a la luz el prejuicio que usan algunos como excusa para descartar el registro de la Biblia. Pero también hay evidencia más amplia que se puede considerar.

Según un importante experto en historia antigua, Edwin Yamauchi, de la Universidad de Miami: «Tenemos mejor documentación histórica de Jesús que para el fundador de cualquier otra religión antigua».[1] Las fuentes no bíblicas muestran que había personas que creían que Jesús sanaba a los enfermos, que era el Mesías, que fue crucificado y que, a pesar de esa muerte vergonzosa, sus seguidores creían que estaba vivo de nuevo y le adoraban como Dios.

Hay treinta y nueve fuentes antiguas con evidencias que corroboran más de cien hechos de la vida de Jesús, sus enseñanzas, su crucifixión y su resurrección. Siete fuentes seculares y varios credos cristianos primitivos se refieren a la deidad de Jesús, doctrina «definitivamente presente en la primera iglesia», según Gary Habermas, el estudioso que escribió *The Historical Jesus* [El Jesús histórico].[2]

Habermas lo resume así: «Tenemos que darnos cuenta de que es bastante extraordinario que podamos trazar un bosquejo de casi todos los hechos importantes de la vida de Jesús, tan solo a partir de la historia "secular". Es significativo, por cierto... La conclusión es que las fuentes que no son de la Biblia nos brindan un bosquejo de la vida de Jesús e indican que murió debido a los efectos de la crucifixión. Que después fue sepultado y más tarde se encontró su tumba vacía».[3]

El veredicto ya está, tanto de fuentes sagradas como seculares. Y el registro de datos en torno a Jesús es sólido y fuerte.

La verdad para este día

La evidencia confirma que el Jesús de la historia es la misma persona que el Cristo de nuestra fe. ¡Puedes apostar tu vida a eso!

ARGUMENTO A FAVOR DE LA RESURRECCIÓN

A este Jesús resucitó Dios, de lo cual todos nosotros somos testigos.

Hechos 2:32

HEMOS VISTO UNA CANTIDAD DE ARGUMENTOS A FAVOR DE LA resurrección de Jesús, y todos bastante persuasivos. Pero el argumento adquiere más fuerza si tomamos las partes en conjunto.

Aquí podemos compilar los seis hechos que fortalecerán tu confianza y tu certeza en cuanto a la resurrección. Y, más que eso, son cosas que podrás comunicar a tus amigos para ayudarles a ver por qué han de confiar en el Salvador resucitado.[1]

SEIS DATOS QUE RESPALDAN LA REALIDAD DE LA RESURRECCIÓN:

1. **La ejecución: Jesús murió de verdad en la cruz**

    Jesús no se desmayó en la cruz ni fingió estar muerto. Esas fueron teorías comunes de los escépticos del pasado, pero han sido desacreditadas con información y evidencia que muestran que Jesús murió antes de que le traspasaran el costado con una lanza para asegurarse de que estaba muerto.

2. **La tumba vacía: el cuerpo de Jesús ya no estaba**

    Esa primera mañana de Pascua las mujeres descubrieron que el cuerpo de Jesús no estaba. Pedro y Juan pronto confirmaron también que la sepultura estaba vacía. Incluso los enemigos de Jesús lo admitieron implícitamente al inventar historias para explicar por qué no estaba allí su cuerpo.

3. **Los testigos oculares: Jesús apareció ante muchos, después de su resurrección**

    Pronto, los discípulos pudieron ver al Salvador resucitado con sus propios ojos, y algunos de ellos lo vieron varias veces. A lo largo de cuarenta días Jesús apareció ante personas y grupos de individuos, en diversos lugares y en distintas circunstancias. Tenemos nueve fuentes antiguas, tanto dentro como fuera del Nuevo Testamento, que confirman la convicción de los discípulos de que habían estado con el Cristo resucitado.[2]

4. **Los relatos antiguos, que eran hechos bien informados**

   Los contemporáneos de Jesús estaban vivos todavía cuando circulaban los informes de la resurrección de Jesús. Muchos habrían aprovechado la oportunidad para señalar los errores en esos relatos, si hubiesen sido falsos. De hecho, el informe más antiguo de la resurrección de Jesús está en un credo formulado a pocos meses de que resucitara.

5. **Informes extra bíblicos; hay sólida confirmación fuera de la Biblia**

   Los relatos seculares confirman los delineamientos del registro del Nuevo Testamento. Treinta y nueve fuentes antiguas nos brindan más de cien datos sobre la vida de Jesús, sus enseñanzas, su muerte y su resurrección.[3]

6. **El surgimiento de la Iglesia: el hecho de que naciera en Jerusalén respalda sus afirmaciones**

   Sin la resurrección es difícil explicar los inicios de la iglesia, que surgió en la mismísima ciudad en la que había sido crucificado Jesús semanas antes. La iglesia surgió de la afirmación de que había vuelto a la vida. Si es falso eso, se habría podido demostrar sin dificultades.

La verdad para este día

Los seis puntos que respaldan el acto de la resurrección de Jesús nos dicen que nuestra fe en este hecho milagroso se levanta sobre una roca de datos sólidos e información verídica.

RESPUESTAS A LA RESURRECCIÓN

> *Que si confesares con tu boca que Jesús es el Señor, y creyeres en tu corazón que Dios le levantó de los muertos, serás salvo. Porque con el corazón se cree para justicia, pero con la boca se confiesa para salvación.*
>
> Romanos 10:9-10

JESÚS RESUCITÓ DE ENTRE LOS MUERTOS, ¿Y AHORA, QUÉ?

Recuerdo que esa pregunta rondaba mi mente cuando terminé mis casi dos años de investigación de la evidencia de la resurrección. Llegué al punto en que sabía que la preponderancia de la evidencia apuntaba a la verdad del Salvador resucitado, por lo que me pregunté: *¿Es eso todo? ¿Solo reconozco esta verdad y sigo viviendo como lo hacía antes de emprender este viaje?*

Por dicha, recordé un versículo que me había dicho un amigo. Era Juan 1:12, que dice: «Mas a todos los que le recibieron, a los que creen en su nombre, les dio potestad de ser hechos hijos de Dios». Vi que ese versículo tenía tres partes y que podía traducirlas a una fórmula simple que responde a ese «¿Y ahora, qué?».

Creer + recibir = ser

Viendo esto pude notar que ya había cumplido la primera parte. Yo creo que Jesús es el Hijo de Dios y que lo demostró al resucitar de entre los muertos. Pero Juan 1:12 me estaba mostrando que con eso no bastaba. También necesitaba recibir el don del perdón y la vida eterna que Jesús compró para mí en la cruz.

Me arrodillé entonces, reconocí ante Dios mi vida pecaminosa y le dije que en ese preciso momento quería recibir a Jesús como mi perdonador y mi líder. ¿Sabes qué sucedió? Cuando terminé esa oración, tenía la certeza de que ahora era un hijo de Dios, tal como lo dice el versículo.

Luego, con el tiempo, empezaron a mejorar mi filosofía, mi punto de vista, mi actitud, mis valores, mi carácter y mis motivos. ¿Y sabes qué más? ¡Eso puede sucederte también! Así como a tus amigos y a los miembros de tu familia.

Todo lo que necesitas, todo lo que ellos necesitan, es creer que Jesús es el Hijo de Dios tal como Él afirmó que lo es; creer que murió para pagar por tus pecados y que luego resucitó para darte vida. Luego, ora para recibirle como tu perdonador y tu líder; de inmediato serás uno de los hijos e hijas del Padre celestial.

La verdad para este día

Sin duda conoces personas que se beneficiarían de las potentes verdades de esta fórmula: creer + recibir = ser. Cuéntales y pídele a Dios que use tus palabras para acercarles a sí mismo.

EL IMPACTO DE LA PASCUA

> *Y si Cristo no resucitó, vuestra fe es vana; aún estáis en vuestros pecados... Mas ahora Cristo ha resucitado de los muertos; primicias de los que durmieron es hecho.*
>
> 1 Corintios 15:17, 20

«¡NO CREO EN LA RESURRECCIÓN DE CRISTO!»

John era un empresario muy perseverante, que parecía ser espiritualmente receptivo pero sus dudas le carcomían. Se había reunido con mi coautor Mark porque tenía preguntas serias y problemas que, decía, le impedían ser cristiano.

«Por curiosidad, nada más... dime por qué no crees que Jesús resucitó de entre los muertos», dijo Mark.

«Es que para mí no tiene pies ni cabeza eso de que un muerto pueda volver a la vida», explicó John. «Todo lo que sé y he visto me muestra que los muertos se quedan en sus tumbas y allí se descomponen sus cuerpos, o que se los comen los gusanos. ¿Por qué tengo que creer que con Jesús las cosas fueron distintas?».

Mark indagó un poco para saber de dónde obtenía John su información. Y, como lo sospechaba, había estado escuchando a estudiosos liberales en los medios, cuyas carreras se basaban en atacar todo lo milagroso que la Biblia declara.

Ambos estuvieron hablando durante una hora sobre la evidencia de la resurrección de Jesús, algo que John prácticamente desconocía. Mark concluyó la reunión con un libro que le prestó a John, en el que había un capítulo que presentaba el argumento a favor de la resurrección. Y, finalmente, dijo algo que logró sorprenderlo.

«John, sé que eres un hombre de negocios que se ocupa de los desafíos y las metas. Así que quiero sugerirte que leas ese capítulo hoy mismo para que puedas ver lo sólida que es la evidencia histórica que respalda la resurrección. Y después, suponiendo que lo aceptes como verdad, quiero presentarte el desafío de que te conviertas antes de la Pascua. Solo falta un mes. De ese modo al fin podrás celebrarla por lo que verdaderamente significa».

La mirada intensa en los ojos de John decía que aceptaba el desafío. Unas dos semanas después, envió el libro de regreso con una nota que decía que había leído el capítulo… y el libro entero. Además, había comprado copias para él y algunos de sus amigos escépticos.

Es obvio que la evidencia le pareció convincente, porque unas dos semanas después de eso, John puso su confianza en Cristo, a pocos días de la Pascua.

La verdad para este día

Con solo una ligera lectura del libro de los Hechos vemos que la iglesia fue creciendo como un incendio que se propaga muy rápido. Pero no dejemos de lado que su mensaje principal era que Jesús había resucitado. Ese mensaje cambió vidas y sigue cambiándolas hoy.

LA ESPERANZA DE LA PASCUA

> Bendito el Dios y Padre de nuestro Señor Jesucristo, que según su grande misericordia nos hizo renacer para una esperanza viva, por la resurrección de Jesucristo de los muertos, para una herencia incorruptible, incontaminada e inmarcesible, reservada en los cielos para vosotros.
>
> 1 PEDRO 1:3-4

ES FÁCIL PENSAR QUE LOS HECHOS HISTÓRICOS EN TORNO A LA vida, muerte y resurrección de Jesús no son más que eso: verdades áridas, intelectuales.

«Sí, claro que es importante saber quién fue Jesús y qué hizo», pensamos. «Pero no tengo tiempo para sumergirme en los matices del discurso teológico. Lo que necesito es información que marque una diferencia en mi vida, aquí y ahora».

Entonces llegan las dificultades, o nos golpea la tragedia, y de repente las enseñanzas y las verdades bíblicas nos parecen mucho más relevantes.

Mi amigo y excolega Rick Warren, pastor de la Iglesia Saddleback y autor de *Una vida con propósito*, ha enseñado sobre la verdad y la relevancia de la Biblia por décadas. Pero en los últimos años, junto con su esposa Kay, redescubrieron el poder de la resurrección de Jesús. Sucedió cuando sufrieron la devastadora pérdida de su hijo Matthew, de veintisiete años, que se suicidó tras luchar contra la depresión y la enfermedad mental durante muchos años.

Más o menos un año después de esa pérdida impensada, Rick dijo: «Muchas veces me preguntan: "¿Cómo pudiste con eso? ¿Cómo lograste seguir adelante en medio de tu dolor?". Y mi respuesta siempre es: "La Pascua nos dice cómo"».

«Verás, la muerte, sepultura y resurrección de Jesús sucedieron en el término de tres días. El viernes fue el día de sufrimiento, dolor, agonía. El sábado fue el día de la duda, la confusión, el dolor. Pero la Pascua, ese domingo, fue el día de la esperanza, el gozo y la victoria».

Esto es lo que sé: enfrentarás esos tres días una y otra vez a lo largo de tu vida. Y cuando suceda, te preguntarás, como lo hice yo, tres cosas fundamentales:

«Número uno: "¿Qué hago en mis días de dolor?"».
«Dos: "¿Cómo sobrevivo a mis días de duda y confusión?"».
«Tres: "¿Cómo llego a los días del gozo y la victoria?"».
«La respuesta es la Pascua. *La respuesta es... la Pascua*».[1]

La verdad para este día

Cuando Jesús resucitó de entre los muertos no solo probó que lo que afirmaba era verdad sino que demostró que tiene poder por sobre todo lo que nos sea de obstáculo, impedimento y opresión. ¿Qué desafío, dolor o problema deberías presentar hoy ante el triunfante Salvador?

SANTA AUDACIA

Y en ningún otro hay salvación; porque no hay otro nombre bajo el cielo, dado a los hombres, en que podamos ser salvos.

Hechos 4:12

PEDRO Y JUAN, CON NUEVO VIGOR DEBIDO A LA RESURRECCIÓN DE Jesús y llenos del Espíritu Santo, entraron en Jerusalén y encontraron a un hombre que era lisiado de nacimiento. Por el poder de Dios sanaron al hombre y luego hicieron que se parara de modo que todos pudieran saber que Dios había obrado un milagro. Un milagro *en el nombre de Jesús*.

Pedro y Juan aprovecharon la oportunidad para hablarle a la gente sobre Jesús, ese tan esperado Mesías al que habían crucificado pero que Dios había vuelto a la vida. También explicaron que la salvación estaba al alcance de todos ellos por medio de ese Salvador resucitado.

Pedro declaró: «Así que, arrepentíos y convertíos, para que sean borrados vuestros pecados; para que vengan de la presencia del Señor tiempos de refrigerio» (Hechos 3:19). La gente era receptiva y fueron muchos los que creyeron en Cristo ese día (Hechos 4:4).

Sin embargo, los líderes religiosos no estaban contentos en absoluto. Por eso echaron a Pedro y a Juan en la cárcel y, al día siguiente, los interrogaron sobre lo que habían dicho y hecho. Pero Pedro, lleno de santa osadía, declaró: «Sea notorio a todos vosotros, y a todo el pueblo de Israel, que en el nombre de Jesucristo de Nazaret, a quien vosotros crucificasteis y a quien Dios resucitó de los muertos, por él este hombre está en vuestra presencia sano… Y en ningún otro hay salvación; porque no hay otro nombre bajo el cielo, dado a los hombres, en que podamos ser salvos» (vv. 10, 12).

Los líderes, que eran responsables de la muerte de Jesús, ordenaron a Pedro y a Juan que dejaran de hablar en su nombre. «Pero ellos no tuvieron miedo y respondieron: Juzgad si es justo delante de Dios obedecer a vosotros antes que a Dios; porque no podemos dejar de decir lo que hemos visto y oído» (vv. 19, 20).

¡Eso es santa audacia! Esos hombres ardían en su convicción y nadie sabía cómo apagar su fuego.

Sus enemigos lo notaron y «viendo el denuedo de Pedro y de Juan, y sabiendo que eran hombres sin letras y del vulgo, se maravillaban; y les reconocían que habían estado con Jesús» (v. 13).

¿Cómo respondieron Pedro y Juan? Tras ser liberados volvieron a donde estaban sus hermanos y hermanas en Cristo y oraron así: «Señor, mira sus amenazas, y concede a tus siervos que *con todo denuedo hablen tu palabra*» y «el lugar en que estaban congregados tembló» (vv. 29, 31, énfasis añadido por mí).

La verdad para este día

Esos hombres «habían estado con Jesús», eran llenos del Espíritu Santo y hablaban con audacia acerca de Dios. Y Dios los usó de manera poderosa. Si quieres que Dios te use también, sigue su ejemplo. Pasa tiempo con Jesús, deja que su Espíritu te guíe y háblales de Dios a los demás.

PLAN DE ACCIÓN

Sed, pues, vosotros perfectos, como vuestro Padre que está en los cielos es perfecto.

MATEO 5:48

«DIOS AYUDA A LOS QUE SE AYUDAN A SÍ MISMOS» ES UNO DE LOS dichos más conocidos y preferidos en todo el mundo. Y es fácil ver por qué, porque inspira y motiva. Levántate. Sigue adelante. Avanza y Dios reconocerá que mereces su ayuda, de forma que te pondrá el hombro para que puedas seguir.

Pero hay un pequeño problema. No encontrarás eso en la Biblia.

Gracias a Dios, la Biblia nos ofrece noticias mucho mejores: Dios ayuda a los que no pueden ayudarse a sí mismos. A esos que ya se rindieron, que ya ni lo intentan. A esos que ya perdieron la esperanza. A esos que Jesús describió como «cansados y agobiados», a los que necesitan descanso para sus almas (Mateo 11:28).

Cuando todo va bien en la vida, instintivamente depositamos nuestra confianza en nuestros esfuerzos para hacer las cosas bien, para ayudar a los demás y hasta quizá para cumplir con alguna lista de obligaciones espirituales. Uno podría llamarlo el plan de acción, y suena perfecto en los oídos de nuestro orgullo e independencia.

Sin embargo, antes de que nos entusiasmemos mucho con el plan de acción, mejor será que veamos lo que dijo el autor bíblico Santiago: «cualquiera que guardare toda la ley, pero ofendiere en un punto, *se hace culpable de todos*» (Santiago 2:10, énfasis añadido por mí). No es que quisiera que sus lectores se sintieran mal. Simplemente estaba ofreciéndoles una advertencia necesaria. Si ponemos nuestra confianza en el plan de acción, acabaremos frustrados en esta vida, lamentándonos profundamente en la próxima, porque jamás lograremos cumplir con los infinitos parámetros de Dios (Romanos 3:23).

Por dicha, hay una alternativa. Se llama el plan de gracia. No puedes ganártelo. Jamás llegarás a merecerlo. Se te ofrece gratis, y debes recibirlo con las manos vacías y un corazón arrepentido. Lo tenemos por Cristo y por su muerte por nosotros. Hebreos 10:14 nos lo explica: «Porque con una sola ofrenda hizo perfectos para siempre a los santificados».

Verás, el parámetro sigue siendo la perfección. Pero jamás llegaremos a esa perfección con nuestros imperfectos esfuerzos. Más bien, podremos obtenerla al recibir el sacrificio de Jesús, que pagó por nosotros entregándose a sí mismo. Es un favor inmerecido, que se nos ofrece gratis. Es *un regalo de gracia*.

La verdad para este día

El plan de gracia luce casi demasiado bueno como para ser cierto. Y, de hecho, por eso es que muchas personas no aceptan la gracia de Dios. Es que sencillamente no pueden creer que sea tan fácil. Bueno, no lo fue para Jesús pero por dicha, Dios nos ofrece la gracia gratis. Solo tenemos que humillarnos y aceptarla, como recibe un niño su regalo de Navidad. No ganándola de manera alguna, sino recibiéndola con el corazón bien abierto.

NOS CONOCERÁN POR NUESTRO... ¿QUÉ?

Si alguno viene a mí, y no aborrece a su padre, y madre, y mujer, e hijos, y hermanos, y hermanas, y aun también su propia vida, no puede ser mi discípulo.

LUCAS 14:26

«LOS CRISTIANOS AFIRMAN QUE JESÚS SIEMPRE PREDICÓ EL amor, pero en Lucas 14:26 les dijo a sus seguidores que odiaran a sus familias y, en Mateo 10:35, dijo que había venido para poner oposición entre padre e hijo y entre hija y madre. ¡Eso no es ser mensajero de amor!», dijo un ateo.

Reconozco que son declaraciones que pueden impactar cuando las lees por primera vez. Es decir, hasta tanto entiendas que Jesús y la Biblia utilizaban recursos literarios comunes, tal como lo hacemos hoy. El profesor de lengua inglesa Leland Ryken lo explica así:

> Son declaraciones exageradas que, por supuesto, no deben tomarse en sentido literal. Jesús no estaba estableciendo una posición ética razonada cuando dijo que «Si alguno viene a mí, y no aborrece a su padre, y madre, y mujer, e hijos, y hermanos, y hermanas, y aun también su propia vida, no puede ser mi discípulo» (Lucas 14:26). Solo utilizaba una hipérbole para reafirmar la prioridad que la persona debe darle a Dios por encima de todas las demás relaciones.[1]

Esta interpretación encuentra respaldo en el pasaje paralelo de Mateo 10:37 que habla del mismo tema pero sin hipérbole: «El que ama a padre o madre más que a mí, no es digno de mí; el que ama a hijo o hija más que a mí, no es digno de mí».

Y en Lucas 12:53 y Mateo 10:35 Jesús no hace más que destacar qué es lo que sucede cuando reconcilia a las personas con Dios: los miembros de una familia se dividen entre quienes le siguen y quienes no lo hacen. «Tenemos que distinguir entre el propósito de la venida de Cristo a la tierra y el resultado de ello. Su designio era traer paz», escriben los apologistas Norman Geisler y Thomas Howe. «Sin embargo, la consecuencia inmediata de la venida de Cristo fue la división entre quienes estaban a su favor y quienes estaban en su contra, entre los hijos de Dios y los hijos de este mundo».[2]

Pablo, de manera similar, también hizo uso del recurso literario al escribir: «Como está escrito: A Jacob amé, mas a Esaú aborrecí» (Romanos 9:13). Estaba diciendo que el Dios soberano tiene la autoridad para actuar de manera especial para con un grupo (los descendientes de Jacob) y no para con otro (los descendientes de Esaú), aunque Esaú y sus descendientes recibieron muchas bendiciones de Dios.

Ninguno de estos pasajes enseña a odiar, en realidad, y tampoco debieran hacer que dudemos con respecto a que Dios es amor.[3]

La verdad para este día

Los que siguen a Dios jamás deben amar más a otras personas o cosas que a Él. ¿Hay algo en tu vida que necesitas aprender a «odiar» en comparación con tu amor a Dios?

¿CUÁNTOS DIOSES?

Oye, Israel: Jehová nuestro Dios, Jehová uno es.

DEUTERONOMIO 6:4

«AQUÍ, ENTONCES, ESTÁ LA VIDA ETERNA», DECLARÓ JOSEPH Smith, fundador de la fe de los mormones, «y está en conocer al único Dios sabio y verdadero; y *han de aprender a ser dioses ustedes mismos, a ser reyes y sacerdotes de Dios como lo han hecho todos los dioses antes de ustedes*».[1]

En este mundo tan lleno de enseñanzas religiosas que nos dicen que hay muchos dioses, como lo enseñan el hinduismo y los mormones, la Biblia afirma algo que parece atrevido: que hay un solo Dios verdadero.

Aquí están cinco de las razones por las que es tan importante entender esta verdad:

1. *Dios quiere que sepamos quién es Él.* Él es un «Dios celoso» (Deuteronomio 6:15), y no en un aspecto mezquino sino en el sentido correcto de querer que lo conozcamos y le seamos fieles como nuestro Hacedor y Redentor. El Nuevo Testamento se refiere a nosotros, los miembros de la iglesia, como la esposa de Cristo.[2] Y así como el esposo naturalmente querría proteger a su esposa, esperando que le sea leal, Dios nos protege y quiere que le seamos fieles.

2. *Dios quiere que sepamos que no hay otros dioses.* Nos lo dice con toda claridad en Isaías 43:10-11: «Antes de mí no fue formado dios, ni lo será después de mí. Yo, yo Jehová, y fuera de mí no hay quien salve». No sé qué más claro podría haber sido en su declaración.

3. *Dios no quiere que nos desvíen los falsos dioses.* Deuteronomio 13 dice que si alguien afirma ser profeta pero desvía al pueblo para que adore a otros dioses, entonces esa persona es un falso profeta y debe rechazarse tanto a la persona como a su mensaje. De manera similar, el apóstol Juan nos advierte en 1 Juan 5:21: «Hijitos, guardaos de los ídolos». Un ídolo es cualquier cosa o persona que nos aparte del verdadero Dios.

4. *Dios quiere protegernos de que pongamos nuestra esperanza en cualquier cosa que finalmente nos decepcione.* Fuimos creados para adorar, pero adorar al verdadero Dios es el único camino a la plenitud y a una relación con el Salvador que puede perdonar nuestros pecados, responder nuestras oraciones y guiarnos en la vida. No hay otro «dios» ni mero ídolo que pueda hacer eso.
5. *Simplemente corresponde dar honor y alabanza a nuestro Creador, porque es digno de ello.* Como lo hizo el salmista en el Salmo 150, debemos «conforme a la muchedumbre de su grandeza» (v. 2).

La verdad para este día

Dios nos ama tanto como para decirnos la verdad acerca de quién es Él, el único y verdadero Dios; y para advertirnos sobre la futilidad de seguir a cualquier sustituto. Quiere que le amemos y confiemos en Él. En la práctica, ¿cómo podrías hacer esto hoy?

¿ES JESÚS DIOS?

En el principio era el Verbo, y el Verbo era con Dios, y el Verbo era Dios. Y aquel Verbo fue hecho carne, y habitó entre nosotros.

Juan 1:1,14

«LOS ERUDITOS AFIRMAN QUE LA IGLESIA PRIMITIVA LITERALMENTE *le robó* a Jesús a sus seguidores originales, y que se apropió de su mensaje humano, cubriéndolo de un impenetrable manto de divinidad, usándolo para ampliar su propio poder», afirma el personaje Teabing en la novela *El código da Vinci* de Dan Brown.[1]

Es normal oír cosas parecidas, como que Jesús era un hombre bueno pero común y corriente, que enseñaba sabiduría a quien quisiera oírle. Pero, después de su muerte, su leyenda creció y con el tiempo la gente empezó a verlo como un dios, o como el hijo de Dios, exaltándole en formas que Él jamás buscó.

Es una teoría interesante. Pero, ¿es cierta? Meditemos en esto:

- Unos setecientos años antes que Jesús viniera, Isaías predijo la venida del Mesías y lo describió como: «Admirable, Consejero, Dios *Fuerte, Padre Eterno,* Príncipe de Paz» (Isaías 9:6, énfasis añadido por mí). También, Isaías 7:14 anunciaba: «He aquí que la virgen concebirá, y dará a luz un hijo, y llamará su nombre Emanuel». Mateo 1:23 nos dice que esta profecía se cumplió en Jesús.
- En la Biblia la adoración está reservada para Dios y solo para Dios. Pero poco después del nacimiento de Jesús, los sabios de Oriente lo adoraron (Mateo 2:11).
- Siendo adulto, los discípulos adoraron a Jesús después de que calmara la tormenta (Mateo 14:32-33).
- Los líderes religiosos desafiaron a Jesús en cuanto a las reglas del sábado. Él se defendió, diciendo: «Mi Padre hasta ahora trabaja, y yo trabajo» (Juan 5:17). Estos líderes entendieron exactamente qué quería decir Jesús, por lo que se ofendieron de inmediato y «procuraban matarle, porque no sólo quebrantaba el día de reposo,

sino que también decía que Dios era su propio Padre, haciéndose igual a Dios» (Juan 5:18).
- Durante el juicio a Jesús el sumo sacerdote le preguntó: «¿Eres tú el Cristo, el Hijo del Bendito? Y Jesús le dijo: Yo soy; y veréis al Hijo del Hombre sentado a la diestra del poder de Dios, y viniendo en las nubes del cielo» (Marcos 14:61-62). Era la innegable afirmación de que Él era la persona divina que anunciaba la profecía de Daniel 7:13. Y por eso el sacerdote se rasgó las vestiduras de inmediato y «todos ellos le condenaron, declarándole ser digno de muerte» (Marcos 14:64). Todos ellos hace referencia al Sanedrín en su conjunto.
- Cuando Tomás, que dudaba de la resurrección de Jesús, vio que este en verdad había resucitado y estaba de pie delante de él, exclamó: «¡Señor mío y Dios mío!» (Juan 20:28). ¿Cuál fue la respuesta de Jesús? Bendijo a Tomás y a todo el que creyera como lo hizo él.

La verdad para este día

Cuando vas sumando todas estas evidencias, es claro lo que afirmaba Jesús. Y lo probó al resucitar de entre los muertos (Mateo 12:39-40).

CUESTIÓN DE IDENTIDAD

Vosotros sois de abajo, yo soy de arriba; vosotros sois de este mundo, yo no soy de este mundo. Por eso os dije que moriréis en vuestros pecados; porque si no creéis que yo soy, en vuestros pecados moriréis.

JUAN 8:23-24

«ASÍ QUE JESÚS AFIRMÓ QUE ERA DIOS. ¿POR QUÉ ES TAN IMPORtante eso?».

Son muchos los que toman a la ligera la cuestión de la identidad y la naturaleza de Jesús. Para esas personas, parece exagerado hablar sobre la deidad de Cristo porque prefieren apegarse a lo básico y solo vivir una fe que sea fácil de entender.

Pero tienes que entender esto: *¡Lo que Jesús dijo que es sí importa!* Porque si fuera solo un buen maestro o un profeta de Dios, habría sido un maestro deshonesto y un falso profeta cuando afirmó ser divino, como lo vimos en la lectura anterior.

Y además, si hubiese sido solo un humano sería incapaz de cumplir el rol de «Cordero de Dios, que quita el pecado del mundo» (Juan 1:29) o de ser aquel que vino para «dar su vida en rescate por muchos» (Marcos 10:45). Es más, el Salmo 49:7 dice: «Ninguno de ellos podrá en manera alguna redimir al hermano, ni dar a Dios su rescate». Si Jesús fuera solo un hombre entonces no podría haber sido nuestro Salvador ni nuestro Señor.

Pero mira estos datos reales:

- Jesús cumplió numerosas profecías mesiánicas antiguas, contra todas las posibilidades (ver «Si estuviera adivinando» y «Probabilidades proféticas»).
- Dejó en claro que era el Salvador y el Señor.
- Respaldó sus afirmaciones al llevar una vida sin pecado, al obrar milagros y en especial al resucitar de entre los muertos tal como había predicho que lo haría.

- Apareció como el Salvador resucitado, reafirmó sus declaraciones, sus mandamientos y luego ascendió al cielo (ver «Argumento a favor de la resurrección»).
- Y este mismo Jesús que miraba a las personas a los ojos, dijo: «Vosotros sois de abajo, yo soy de arriba; vosotros sois de este mundo, yo no soy de este mundo. Por eso os dije que moriréis en vuestros pecados; porque si no creéis que yo soy, en vuestros pecados moriréis».

Así, a la luz de estos datos reales, tengo algo urgente que sugerir: Creamos en lo que Jesús dice. Creamos en aquel que nos dijo que es el Hijo de Dios, que comparte la naturaleza divina del Padre. Y sigámosle de todo corazón, como nuestro Salvador y Señor.

La verdad para este día
Jesús enfatizó la importancia de su identidad como Hijo de Dios, como deidad en humanidad. ¿Tienes amigos o familiares que necesiten esta información? ¿Se las comunicarás en amor?

LOS NO PROFETAS

Amados, no creáis a todo espíritu, sino probad los espíritus si son de Dios; porque muchos falsos profetas han salido por el mundo.

1 JUAN 4:1

«YO CREO EN JESÚS Y TÚ CREES EN JESÚS. ¿NO BASTA CON ESO?».
Bueno, como dice Mark Mittelberg: «Yo tengo un tío y tú tienes un tío. ¡Pero eso no significa que tengamos el mismo tío! Solo porque la gente diga que cree en Jesús no quiere decir necesariamente que sigan al verdadero Salvador».

Mark tiene razón. Saber quién es realmente Jesús y confiar en el verdadero Jesús marca toda la diferencia, tanto en esta vida como en la que viene.

Jesús nos advirtió que vendrían muchos imitadores: «Entonces, si alguno os dijere: Mirad, aquí está el Cristo, o mirad, allí está, no lo creáis. Porque se levantarán falsos Cristos, y falsos profetas, y harán grandes señales y prodigios, de tal manera que engañarán, si fuere posible, aun a los escogidos. Ya os lo he dicho antes» (Mateo 24:23-25).

Y Pablo añadió: «Pero temo que como la serpiente con su astucia engañó a Eva, vuestros sentidos sean de alguna manera extraviados de la sincera fidelidad a Cristo. Porque si viene alguno predicando a otro Jesús que el que os hemos predicado… que el que habéis aceptado, bien lo toleráis» (2 Corintios 11:3-5).

Según Jesús vendrán muchos falsos mesías y según Pablo la gente común como nosotros podrá ser engañada por un imitador. Así que, ¿qué hacer para asegurarnos que permanecemos fieles al verdadero y real Jesús? Aquí van algunas ideas:

- No creas todo lo que ves ni lo que oyes. Pregúntales a las personas a quién se refieren al hablar de «Dios» y quién creen que es Jesús.
- Pon a prueba lo que digan los maestros, corroborándolo con lo que enseña la Biblia. Lo que Dios dice hoy siempre estará en línea con lo que haya dicho en el pasado (Hechos 17:11).

- Recuerda que los maestros bíblicos afirmarán la humanidad de Jesús (1 Juan 4:2-3) y la deidad de Jesús (Colosenses 1:15-20) y que se sujetarán a Él como Salvador (1 Juan 4:14) y Señor (Lucas 6:46).
- Ora pidiéndole al Espíritu de Dios que te guíe y te proteja cuando busques su verdad acerca de estas cuestiones (Juan 16:13).

Jesús dijo: «Pedid, y se os dará; buscad, y hallaréis; llamad, y se os abrirá» (Lucas 11:9). Si le buscamos con sinceridad, Él promete guiarnos a la verdad.

La verdad para este día

Puedes creer en Dios y confiar en Él para que te guíe mediante su Palabra y su Espíritu. Así que lee la Biblia hoy, busca a Dios con sinceridad y obedece sus mandamientos.

¿ES EL ESPÍRITU SANTO UNA FUERZA?

Pero cuando venga el Espíritu de verdad, él os guiará a toda la verdad; porque no hablará por su propia cuenta, sino que hablará todo lo que oyere, y os hará saber las cosas que habrán de venir.

JUAN 16:13

«LA FUERZA ES UN RÍO DEL CUAL MUCHOS PUEDEN BEBER Y EL entrenamiento Jedi no es la única copa en la que puedas beberla», decía Luke Skywalker. En *La guerra de las galaxias* la Fuerza es un poder invisible que puede usarse para bien o para mal, dependiendo de la intención de quien la utilice.

Por desdicha, hay muchos que creen eso mismo en cuanto al Espíritu Santo, al que se refieren como «eso» en lugar de «Él». Esas personas ven al Espíritu como una forma de energía, no como persona. Ven la amonestación a «ser llenos del Espíritu Santo» más o menos como equivalente de «Que la Fuerza esté contigo».

Los Testigos de Jehová enseñan, por ejemplo, que «El espíritu santo es el poder de Dios en acción, es su fuerza activa. Dios envía a su espíritu proyectando su energía a donde sea para cumplir su voluntad».[1]

Comparemos esto con la Biblia, donde se presenta al Espíritu Santo como persona y persona divina. Jesús prometió en Juan 14:16-17, por ejemplo: «Y yo rogaré al Padre, y os dará otro Consolador, para que esté con vosotros para siempre: el Espíritu de verdad, al cual el mundo no puede recibir, porque no le ve, ni le conoce; pero vosotros le conocéis, porque mora con vosotros, y estará en vosotros». Fíjate de qué manera usa Jesús «él» y «mora… estará». Es decir, que Jesús no estaba describiendo a una fuerza sino a una persona.

En Juan 16:13 Jesús dijo a sus discípulos que el Espíritu Santo «os guiará a toda verdad». Y en el versículo siguiente dijo que el Espíritu le glorificará. Sin embargo, un campo de energía no puede ni guiar ni glorificar. Son cosas que solamente puede hacer una persona.

También en Efesios 4:30, Pablo advirtió: «no contristéis al Espíritu Santo de Dios». No podríamos contristar a una fuerza. Solo se puede contristar a una persona.

Y en Marcos 3:29 Jesús advierte a todo el que «blasfeme contra el Espíritu Santo». Esto nos muestra que el Espíritu es persona, y persona divina (solo se puede blasfemar contra Dios). Y lo confirma la historia de Ananías y Safira (Hechos 5), en la que *mentir al Espíritu Santo* (v. 3) equivale a *mentirle a Dios* (v. 4).

El Espíritu Santo no es meramente una fuerza. Es una persona divina. La tercera persona de la Trinidad.

La verdad para este día

El Espíritu Santo es Dios y quiere «guiarnos a toda verdad». ¿Estás escuchándole hoy?

TRIUNIDAD

> *Por tanto, id, y haced discípulos a todas las naciones, bautizándolos en el nombre del Padre, y del Hijo, y del Espíritu Santo.*
>
> MATEO 28:19

«¿CÓMO PUEDES CREER EN LA DOCTRINA DE LA TRINIDAD SI *ESA* palabra ni siquiera aparece en la Biblia?». Esta es una objeción común y parece convincente hasta que te das cuenta de que muchos otros términos, como *divinidad, omnisciencia* y *encarnación* tampoco están en la Biblia pero son conceptos que las Escrituras enseñan con toda claridad. La verdadera pregunta es si el *concepto* de la Trinidad es una enseñanza de la Biblia.

Veamos cuatro verdades bíblicas:

1. **Hay un solo Dios verdadero**

    «Oye, Israel: Jehová nuestro Dios, Jehová uno es» (Deuteronomio 6:4). Este es el *shemá*, la enseñanza central del judaísmo (ver también Isaías 43:10-11). Jesús dijo lo mismo en Marcos 12:29 y el apóstol Pablo afirmó que «no hay más que un solo Dios» (1 Corintios 8:6).

2. **El Padre es Dios**

    «Pues cuando él recibió de Dios Padre honra y gloria, le fue enviada desde la magnífica gloria una voz que decía: Este es mi Hijo amado, en el cual tengo complacencia» (2 Pedro 1:17). Este pasaje, y muchos otros, nos muestran que el Padre celestial es Dios.

3. **El Hijo es Dios**

    Vimos en la lectura «¿Es Jesús Dios?» que Jesús afirmó su divinidad y la respaldó al resucitar de entre los muertos. Jesús también dijo: «De cierto, de cierto os digo: Antes que Abraham fuese, yo soy» (Juan 8:58) afirmando su preexistencia y aplicando a sí mismo el divino «Yo soy», nombre de Dios de Éxodo 3:14. También dijo: «Yo y el Padre uno somos» (Juan 10:30) indicando que son uno en esencia o naturaleza.[1]

Jesús es: «nuestro gran Dios y Salvador» (Tito 2:13). «En él habita corporalmente toda la plenitud de la Deidad» (Colosenses 2:9). En Juan 1:3 y Colosenses 1:16 también se describe a Jesús como el Creador.

4. **El Espíritu Santo es Dios**

   Vimos en «¿Es el Espíritu Santo una fuerza?» que el Espíritu Santo es una persona divina. Posee los atributos de la deidad (1 Corintios 2:10-11) y está relacionado con Dios en la creación (Génesis 1:2) y con los otros miembros de la Trinidad (Mateo 28:19).

   La doctrina bíblica de la Trinidad explica de manera única estas cuatro verdades: muestra que Dios es una «Tri-Unidad», «Tri» (tres personas, como mostramos en los puntos 2 a 4 aquí) en «Unidad» (un solo Dios, como lo indica el punto 1).

Es decir, que hay *un solo Dios* que existe eternamente en *tres personas*: Padre, Hijo y Espíritu Santo.

La verdad para este día

Estas cuatro enseñanzas son claras y convencen en cuanto a la doctrina bíblica de la Trinidad. Adoramos a un único y verdadero Dios que existe eternamente como Padre, Hijo y Espíritu Santo.

¿SON TRES IGUALES A UNO?

> *Porque mis pensamientos no son vuestros pensamientos, ni vuestros caminos mis caminos, dijo Jehová. Como son más altos los cielos que la tierra, así son mis caminos más altos que vuestros caminos, y mis pensamientos más que vuestros pensamientos.*
>
> Isaías 55:8-9

«QUIERO ENTENDER ESTO: CREES QUE EL PADRE ES DIOS», DIJO UN Testigo de Jehová, contando con los dedos. «Y piensas que Jesús es Dios», añadió contando con un segundo dedo. «Y luego dices que el Espíritu Santo es Dios».

Y levantando sus tres dedos, concluyó: «¡Parece que tienes tres dioses!».

«Bueno, en realidad no importa qué es lo que yo crea», contestó Mark Mittelberg. «Lo que importa es lo que Dios ha revelado acerca de su naturaleza. Y como te lo mostré, la Biblia enseña que el Padre, el Hijo y el Espíritu Santo son, cada uno, Dios pero también enseña que hay un solo Dios. De alguna manera hemos de aferrarnos a todas estas verdades bíblicas sin negociar ni comprometer ninguna de ellas. Pero por desdicha lo que te han enseñado pone en tela de juicio la deidad de Cristo, como así también la deidad y la condición de persona del Espíritu Santo».

«Pero es que tres no son igual a uno. No puede ser», replicó el representante de la Sociedad Atalaya.

«Es cierto, no estoy afirmando que así sea», dijo Mark. «Más bien estoy tratando de mostrar lo que revela la Biblia: que Dios es uno en esencia pero que existe eternamente en tres personas. Como lo explicaba mi mentor: "Es un *qué* en tres *quienes*"».

«Es similar a Génesis 2:24», continuó Mark, «donde dice la Biblia que cuando un hombre y una mujer se unen en matrimonio, se vuelven una sola carne. Es obvio que no se convierten en una única persona. Siguen siendo un hombre y una mujer. Así que, en términos bíblicos se han vuelto una sola carne pero siguen siendo dos personas. O como lo diría mi mentor: un *qué* en dos *quienes*». No es la analogía perfecta, pero sí te muestra cómo algo puede ser singular en un sentido y plural en otro.

«Es una ilustración interesante», admitió el hombre. «Pero no logro ver por qué Dios lo haría tan complicado».

«Recuerda», explicó Mark, «que no es una idea que Dios inventó para cómoda consumición de parte nuestra. Es su revelación de quién es Él en realidad. Cuando tomamos conciencia de que estamos hablando del eterno y todopoderoso Creador del universo ¡no debiera extrañarnos que sea un ser cuya naturaleza resulta un tanto difícil como para que la comprendan nuestras mentes finitas!».

La verdad para este día

Nuestro Dios es un ser muchísimo más grande de lo que podríamos llegar a entender del todo. Pero su mensaje es tan simple que hasta un niño puede entenderlo: «Cristo me ama, bien lo sé...».

IMPLICACIONES DE LA NATURALEZA DE DIOS

La gracia del Señor Jesucristo, el amor de Dios, y la comunión del Espíritu Santo sean con todos vosotros.

2 Corintios 13:14

«VEO QUE LA BIBLIA ENSEÑA LA DOCTRINA DE LA TRINIDAD. PERO, ¿en qué me afecta eso?».

Es una gran pregunta. Veamos tres implicancias prácticas de la doctrina bíblica de Dios.

1. **El conocimiento del Dios verdadero**

    Jesús dijo: «Y esta es la vida eterna: que te conozcan a ti, el único Dios verdadero, y a Jesucristo, a quien has enviado» (Juan 17:3). Pero para conocer al verdadero Dios tenemos que entender y aceptar de corazón lo que nos ha revelado sobre sí mismo, aunque cueste entenderlo del todo. Y, como lo hemos visto, Él nos ha revelado que es el Padre, el Hijo y el Espíritu Santo: un solo Dios que existe eternamente en tres personas.

2. **Entendimiento del verdadero amor**

    La Biblia también nos dice que, por definición, Dios es amor (1 Juan 4:8). Pero sin la verdad de la Trinidad es difícil imaginar cómo podría serlo. Por ejemplo, antes de la creación de los ángeles y los seres humanos, ¿quién habría habido allí para que Dios lo amara? Si fuera un Ser singular, como lo afirman los unitarios, no habría habido nadie más con quien pudiera relacionarse. Es como un acertijo para quien adopta esa postura. Pero si aceptamos la Trinidad de corazón, no es problema en absoluto.

    «El amor tiene sus raíces en Dios porque cada una de las personas de la Trinidad ama a las otras y se relaciona con ellas. Dios Padre ama a Dios Hijo. El Hijo ama al Padre y al Espíritu Santo, y Dios Espíritu Santo ama al Hijo y al Padre», expresó el exmusulmán Abdu Murray.[1]

Debido a ello, nuestra capacidad para amar sinceramente fluye de la naturaleza misma de Dios.

3. El entendimiento del origen de lo que es la comunidad

En la misma línea, ¿te has preguntado por qué los seres humanos somos tan incurablemente relacionales y por qué estamos tan perdidos cuando se fracturan nuestras relaciones? Es porque fuimos creados a imagen de Dios, como nos lo dice Génesis 1:27. Eso significa que compartimos determinadas semejanzas con el Dios Trino y Uno que eternamente ha disfrutado de la amorosa relación de las tres personas de la deidad.

Es decir, que Dios nos creó para que tengamos relaciones similares con Él y también con los demás seres humanos.

La verdad para este día

En verdad hay implicaciones importantes en la doctrina de la Trinidad: nos señala al verdadero Dios, al verdadero amor, a la fuente y modelo de la verdadera comunidad. Consciente de eso hoy, ¿de qué modo puedes reflejar mejor la naturaleza divina en tus relaciones?

¿Y SI LOS CIENTÍFICOS CREARAN VIDA?

E hizo Dios animales de la tierra según su género, y ganado según su género, y todo animal que se arrastra sobre la tierra según su especie. Y vio Dios que era bueno.

GÉNESIS 1:25

CON LOS AVANCES DE LA CIENCIA MODERNA SE ESPECULA CADA vez más que algún día los científicos serán capaces de producir vida en un laboratorio.

Algunos suponen: «Entonces ya no necesitaremos la hipótesis de que hay un Dios, puesto que habremos demostrado que la vida puede surgir sin intervención sobrenatural».

¿Has oído ese argumento? ¿Temes que la ciencia logre algo tan avanzado? ¿Haría que dudaras de tu fe?

No vayamos tan rápido. Es un razonamiento que no surge ni de la buena lógica ni de la buena teología. Por parte de la teología, el Dr. J. Oliver Buswell escribió, ya a principios de la década de 1960: «La Biblia no enseña, en ninguna parte, que el ser humano sea incapaz de producir organismos vivos que se autopropaguen mediante procesos físicos y químicos a partir de material inorgánico. Yo no soy bioquímico. Y dudo que el ser humano pueda "crear vida". Aunque en lo que respecta a mi fe cristiana, no veo que haya nada en juego».[1]

Por parte de la lógica, pensemos en lo que aprendió Mark Mittelberg en los inicios de la década de 1980, cuando oyó enseñar en California al Dr. A. E. Wilder-Smith, célebre químico europeo con tres doctorados. Mark recuerda: «El Dr. Wilder-Smith explicó que los científicos seculares suelen hablar como si la vida hubiera surgido a partir de esta fórmula:

Materia + Energía + Tiempo = Vida»

Sin embargo, Wilder-Smith decía que «cuando los científicos van a sus laboratorios e intentan producir vida, suman otro ingrediente en el que no se piensa a menudo. La verdadera fórmula que usan es:

Materia + Energía + Tiempo + Ideas = Vida,
lo cual equivale a decir que no echan todos los ingredientes en una mezcladora y pulsan el botón de máxima velocidad esperando que finalmente surja vida. Más bien aplican lo mejor del conocimiento científico para seleccionar los elementos necesarios para la materia viva, más las condiciones que conducen a que la vida pueda surgir».

Mark prosiguió: «Wilder-Smith nos dijo, en otras palabras que, en realidad, lo que hacen es seguir el modelo de la creación. Que intentan reproducir lo que hizo Dios. Y que si al fin lo logran, servirá tan solo para reforzar lo que afirma la Biblia: que *Dios* creó la vida».[2]

No temas, entonces. La ciencia es nuestra amiga. Toda verdad es de Dios. Y, en última instancia, el «libro de la naturaleza» revelará las mismas realidades que el «libro de las Escrituras».

La verdad para este día

Jesús dijo en Juan 8:32: «y conoceréis la verdad, y la verdad os hará libres». Como seguidores de Dios, y amantes de la verdad, no tenemos nada que temer de lo que se pueda aprender por medio de la ciencia.

LA FE ES...

*... la certeza de lo que se espera, la convicción de lo que no se ve
... Pero sin fe es imposible agradar a Dios; porque es necesario que el que se acerca a Dios crea que le hay, y que es galardonador de los que le buscan.*

Hebreos 11:1-6

EL ATEO SAM HARRIS DECLARÓ: «LA FE, EN GENERAL, NO ES MÁS que el permiso que se dan los religiosos para creer firmemente en cosas sin evidencia alguna».[1]

Oí decir al autor cristiano Jay Kesler que suele responder a los ateos: «Dime en qué Dios no crees. Y tal vez yo tampoco crea en él».

Tiene razón. Muchas veces lo que la gente rechaza no es siquiera el concepto bíblico de Dios sino una caricatura de Dios formada por la sociedad, la cultura o incluso por la mente de alguien.

Lo mismo puede decirse de la fe. Muchas personas aceptan la caricatura de la fe que presentan Harris y otros que niegan a Dios, que dicen que es creencia «sin evidencia». O como dijo Mark Twain un siglo antes: «La fe es creer en lo que sabes que no es así».[2]

Respondo con una paráfrasis de lo que afirmó Kesler: «Dime en qué tipo de fe no crees y es probable que yo tampoco crea en esa fe». La fe bíblica no es confianza irracional. No es un salto a ciegas y en la oscuridad, ni es el rechazo obstinado de la evidencia con tal de aferrarnos a una sentimental superstición o tradición.

¿Qué es la fe? Lo más probable es que el mejor sinónimo de fe sea *confianza*. Ponemos nuestra confianza en algo que, por convicción, creemos que es real o verdadero. ¿Y cómo nos convencen en cuanto a en qué poner nuestra confianza? Con información confiable y con evidencia.

Jesús desafió a quienes lo escuchaban a que consideraran la evidencia de sus acciones milagrosas: «Si no hago las obras de mi Padre, no me creáis. Mas si las hago, aunque no me creáis a mí, *creed a las obras*, para que conozcáis y creáis que el Padre está en mí, y yo en el Padre» (Juan 10:37-38, énfasis añadido por mí).

Más adelante Jesús convenció a los discípulos en cuanto a su resurrección cuando «se presentó *vivo con muchas pruebas indubitables*, apareciéndoseles durante cuarenta días y hablándoles acerca del reino de Dios» (Hechos 1:3, énfasis añadido por mí).

Y estuvo dispuesto a mostrarle a Tomás las cicatrices de sus manos y su costado para que pudiera confiar con certeza en que era de veras Jesús, resucitado de entre los muertos (Juan 20:26-27).

La verdad para este día

Tenemos que cuidarnos de confiar solo en las cosas que se demuestran como confiables. La Biblia nos dice: «Examinadlo todo; retened lo bueno» (1 Tesalonicenses 5:21).

CREER QUE VS. CREER EN

Porque de tal manera amó Dios al mundo, que ha dado a su Hijo unigénito, para que todo aquel que en él cree, no se pierda, mas tenga vida eterna.

JUAN 3:16

ES PROBABLE QUE ESTE VERSÍCULO SEA EL PASAJE MÁS CONOCIdo de la Biblia. Aunque también es uno de los más malinterpretados.

Muchas personas lo reducen a un entendimiento superficial de lo que es creer, como cuando se dice: «Creo que Jesús fue una figura histórica». Un hombre bueno. Un maestro sabio. Quizá incluso un profeta o el tan esperado Mesías. Y algunos hasta llegan a reconocer que Jesús murió en la cruz y que resucitó al tercer día, pero lo dejan todo en ese nivel intelectual de «creer que...».

El problema es que, en el contexto de Juan 3:16, vemos que Dios requiere más que solo un gesto de asentimiento y acuerdo con la información básica sobre su Hijo. Sí, claro que es un primer paso importante. Pero tenemos que ir más allá de solo creer que Jesús es quien afirmó ser para en verdad creer *en* Jesús. El término griego que en este versículo se traduce como «cree» significa literalmente «estar persuadido... poner confianza en... confiar... depender, y no meramente creer».[1]

Mark Mittelberg lo explica con una ilustración que ha resultado útil para muchos. Él dice: «Cuando termina el servicio en la iglesia, voy al aeropuerto para volar de regreso a casa. Pero no basta con que me siente en la terminal y crea en que los aviones vuelan. Reconocer que la ciencia de la aviación es sólida no logrará llevarme a casa, jamás. Tengo que ir —más allá de la mera creencia en que los aviones vuelan—, a la convicción personal en el avión en particular que va hacia mi ciudad. Y lo confirmo abordando el avión. Es ese acto de confianza lo que me llevará allí donde quiero ir».

«De manera parecida», sigue Mark, «todos necesitamos ir más allá de la mera creencia en que Jesús es el Hijo de Dios que murió en la cruz por nuestros pecados. Tenemos que dar un paso más y confiar en Él personalmente, pedirle que perdone nuestros pecados y que guíe nuestras vidas. Eso equivale a "abordar el avión" con Jesús, de modo que nos lleve a donde queremos ir espiritualmente».

La verdad para este día

Creer que Jesús es el Salvador del mundo es un buen comienzo. Pero tenemos que asegurarnos de dar un paso más que solo asentir con la cabeza a la información básica sobre Jesús, y poner nuestra confianza en Él como nuestro perdonador, nuestro líder y nuestro amigo. Luego debemos ayudar a nuestros seres queridos para que hagan lo mismo.

PROFETAS DE LA BIBLIA VS. MAHOMA

> *Por esto creerán que se te ha aparecido Jehová, el Dios de tus padres, el Dios de Abraham, Dios de Isaac y Dios de Jacob.*
>
> ÉXODO 4:5

LOS PROFETAS DE DIOS REALIZABAN MILAGROS PARA ESTABLE- cer sus credenciales. En Éxodo 4:1, Moisés le dijo a Dios: «He aquí que ellos no me creerán, ni oirán mi voz; porque dirán: ¿No te ha aparecido Jehová?». Dios le dijo a Moisés que echara su cayado al suelo y este, al instante, se convirtió en serpiente. Luego Dios le dijo que levantara la serpiente y la volvió a convertir en cayado. En el versículo 5 Dios explicó: «Por esto creerán que se te ha aparecido Jehová, el Dios de tus padres, el Dios de Abraham, Dios de Isaac y Dios de Jacob».

Algo parecido le sucedió a Elías en el monte Carmelo. Durante su competencia con los profetas de Baal, Dios envió fuego desde el cielo para confirmar que era el verdadero Dios y Elías, su profeta (1 Reyes 18:16-39).

Jesús dijo: «Si no hago las obras de mi Padre, no me creáis. Mas si las hago, aunque no me creáis a mí, creed a las obras, para que conozcáis y creáis que el Padre está en mí, y yo en el Padre» (Juan 10:37-38). Y Jesús *hizo* las obras milagrosas a las que se refería. Si hasta el fariseo Nicodemo admitió: «Rabí, sabemos que has venido de Dios como maestro; porque nadie puede hacer estas señales que tú haces, si no está Dios con él» (Juan 3:2).

Podemos ver esta confirmación muchas veces en las vidas de Jesús y los profetas bíblicos. Pero eso nunca sucedió en la vida de Mahoma, el creador del islam. Mahoma creía que Jesús era un profeta que obraba milagros, incluida la resurrección de muertos. Los musulmanes también creen que Moisés y Elías obraron milagros.

Pero según el Corán, cuando los que no creían desafiaron a Mahoma para que realizara un milagro, él se negó. Dijo meramente que debían leer un capítulo del Corán (Sura 2:118; 3:181-84; 4:153; 6:8, 9, 37).

Así que, a diferencia de Jesús, Mahoma jamás hizo milagros. No fue sino hasta unos 150 a 200 años tras la muerte de Mahoma que algunos de sus seguidores empezaron a contar historias de milagros, adjudicándoselos a él.[1]

La verdad para este día

Los profetas bíblicos y Jesús en particular, mostraban con sus milagros y mensajes que ellos eran de Dios. Conscientes de ello, debemos leer y seguir lo que ellos enseñaron.

¿PATERNIDAD UNIVERSAL?

> *¿Quién como tú, oh Jehová, entre los dioses? ¿Quién como tú, magnífico en santidad, terrible en maravillosas hazañas, hacedor de prodigios?*
>
> Éxodo 15:11

«HAY PERSONAS QUE DICEN QUE AL FIN Y AL CABO, Y YENDO AL meollo de la cuestión, todas las religiones del mundo enseñan —en esencia— acerca de la paternidad universal de Dios y la hermandad universal de la humanidad», le dije al apologista cristiano Ravi Zacharias. «Eso significaría que todos los sistemas de fe del mundo son igualmente válidos».[1]

Zacharias negó con la cabeza y en su rostro pude ver pena. «Solo alguien que no entiende las religiones del mundo afirmaría que básicamente enseñan lo mismo», dijo. «¿A qué se refieren con la paternidad universal de Dios cuando el budismo ni siquiera afirma que existe un Dios? ¿Y qué es la paternidad de Dios cuando Shankara, uno de los filósofos más respetados del hinduismo, dijo que el teísmo es solo una forma infantil de llegar a la cima donde descubres que Dios no es distinto a ti? ¿Qué significa entonces la paternidad de Dios?». Zacharias continuó: «No es más que una fantasía. Esa paternidad de Dios no es una doctrina transreligiosa. Además, la hermandad de la humanidad, sí claro que somos hermanos y hermanas porque somos todos seres humanos. Pero la única razón de ello es que Dios nos dio forma y, si quitas ese fundamento», añadió con una risita, «la hermandad termina porque todos somos diferentes. En resumen, el islam, el budismo, el hinduismo y el cristianismo no dicen lo mismo. Son doctrinas religiosas diferentes y mutuamente excluyentes. No es posible que todas sean verdaderas a la vez».

Zacharias concluyó diciendo: «Jesucristo dejó en claro que pueden conocerse las verdades eternas de Dios. Jesucristo es el centro del evangelio y en Él toda la verdad está reunida; así que aunque pueda haber aspectos de verdad en otras partes, la suma total de la verdad está en Cristo».

De mi conversación con Zacharias me quedó claro que es un hombre muy sabio. Y al reflexionar sobre su último comentario acerca de Jesús y la verdad, llegué a la conclusión de que la sabiduría de Jesús estaría de acuerdo con lo que había dicho. Después de todo Jesús fue aquel que dijo: «Yo soy el camino, y *la verdad*, y la vida; nadie viene al Padre, sino por mí» (Juan 14:6, énfasis añadido por mí).

La verdad para este día

Los otros sistemas de fe quizá no enseñen la verdad acerca de Dios Padre. Pero el nuestro sí lo hace. ¿Por qué no pasas algo más de tiempo en este día intentando conocerle mejor?

EL PROBLEMA DEL MAL

Cercano está Jehová a los quebrantados de corazón; y salva a los contritos de espíritu.

Salmos 34:18

«DIOS ES GRANDE. DIOS ES BUENO, Y GRACIAS LE DAMOS POR LOS alimentos. A-a-a-amén».

Mark Mittelberg recuerda que cuando era pequeño cantaba esa oración con su familia antes de las comidas. «La melodía era monótona», recuerda. «Pero el mensaje era profundo. Dios sí es bueno y grande. Y es digno de nuestra gratitud y nuestra alabanza».

Sí, el mensaje es profundo y en estos días es blanco de ataques. El ya fallecido autor Christopher Hitchens escribió un libro que fue éxito de ventas: *Dios no es bueno.* Y hoy muchos cuestionan también la bondad de Dios.

Las dudas, por lo general, suelen llegar bajo el estandarte del problema del mal: si Dios fuera bueno en realidad, entonces no querrías que existiera el mal. Y si fuera realmente grande, tendría poder para eliminar al mal. Pero como el mal abunda, a Dios le falta bondad o grandeza. O no existe.

Así, muchos han perdido su confianza en el Dios de la Biblia y algunos se han vuelto al agnosticismo o el ateísmo. La presencia del mal es una pregunta importante, por lo que la trataremos en varias lecturas.

Por el momento, solo quiero decir esto: si estás pasando por tiempos difíciles, de dolor, de sufrimiento, lo que más necesitas no son respuestas intelectuales. Todas esas discusiones en cuanto a por qué Dios permite que pasen esas cosas, tal vez hagan que te sientas peor. Lo que necesitas ahora no son ideas acerca de Dios, *sino a Dios mismo.*

En Juan 16:33 Jesús dijo que cuando nos acosan las tribulaciones podemos animarnos porque Él ha vencido al mundo. En Mateo 11:28 dijo que cuando estamos cargados y cansados podemos hallar reposo y descanso en Él. El Salmo 34:18 le recuerda al pueblo de Dios que «Cercano está Jehová a los quebrantados de corazón; y salva a los contritos de espíritu». En Hebreos 4:15-16 leemos una afirmación verdadera que dice que Jesús puede entender nuestros problemas cuando acudimos a Él «para alcanzar misericordia y hallar gracia para el oportuno socorro».

En la lectura siguiente empezaremos a explorar las respuestas al problema del mal. Sin embargo, cuando estás sufriendo lo que más necesitas es acercarte a aquel que ya sufrió, que venció, y que está allí queriendo consolarte y ayudarte en tus momentos difíciles.

La verdad para este día

En última instancia la solución al dolor, al sufrimiento y al mal, no es una respuesta sino una persona. Jesús entiende tu dolor, te ama y quiere caminar contigo mientras atraviesas este camino de pena. «Acercaos a Dios», dice Santiago 4:8, «y él se acercará a vosotros».

JESÚS DIJO LA VERDAD

Estas cosas os he hablado para que en mí tengáis paz. En el mundo tendréis aflicción; pero confiad, yo he vencido al mundo.

Juan 16:33

VIVIMOS EN UN MUNDO MARCADO POR LA TRAGEDIA, EL DOLOR Y el sufrimiento. Eso no es algo que podamos resolver con una respuesta minuciosa que nos haga sentir bien en cuanto a nuestra difícil situación. Sin embargo, al contemplar el problema del dolor, he descubierto lo que suelo llamar los cinco «puntos que iluminan» que sirven para entender un poco más esta cuestión, que es todo un desafío. En las lecturas que siguen voy a hablar de esas ideas.

Antes, sin embargo, quiero corroborar algo que dice mi amigo Mark Mittelberg. Él nos recuerda que el mal y el sufrimiento, que pueden ser tan dolorosos, son exactamente lo que Jesús predijo que deberíamos enfrentar. «En este mundo tendréis aflicciones». No dijo que *tal vez* las afrontaríamos. Lo garantizó.

Esa declaración refleja, por supuesto, la postura bíblica más amplia que nos dice que cuando Adán y Eva pecaron en el Edén, su acción trajo una maldición a la tierra (Génesis 3). Es una maldición cuyo resultado ha sido el dolor indecible, el sufrimiento, a lo largo de los siglos. Desde ese momento «toda la creación gime a una» (Romanos 8:22) esperando el día en que vuelva Cristo y ponga de nuevo las cosas según su plan original: un planeta sin pecado, sin dolor ni sufrimiento. En ese momento «Enjugará Dios toda lágrima de los ojos de ellos; y ya no habrá muerte, ni habrá más llanto, ni clamor, ni dolor; porque las primeras cosas pasaron» (Apocalipsis 21:4).

Esta verdad que consuela, por supuesto, no nos quita los problemas que enfrentamos hoy, pero sí los pone en perspectiva y nos da la seguridad de que estamos siguiendo a un Salador digno, diferente a esos maestros religiosos de Oriente que nos dicen que el dolor y el sufrimiento son ilusorios y que podemos vencerlos con creencias positivas. Solo necesitamos reflexionar en nuestras vidas y las de quienes conocemos, y hasta ver los programas de noticias por las noches para saber que Jesús dijo la verdad, y que el sufrimiento es real.

Por eso es mucho mejor seguir a aquel que nos dice la verdad, luego nos ayuda y nos dice: «confiad, yo he vencido al mundo» (Juan 16:33).

La verdad para este día

Proverbios 27:6 nos dice: «Fieles son las heridas del que ama; pero importunos los besos del que aborrece». Jesús nos trata como amigos cuando nos dice la verdad acerca del mundo en el que vivimos; luego nos ayuda a vencer las tribulaciones que sufrimos.

SIGUE LA LUZ

¿Hasta cuándo, Jehová? ¿Me olvidarás para siempre? ¿Hasta cuándo esconderás tu rostro de mí?

SALMOS 13:1

HACE MILES DE AÑOS QUE SE CUESTIONA POR QUÉ EXISTE EL MAL, por qué comenzó. Job y los autores de los Salmos formularon esa pregunta, cuya relevancia se destacó durante el siglo veinte cuando fuimos testigos de dos guerras mundiales, del Holocausto, de los genocidios en la Unión Soviética y China, de las devastadoras hambrunas de África, los campos de la muerte de Camboya, el surgimiento del SIDA, el genocidio de Ruanda y la limpieza étnica de Kosovo. El siglo veintiuno no tuvo un comienzo mejor: el 11 de septiembre, las matanzas en Siria e Irak, la guerra permanente en Medio Oriente.

¿Por qué todo ello, si existe un Dios amoroso y poderoso?

Hace varios años encomendé una encuesta nacional para preguntar a las personas qué dirían si pudieran presentar ante Dios una pregunta. La respuesta más frecuente fue: «¿Por qué hay sufrimiento en el mundo?».

No puedo ponerme en los zapatos de Dios y dar una repuesta completa. «Ahora vemos por espejo, oscuramente; mas entonces veremos cara a cara. Ahora conozco en parte; pero entonces conoceré como fui conocido», dijo Pablo (1 Corintios 13:12).

Aunque nos preguntemos por qué suceden determinadas cosas, tal vez no obtengamos la respuesta completa en este mundo. Pero aunque no podamos entenderlo todo acerca del sufrimiento, hay ciertas cosas que podemos entender.

En una ocasión Leslie y yo conducíamos desde Chicago a Door County, Wisconsin. Íbamos por la autopista en la oscuridad cuando empezó a llover muchísimo. Quedamos envueltos en una niebla densa, por lo que apenas lograba ver la línea blanca al borde de la ruta. No podía detenerme porque temía causar un choque por detrás. Fue una situación tensa.

Entonces apareció un camión delante de nosotros y pude ver bien las luces traseras en medio de la niebla. Tenía luces antiniebla y avanzaba a buena velocidad, con confianza. Sabía que si lograba seguir las luces traseras del camión, iríamos bien.

Lo mismo es válido en lo que respecta a entender la tragedia y el sufrimiento. Tal vez no podamos comprender todos los detalles, pero sí tenemos ciertos «puntos que iluminan» bíblicos que podemos seguir. Esos puntos que alumbran nos guiarán en la dirección correcta hacia una cantidad de conclusiones que creo podrán aportar bastante para calmar nuestros corazones y nuestras almas.

En las lecturas que siguen veremos esos puntos que iluminan.

La verdad para este día

El mal es real y sus efectos son feos. Tal vez no comprendamos por qué Dios permite que exista el mal, pero podemos confiar en Él y seguirle para que nos guíe cuando nos enfrentamos con lo malo.

PUNTOS QUE ILUMINAN, PRIMERA PARTE

> *Este es el mensaje que hemos oído de él, y os anunciamos: Dios es luz, y no hay ningunas tinieblas en él.*
>
> 1 JUAN 1:5

PUNTO 1: DIOS NO ES EL CREADOR DEL MAL NI DEL SUFRIMIENTO.

Muchos son los que preguntan: «¿Por qué no creó Dios un mundo sin tragedia, sin dolor y sufrimiento?». La respuesta a esa pregunta es: *¡Sí que lo hizo!* Génesis 1:31 nos dice: «Y vio Dios todo lo que había hecho, y he aquí que era bueno en gran manera».

Pero si Dios no es el autor de esas cosas, ¿de dónde vinieron? Cuando Dios creó a los seres humanos, nos hizo seres que pudiéramos dar y recibir amor. Pero eso nos dio la libertad de elegir que no amáramos. ¿Por qué? Porque amar siempre tiene que ver con una elección.

Cuando mi hija era pequeña tenía una muñeca con un piolín en la espalda. Si tirabas de ese piolín la muñeca decía: «Te amo». ¿Amaba la muñeca a mi hija? Claro que no. Estaba programada para decir esas palabras. Para que realmente pudiera amar, habría hecho falta que la muñeca tuviera capacidad para elegir si quería hacerlo o no.

Así que, Dios nos dio libre albedrío para que pudiéramos experimentar el verdadero amor. Pero, por desdicha, la humanidad ha hecho abuso de esa libertad, rechazando a Dios y apartándose de Él. Y, como resultado, entraron en el mundo dos clases de maldad: el mal *moral* (el pecado y sus resultados directos) y el mal *natural* (cosas como incendios, terremotos, tornados y huracanes que causan sufrimiento a las personas). Pero esas cosas también son resultado indirecto de que se le diera entrada al pecado en el mundo.

Cliffe Knechtle lo explicó así: «Cuando nosotros, los seres humanos, le dijimos a Dios que se fuera, Él honró nuestro pedido de manera parcial. La naturaleza empezó a revolucionarse. La tierra fue maldecida. Empezaron los problemas genéticos y las enfermedades. El dolor y la muerte pasaron a formar parte de la experiencia humana».[1]

La Biblia dice que fue por el pecado que se corrompió la naturaleza y entraron en el mundo los «cardos y las espinas». Romanos 8:22 dice: «Porque sabemos que toda la creación gime a una, y a una está con dolores de parto hasta ahora». Es decir, que la naturaleza misma anhela la redención.

Dejemos eso en claro una vez más: Dios no creó el mal ni el sufrimiento, aunque sí creó el potencial para que entrara la maldad en el mundo. Era la única forma de crear el potencial para el amor sincero. Fueron las personas, haciendo abuso de su libre albedrío, las que hicieron realidad ese mal potencial.

La verdad para este día

El apóstol Santiago dice (en 1:13): «Cuando alguno es tentado, no diga que es tentado de parte de Dios; porque Dios no puede ser tentado por el mal, ni él tienta a nadie». De modo que no podemos culpar a Dios por el pecado. Aunque sí podemos acudir a Él para que nos ayude a vencerlo.

PUNTOS QUE ILUMINAN, SEGUNDA PARTE

Y sabemos que a los que aman a Dios, todas las cosas les ayudan a bien, esto es, a los que conforme a su propósito son llamados.

ROMANOS 8:28

PUNTO 2: AUNQUE EL SUFRIMIENTO NO ES BUENO, DIOS PUEDE USARLO PARA BIEN.

Dios obra el bien incluso a través de nuestro sufrimiento, cumpliendo su promesa de Romanos 8:28. Observa que el versículo no dice que Dios *causa* el mal y el sufrimiento, sino que promete que de todo ello obrará el bien. Y el versículo no dice que veremos cómo ha obrado Dios el bien de inmediato, ni siquiera en esta vida. Recuerda que en este mundo solo vemos las cosas de manera borrosa. Y que Dios no le promete esto a todos, sino que promete tomar las circunstancias malas que nos afligen y hacer que surja el bien *si estamos comprometidos* a seguirle.

El Antiguo Testamento nos da un gran ejemplo de esto en la historia de José, que pasó por sufrimientos terribles: sus hermanos lo vendieron como esclavo, fue acusado de un delito injustamente y puesto en prisión bajo falsedad. Finalmente, tras un largo período en prisión, fue puesto en una posición de gran autoridad en la que pudo salvar las vidas de sus familiares y de muchos otros.

Esto es lo que José les dijo a sus hermanos en Génesis 50:20: «Vosotros pensasteis mal contra mí, mas Dios lo encaminó a bien, para hacer lo que vemos hoy, para mantener en vida a mucho pueblo». Si te has comprometido a seguir a Dios, Él promete que tomará cualquier dolor que sufras y de ello hará algo bueno.

Tal vez digas: «No en mis circunstancias. El daño es demasiado grande, demasiado extremo y mi sufrimiento es tanto que me aplasta. En mi caso no hay forma de que Dios pueda hacer que de ello surja algo bueno».

Pero escucha lo que me dijo un sabio: «Dios tomó lo peor que haya sucedido en la historia del universo, el deicidio o la muerte de Dios en la cruz, y lo transformó en lo mejor que haya sucedido en la historia del universo: la apertura del cielo a todo el que le siga».

Si Dios puede tomar la peor circunstancia que se pueda imaginar, y transformarla en la mejor situación posible, ¿no podrá tomar las circunstancias negativas de tu vida y crear algo bueno de ello?

Sí que puede. Y lo hará.

La verdad para este día

Dios puede usar nuestro sufrimiento para acercarnos a Él, para moldear y afilar nuestro carácter, para que podamos influir en otros. Puede transformar en bien nuestro dolor en muchísimas formas, solo tenemos que confiar en Él y seguirle.

PUNTOS QUE ILUMINAN, TERCERA PARTE

El Señor no retarda su promesa, según algunos la tienen por tardanza, sino que es paciente para con nosotros, no queriendo que ninguno perezca, sino que todos procedan al arrepentimiento.

2 PEDRO 3:9

PUNTO 3: LLEGARÁ EL DÍA EN QUE YA NO HAYA SUFRIMIENTO Y DIOS JUZGUE AL MAL.

Muchas veces la gente pregunta: «Si Dios tiene poder para erradicar el mal y el sufrimiento, entonces ¿por qué no lo hace?». La respuesta es que porque no lo haya hecho hasta ahora eso no significa que no vaya a hacerlo. Escribí hace poco mi primera novela: *The Ambition* [La ambición]. ¿Cómo piensas que me sentiría si alguien la leyera solo hasta la mitad, la lanzara al suelo y dijera: «Bueno, Lee sí que sabe escribir desastres. El argumento tiene muchos cabos sueltos. No resolvió todos los temas de todos los personajes»?

Yo protestaría entonces: «¡Oye! ¡Solo leíste la mitad del libro!».

La Biblia nos dice que la historia de este mundo no ha terminado. Dice que llegará el día en que serán erradicados el dolor y las enfermedades; y la gente tendrá que rendir cuentas por el mal que ha cometido. Llegará el día del juicio y entonces se hará justicia perfecta. Llegará ese día. Pero todavía no ha llegado.

Por dicha, el Dios que hará justicia también es un Dios paciente. Él le dijo a Moisés: «¡Jehová! ¡Jehová!, fuerte, misericordioso y piadoso; tardo para la ira, y grande en misericordia y verdad; que guarda misericordia a millares, que perdona la iniquidad, la rebelión y el pecado, y que de ningún modo tendrá por inocente al malvado; que visita la iniquidad de los padres sobre los hijos y sobre los hijos de los hijos, hasta la tercera y cuarta generación» (Éxodo 34:6-7).

Entonces, ¿qué es lo que está esperando Dios para hacerlo? Una respuesta podría ser que nos espera a nosotros o a alguien que conocemos. En realidad, que está demorando la consumación de la historia anticipando que nosotros o alguno de nuestros amigos decidamos poner nuestra confianza en Él y pasar la eternidad en el cielo con Él. Está demorándolo todo por amor a nosotros.

Por eso Pedro nos dijo: «El Señor no retarda su promesa, según algunos la tienen por tardanza, sino que es paciente para con nosotros, no queriendo que ninguno perezca, sino que todos procedan al arrepentimiento» (2 Pedro 3:9).

A mí me parece que todo ello es evidencia convincente de un Dios amoroso que nos ama tanto y que ama a nuestros seres queridos también.

La verdad para este día

¿Estás pasando por momentos difíciles? Escucha, y guarda en tu corazón lo que dice Dios. Hebreos 3:7-8 nos dice: «Por lo cual, como dice el Espíritu Santo: Si oyereis hoy su voz, no endurezcáis vuestros corazones, como en la provocación, en el día de la tentación en el desierto». Sigue confiando en Dios y Él te sacará de tu angustia.

PUNTOS QUE ILUMINAN, CUARTA PARTE

> *Pues tengo por cierto que las aflicciones del tiempo presente no son comparables con la gloria venidera que en nosotros ha de manifestarse.*
>
> Romanos 8:18

PUNTO 4: NUESTRO SUFRIMIENTO PALIDECE EN COMPARACIÓN CON LO QUE DIOS TIENE RESERVADO PARA NOSOTROS.

No quiero minimizar al dolor ni al sufrimiento, pero es bueno tener una perspectiva a largo plazo. Pablo, que sufrió a causa de azotes, apedreamiento, naufragio, prisión, rechazo, hambre, sed y falta de techo, comienza 2 Corintios 4:17 de esta manera: «Porque esta leve tribulación momentánea…».

Espera un momento, ¿leve tribulación momentánea? A Pablo le dieron treinta y nueve azotes cinco veces y, en tres ocasiones, los golpes de vara lo dejaron ensangrentado y destrozado. Pero dijo: «esta leve tribulación momentánea produce en nosotros un cada vez más excelente y eterno peso de gloria».

Pablo también escribió: «Pues tengo por cierto que las aflicciones del tiempo presente no son comparables con la gloria venidera que en nosotros ha de manifestarse» (Romanos 8:18).

Piénsalo así: digamos que el primer día del año fue terrible para ti, que el dentista te hizo un tratamiento de conducto y no conseguías analgésicos, que luego chocaste con el auto y no tenías seguro; que tus acciones en la bolsa se desplomaron; que tu cónyuge enfermó y que un amigo te traicionó. Algo así como ese cuento para niños de *Una serie de eventos desafortunados…*

No obstante, el resto del año es excelente. Tu relación con Dios es real, íntima; tu amigo se gana la lotería y te regala cien millones; te ascienden al puesto que soñabas conseguir y la revista *Time* te nomina como «Persona del Año». Nace tu primer hijo, un bebé sano, fuerte y vives un idilio en tu matrimonio. Tu salud es genial y pasas seis meses de vacaciones en Tahití.

El siguiente día de Año Nuevo te preguntan: «¿Qué tal fue tu año?». Y dices: «¡Maravilloso!».

«Pero, ¿no había empezado terriblemente mal?».

Entonces reflexionas y dices: «Así es, pero si lo pones todo en contexto, la verdad es que fue un año excelente».

Tal vez sea esta una buena analogía del cielo. Eso no equivale a negar el sufrimiento, el dolor, que puede ser terrible. Quizá sufras por alguna dolencia física, o por una gran tristeza. Pero en el cielo, tras 354.484.545 días de pura dicha, con infinitamente más por venir, si alguien te preguntara: «¿Qué tal ha sido tu existencia?», dirías: «Ha sido absolutamente maravillosa. ¡No hay palabras para describir el gozo y la plenitud!».

La verdad para este día

Dios promete un tiempo en que ya no habrá más llanto, no más lágrimas, no más dolor y sufrimiento, un tiempo en que estaremos reunidos con Dios en perfecta armonía, por siempre. ¿No vale la pena soportar y esperarlo todo, por eso?

PUNTOS QUE ILUMINAN, QUINTA PARTE

Mirad, hermanos, que no haya en ninguno de vosotros corazón malo de incredulidad para apartarse del Dios vivo; antes exhortaos los unos a los otros cada día, entre tanto que se dice: «Hoy»; para que ninguno de vosotros se endurezca por el engaño del pecado.

HEBREOS 3:12-13

PUNTO 5: SOMOS NOSOTROS QUIENES DECIDIMOS SI NOS AMARGAMOS O SI ACUDIMOS A DIOS PARA TENER PAZ Y AUDACIA.

Todos hemos visto que el mismo sufrimiento que hace que una persona rechace a Dios y se endurezca, llena de ira y dolor, puede hacer que otra persona acuda a Dios y se vuelva más amorosa, compasiva, tierna, dispuesta a extender la mano para ayudar a los que sufren. Una persona que pierde un hijo a causa de un conductor ebrio se aísla, se enoja a menudo y vive con angustia. Sin embargo, otra que sufrió algo parecido se sensibiliza e intenta ayudar a otros, fundando una organización de Madres contra Conductores Ebrios.

Lo dijo un pensador, y así es: «Creo que todo sufrimiento es, cuando menos, un buen potencial, una oportunidad para algo bueno. De nosotros depende la elección de que ese potencial se concrete. No todos aprovechamos el sufrimiento para aprender, porque eso dependerá de lo que cada uno decida».

Decidimos, o apartarnos de Dios y huir corriendo o correr hacia Él. Pero, ¿qué pasa si corremos hacia Él? Ya vimos lo que dijo Jesús: «Estas cosas os he hablado para que en mí tengáis paz. En el mundo tendréis aflicción; pero confiad, yo he vencido al mundo» (Juan 16:33).

Es decir, que Jesús nos ofrece justamente las cosas que necesitamos cuando estamos sufriendo: *paz* para enfrentar nuestro presente y *arrojo* para enfrentar nuestro futuro. ¿Cómo? ¡Venciendo al mundo! Por medio de su propio sufrimiento, su muerte y su resurrección, le quitó a este mundo el poder sobre nosotros.

Sin embargo, nosotros tenemos que tomar la decisión de confiar en Él. Galvin Reid, líder inglés de la iglesia, nos habla de un joven que conoció y que es un gran ejemplo de esto. El joven cayó rodando por las escaleras cuando era bebé y se le había roto la espalda. Se pasó toda su vida entrando y saliendo de hospitales y, sin embargo, su asombrosa afirmación era que en su opinión Dios es justo. Reid le preguntó entonces: «¿Qué edad tienes?». Y el joven dijo: «Diecisiete». «¿Y cuántos años has pasado en hospitales?». «Trece», dijo el muchacho.

Con asombro el pastor respondió: «¿Y piensas que eso es justo?».

Lleno de entusiasmo, el chico contestó: «Bueno, Dios tiene *toda la eternidad para compensarme por ello*».

La verdad para este día

Así como el muchacho de la historia, tenemos que rechazar la amargura y buscar a Dios, que nos dará su paz y su audacia. ¿Qué problemas necesitas presentar hoy ante Él?

LA LUZ SUPREMA

Yo, la luz, he venido al mundo, para que todo aquel que cree en mí no permanezca en tinieblas.

Juan 12:46

ESPERO QUE ESTOS CINCO PUNTOS QUE ILUMINAN TE AYUDEN dándote perspectiva y esperanza en medio del dolor y los problemas de tu vida.

Quiero terminar la historia de cuando íbamos con Leslie en el auto en medio de la niebla, allá en Wisconsin. Seguíamos las luces del camión y entonces la niebla empezó a desaparecer lentamente. Dejó de llover y entramos en un pueblo. Todo se veía más claro ahora y, al dar la vuelta a una curva, adivina qué vimos en el cielo de la noche, delineada como una silueta: la espira de una iglesia con la cruz de Cristo en la punta.

Tras conducir en medio de la confusión de la niebla por tanto tiempo esa imagen me impactó de una manera que jamás olvidaré. Después de todo fue en la cruz que Jesús conquistó al mundo por nosotros.

Un hombre sabio me dijo una vez que la respuesta de Dios al sufrimiento finalmente no es una explicación, sino la encarnación. El sufrimiento es un problema personal, que exige una respuesta personal. Dios no es una deidad distante, desapegada, que no se interesa en nosotros. Él entró en nuestro mundo y experimentó personalmente nuestro dolor. Jesús está con nosotros en los peores momentos de nuestras vidas.

¿Vives en quebranto? Jesús se quebró, como pan, por nosotros. *¿Te desprecian?* A Él lo despreciaron y rechazaron. *¿Lloras y gritas porque ya no puedes más?* Él fue Varón de dolores y conoció la angustia. *¿Alguien te traicionó?* A Él lo vendió un amigo. *¿Se han roto tus más tiernas relaciones?* Él amó y lo rechazaron. *¿Te ha abandonado la gente?* Hubo quienes apartaban la mirada de Él. *¿Llega Jesús a tus infiernos más terribles?* Sí, así es. De las profundidades de un campo de concentración nazi, Corrie ten Boom escribió: «No hay pozo tan profundo que

pueda compararse con el profundo amor de Dios».[1] Toda lágrima que derramamos se vuelve suya.

Entonces este hombre sabio explicó que Dios no solo conoce tus problemas y se compadece de ti, porque después de todo cualquier amigo cercano puede sentarse a tu lado y consolarte, compadecerse. No. Jesús es mucho más que tu amigo más cercano. Si has puesto tu confianza en Él, entonces Él está en ti. Por eso tus sufrimientos son sus sufrimientos y tu dolor es el suyo.

La verdad para este día

Cuando la tragedia nos golpea, y te aseguro que sucederá; cuando llegue el sufrimiento, y te aseguro que llegará; cuando luches con el dolor, y te aseguro que lo harás; y cuando decidas correr a sus brazos, esto es lo que encontrarás: paz para enfrentar el presente, audacia para enfrentar el futuro y la asombrosa esperanza de la vida eterna con Dios en el cielo.

NEGACIÓN DEL MAL

En aquellos días no había rey en Israel; cada uno hacía lo que bien le parecía.

JUECES 17:6

HEMOS ESTADO HABLANDO DEL PROBLEMA DEL MAL VARIOS DÍAS. Espero que las cosas se hayan aclarado un poco, que te sirvan de consuelo en torno a un tema muy difícil que, como dije antes, no puede resolverse con una solución detallada que nos haga sentir bien.

Dicho esto, pienso que vale la pena señalar algo que Mark Mittelberg suele decir en sus charlas en iglesias y universidades. Señala que se trata de un tema problemático para *todo el mundo* y no solo para los cristianos. A algunas personas no les gustan las respuestas que ofrecemos desde nuestra perspectiva cristiana así que Mark les pregunta cuál sería su solución alterna. En general, sucede que jamás se les ocurrió pensar en ello.

Con el fin de que su mensaje sea eficaz, explica que hay dos perspectivas principales que compiten con el teísmo cristiano: el *ateísmo* y el *panteísmo*. Y muestra de qué manera tratan el problema del mal estas dos posiciones. Hoy veremos la respuesta del ateísmo y en la próxima lectura, la del panteísmo.

El problema con el ateísmo es que, al negar la existencia de Dios, se pierde toda base moral suprema mediante la cual se puede declarar que algo es bueno o malo. Por tanto, el ateo queda sin un parámetro objetivo que pueda servir para juzgar si algo es bueno o malo. Quedan solo las meras preferencias. Yo tengo las mías. Tú tienes las tuyas. Tal vez la violación y el asesinato no sean lo mío, pero pueden serlo para otra persona. ¿Y quiénes somos nosotros para decir que lo que deciden hacer los demás está mal?

No me malentiendas, Mark no está diciendo que el ateo no pueda tener una vida moral. Está diciendo que el ateo *no puede definir lo que es la moral*. El ateo Jean-Paul Sartre reconoció: «En efecto, si Dios no existe, todo está permitido».[1] Y el ateo Bertrand Russell definió que algo es «*moral* cuando el agente lo juzgaría *correcto* tras pensarlo bastante y de manera inocente».[2] Por lo tanto, es el individuo el que decide lo que es bueno, según los parámetros que decida adoptar. El ateo John D. Steinrucken reconoció este problema cuando desafió a otros escépticos a que enunciaran «las inmutables leyes morales seculares», luego admitió que sencillamente no las hay.[3]

Así que, sin parámetros objetivos el ateísmo —en última instancia—. Está negando la realidad del mal. Por eso puede llevar a todo tipo de atrocidades, como de hecho ha sucedido.

Sin embargo, sabemos que el mal es real y que hay cosas que sencillamente son malas. Es algo innegable, inequívocamente cierto. Lo cual nos lleva de nuevo al trascendente Dador de la ley moral. Aquel a quien adoramos como Dios.

La verdad para este día

Negar a Dios implica acabar por negar el mal. No obstante sabemos que el mal es real y que lleva a grandes daños. Saberlo nos da una potente razón para rechazar al ateísmo así como para confiar en el justo y recto Dios que nos ama y nos redime.

DEIFICACIÓN DEL MAL

> *Pues habiendo conocido a Dios, no le glorificaron como a Dios, ni le dieron gracias... y cambiaron la gloria del Dios incorruptible en semejanza de imagen de hombre corruptible, de aves, de cuadrúpedos y de reptiles.*
>
> Romanos 1:21, 23

EN LA LECTURA ANTERIOR VIMOS QUE, PARA LOS ATEOS, NO HAY Dios; y que, por lo tanto, no hay parámetros morales objetivos. En consecuencia, en última instancia su posición niega la existencia del mal.

La segunda alternativa es el *panteísmo*, que afirma que todo lo que existe forma parte de un dios impersonal que todo lo abarca. Es la postura que refleja el hinduismo y el budismo, además de las enseñanzas de la Nueva Era en Occidente. Pero si todo forma parte de un dios, entonces lo que llamamos maldad también formará parte de ese dios.

Así observamos en el ejemplo de Kali, la diosa hindú de la muerte, que sus estatuas o pinturas muestran que lleva un collar de calaveras. Es el mal personificado como deidad. Así, algunos de sus devotos más extremos han cometido asesinatos y hasta sacrificios de niños en su nombre, y parte de esas prácticas continúan en nuestros días.[1]

También vemos el mal deificado en las películas *La guerra de las galaxias*, en la que se presenta la Fuerza, a veces manifestada como poder benevolente por ejemplo en los Caballeros del Jedi. Pero vemos también al destructivo «lado oscuro de la Fuerza» manifestado en Darth Vader. De modo que esa fuerza deificada es buena y mala a la vez. Se reflejan así las creencias panteístas de George Lucas, creador de *La guerra de las galaxias*, que se suscribe al pensamiento budista.[2]

Pero si todo forma parte de un dios impersonal que lo abarca todo —como plantea la posición panteísta—, entonces el mal y el sufrimiento también son parte de ese dios. Es el mismo dios, o realidad suprema, que la filosofía oriental dice que tenemos que esforzarnos por alcanzar para llegar a parecernos más hasta que al fin nosotros formemos parte de él.

Todo esto presenta un problema tremendo: se supone entonces ¡que tenemos que unirnos a la entidad que contiene al mal en sí misma!

A la luz de la negación del mal que encontramos como parte inherente del ateísmo, y considerando la deificación del mal que vemos en el panteísmo oriental, me siento mucho mejor viviendo con el *problema del mal* que tenemos en el cristianismo, y los puntos que iluminan de los que hablamos en relación con ese problema.

La verdad para este día

La existencia del mal hace surgir preguntas que nos desafían a reflexionar. Pero podemos agradecer que nuestra fe cristiana enfrenta esas preguntas de manera coherente, sin negar el mal ni hacerlo parte del Dios al que adoramos.

¿EL MAL COMO EVIDENCIA DE DIOS?

> *La luz en las tinieblas resplandece, y las tinieblas no prevalecieron contra ella.*
>
> JUAN 1:5

HACE UNOS AÑOS, CON MARK MITTELBERG FUIMOS ANFITRIONES en un debate entre el ateo Frank Zindler y el apologista cristiano William Lane Craig. Zindler hablaba del típico desafío del problema del mal, diciendo que la maldad que hay en el mundo es una poderosa evidencia de que el Dios de los cristianos no existe.

Jamás olvidaré lo que contestó el Dr. Craig. Haciendo uso de algo así como un *jujitsu* espiritual, volvió el argumento del mismo Zindler en su contra, diciendo: «Entre las dos afirmaciones de que "Dios existe" y que "el mal existe", jamás se ha demostrado incongruencia lógica y racional». Y añadió, que además en un sentido más profundo la presencia del mal «en realidad demuestra la existencia de Dios porque sin Dios no habría fundamento [moral] para decir que algo es malo».

C. S. Lewis era ateo, convencido de que a causa del problema de la maldad no podía haber un Dios.[1] Pero luego se dio cuenta de que si no existiese Dios entonces nada puede considerarse malo, por lo que todo su argumento en contra de Dios se derrumbó. Lewis lo explicó así:

> Mi argumento en contra de Dios era que el universo parecía demasiado cruel e injusto. Pero, ¿de dónde saqué esa idea de lo *justo* y lo *injusto*? Uno no dice que una línea esté torcida a menos que tenga idea de lo que es una línea derecha, recta. ¿Con qué estaba comparando yo este universo y lo que entonces llamaba injusto? Si todo era malo, sin sentido, de la A a la Z, digamos, ¿por qué yo, que formaba parte del todo, reaccionaba con tanta vehemencia en su contra?
>
> Entonces, en la misma acción en la que intentaba probar que Dios no existía, es decir que toda la realidad carecía de sentido,

hallaba que me veía obligado a asumir que parte de la realidad, mi idea de la justicia, tenía pleno sentido. En consecuencia, el ateísmo resulta demasiado simple. Si el universo completo no tiene sentido, jamás podríamos haber descubierto que no lo tiene. Así como si no hubiera luz en el universo y por ello no habría criaturas con ojos, jamás podríamos saber que vivíamos en la oscuridad. *La oscuridad no tendría sentido ni significado alguno*.[2]

Y así, irónicamente, ese mismo problema que había hecho que Lewis rechazara a Dios acabó por hacerle cambiar de parecer, lo que hizo que pudiera ver que *tenía que haber* un Dios, Uno que estableciera el parámetro que inevitablemente nos mostrara la diferencia entre el bien y el mal. Fue un paso vital en el fascinante viaje de Lewis hacia la fe en Cristo.

Craig lo explicó en el debate: La realidad del mal, más que un argumento en contra de Dios ¡es una razón más para creer en Él!

La verdad para este día

Es probable que el argumento más potente en contra de Dios sea el que se basa en el problema del mal. Pero cuando ves que incluso *ese* argumento se apoya en suposiciones que requieren de la existencia de Él, empezamos a ver entonces lo potente que es el argumento a favor de la existencia de Dios. ¡Realmente podemos tener confianza en Él!

LA VERDAD PREVALECE

Yo para esto he nacido, y para esto he venido al mundo, para dar testimonio a la verdad. Todo aquel que es de la verdad, oye mi voz.

Juan 18:37

EN LA LECTURA ANTERIOR MENCIONÉ EL DEBATE EN EL QUE FUImos anfitriones Mark Mittelberg y yo, en la ciudad de Chicago. Lo llamamos «Ateísmo vs. Cristianismo: ¿a dónde apunta la evidencia?».[1]

Fue un evento asombroso. Los medios, atónitos porque la iglesia no temía confrontar las objeciones más duras de los escépticos, mostraban entusiasmo por contar lo sucedido. El *Chicago Tribune* publicó cuatro artículos sobre la actividad que se realizaría y pronto empecé a recibir llamadas de las estaciones de radio de todo el país: «¿Podemos transmitir el debate en vivo?», preguntaban. «Claro que sí», decía yo. Fue sorprendente porque 117 estaciones de radio hicieron justamente eso, y el debate se oyó de costa a costa.

La noche del debate hubo embotellamientos de tránsito en torno a la iglesia debido a la cantidad de gente que asistía y cuando abrimos las puertas, una hora antes del momento de empezar, la gente se apresuraba a buscar asientos. El auditorio principal quedó repleto en minutos; luego se llenaron otras salas que vinculamos por medio de conexión de video. En total, asistieron 7.778 personas. La atmósfera estaba cargada, como de electricidad.

William Lane Craig comenzó definiendo una cantidad de poderosos argumentos a favor de Dios y el cristianismo. A pesar de los reiterados desafíos de Craig, fue imposible para Frank Zindler presentar un argumento sólido a favor del ateísmo ante tal avalancha de evidencia. Sin embargo, afirmó que la evolución biológica es «el anuncio de la muerte del cristianismo», que no hay evidencia convincente de que Jesús haya vivido en realidad, y que la existencia del mal muestra que no hay Dios (una acusación que ya vimos en la lectura anterior).

Al término de las dos horas de debate les pedí a los que habían asistido como público que dejaran de lado sus creencias personales y votaran por el lado que hubiera presentado el argumento más fuerte. Cuando me entregaron los resultados para que los anunciara ¡vi que el noventa y siete por ciento había declarado que el argumento más sólido era el cristiano!

Un cínico podría objetar, diciendo: «Pero por supuesto. Si fue un debate realizado en una iglesia». Pero les habíamos pedido a las personas que aclararan cuál era su posición espiritual *antes* y *después* de oír el debate y la evidencia. De los que habían marcado que definitivamente *no eran* cristianos, un abrumador ochenta y dos por ciento concluyó que la evidencia que ofrecía el cristianismo era más convincente.

Y fíjate en esto: cuarenta y siete personas indicaron que cuando entraron al recinto, no creían. Y que después de oír a ambas partes ¡salieron de allí como creyentes! *Ni una sola persona se hizo atea.*

Fue la más contundente afirmación de la evidencia persuasiva en favor del cristianismo. Y me recordó que tenemos una injusta ventaja en el mercado de las ideas: *la verdad está de nuestro lado.*

La verdad para este día

Espero que esta historia llene tu fe de osadía. El cristianismo puede defenderse porque es *verdad*. Podemos estar firmes en esa verdad y declararla con confianza a la gente que conocemos.

MALAS NOTICIAS, BUENAS NOTICIAS

Porque la paga del pecado es muerte, mas la dádiva de Dios es vida eterna en Cristo Jesús Señor nuestro.

ROMANOS 6:23

IMAGÍNATE LO SIGUIENTE: ESTÁS EN EL OCÉANO UN DÍA SOLEADO de verano, a más o menos un kilómetro de la costa; andas con un grupo de amigos, divirtiéndose juntos, nadando cerca del barco, pero tú estás en la cubierta y te preocupa la seguridad de ellos. Entonces echas al agua un salvavidas con una cuerda y les gritas para que la agarren de modo que puedas subirlos a bordo.

¿Cómo responden tus amigos? «Deja de preocuparte», dicen riendo. «El agua está tibia y nos divertimos nadando. ¡Ven, diviértete con nosotros!».

Tal vez deba reconsiderar mi estrategia, piensas. *Quizá se interesarían más en lo que les ofrezco si les dijera que hay tiburones rodeándolos.*

Es cierto que las líneas de vida (o eventos vitales más significativos) se hacen mucho más relevantes cuando vemos que nuestra vida está en juego. La gente no se somete a tratamientos de rayos para matar células cancerosas a menos que sepan que están enfermos de cáncer. Nadie se opera si no le han dicho que tiene un problema cardiovascular. No gritamos pidiendo auxilio hasta tanto hayamos tocado fondo y sepamos que no podemos hacer nada más.

El apóstol Pablo entendía muy bien este principio. Por eso presentaba primero las malas noticias. Lo dijo todo con claridad, en casi la totalidad de los tres primeros capítulos de Romanos, y lo resumió en 3:23: «por cuanto todos pecaron, y están destituidos de la gloria de Dios». Pablo explica que en términos morales, estamos en graves problemas. En aguas profundas, con tiburones rodeándonos y a punto de hundirnos por última vez. Cuando entendamos eso estaremos dispuestos a oír cuál es la solución a nuestro dilema espiritual.

Esa solución aparece en el versículo siguiente, Romanos 3:24: «siendo justificados gratuitamente por su gracia, mediante la redención que es en Cristo Jesús».

Los tiburones son reales, pero también lo es el salvavidas. ¿Para quién está disponible esa línea de vida? Romanos 10:13 nos lo dice: «todo aquel que invocare el nombre del Señor, será salvo».

La verdad para este día

Si jamás admitiste que todos estamos «destituidos de la gloria de Dios», entonces este sería un gran momento para reconocer esa verdad. Por tanto, podrás ser justificado «gratuitamente por su gracia, mediante la redención que es en Cristo Jesús». Si ya lo hiciste, ora pidiendo oportunidades para comunicarles a los demás tanto las malas como las buenas noticias.

DIOS HABLA

Mis ovejas oyen mi voz, y yo las conozco, y me siguen.

JUAN 10:27

LA MAYORÍA DE LAS PERSONAS CREEN EN DIOS, PERO NO ESPEran que se les aparezca frente a la puerta, ni que les hable de manera personal. Aunque si Dios creó el universo y toda la vida que hay en él, ¿por qué no podría hablarnos también?

Por supuesto que Dios *puede* hablar. La pregunta es si está dispuesto o si, en realidad, estamos escuchando y discernimos si es su voz la que oímos.

Hechos 10 trata un fascinante estudio sobre la forma en que Dios puede comunicarse con las personas. Primero le habló a Cornelio, un líder militar romano temeroso de Dios. Y lo hizo a través de un ángel que le dijo a Cornelio que hiciera buscar a un hombre llamado Pedro, que vendría y le enseñaría.

Luego, mientras Cornelio enviaba mensajeros para que Pedro viniese, Dios le habló a Pedro por medio de un sueño que lo preparó para ir a hablarles a Cornelio y a su familia. Mientras Pedro trataba de entender el sueño, Dios volvió a hablarle de otra manera; esta vez directamente por el Espíritu Santo, y le dijo que no tuviera miedo de los tres hombres que lo buscaban ante su puerta, sino que fuese con ellos de inmediato (¡un plan divino con todas las letras!).

Así que Pedro viajó con los hombres hasta la casa de Cornelio, donde conoció a los familiares y amigos que se habían reunido allí. Y mientras el apóstol les explicaba el evangelio, el Espíritu Santo descendió sobre ellos de manera obvia y todos se convirtieron en seguidores de Jesús, como lo eran Pedro y sus compañeros (Hechos 10:34-43).

Pero dirás: Eso era en los tiempos bíblicos. ¿Nos habla Dios de manera parecida en estos tiempos? ¡Por cierto que puede hacerlo! Y, por lo general, les habla a quienes como Cornelio y Pedro acuden a Él con regularidad (Hechos 10:2, 9).

Incluso si tienes dudas espirituales puedes buscar a Dios y pedirle que te hable. Repite la «oración del escéptico» que pronunció el hombre de Marcos 9:24 ante Jesús: «Creo; ayuda mi incredulidad». Si quieres oír con sinceridad realmente y seguir a Dios, estoy seguro de que encontrará la forma de comunicarte su amor y su verdad. Podrá ver a través del mensaje de la Biblia, que es la forma en la que casi siempre nos habla. O puede que sea de manera más directa por medio de su Espíritu. Pero recuerda que el Espíritu de Dios siempre estará de acuerdo con la Palabra de Dios, que es la Biblia.

La verdad para este día

Jesús dijo en el versículo de hoy que sus ovejas escuchan su voz. Él las conoce y ellas le siguen. ¿Oirás su voz en este día? Él quiere guiarte y darte fuerzas.

INTERRUPCIONES DIVINAS

> *Al salir de Jericó él y sus discípulos y una gran multitud, Bartimeo el ciego, hijo de Timeo, estaba sentado junto al camino mendigando. Y oyendo que era Jesús nazareno, comenzó a dar voces y a decir: ¡Jesús, Hijo de David, ten misericordia de mí!*
>
> MARCOS 10:46-47

VIVO OCUPADO. Y SUPONGO QUE TE PASA LO MISMO. POR ESO, incluso para los cristianos comprometidos, resulta fácil pensar que estamos demasiado ocupados como para servir a Cristo, al menos en este momento. Y nos decimos: «Cuando todo se calme encontraré la forma de marcar una diferencia en el reino de Dios».

Jesús también estaba ocupado. De hecho, sin las comodidades modernas con que contamos hoy es fácil imaginar que estaba mucho más ocupado que lo que lo estamos nosotros, y no porque tuviera 456 canales de televisión para elegir, sino porque cada detalle de la vida tenía que resolverse a mano.

Sin embargo, ¿has notado cuánto del ministerio de Jesús sucedía en medio de interrupciones? Por ejemplo, mientras «salía de la ciudad» un ciego lo llamó. Para Jesús habría sido fácil decirles a los discípulos: «Lo lamento, muchachos. No está en la agenda. Tenemos que cumplir con otras obligaciones, así que díganle que tendrá que esperar».

¿Lo imaginas? Pero no. Jesús le preguntó al hombre qué quería y acabó por devolverle la vista. ¡Y todo mientras salía de la ciudad!

En Hechos 3 leemos que «Pedro y Juan subían juntos al templo a la hora novena, la de la oración» (v. 1) cuando un hombre cojo les pidió dinero. Podrían haber decidido que la reunión de oración era más importante, dejando allí al hombre. Pero se acercaron a él, lo sanaron y cambiaron su vida para siempre.

Y en Hechos 16 Pablo buscaba una reunión de oración junto al río y aparentemente no la encontró pero «sentándonos, hablamos a las mujeres que se habían reunido» (v. 13). Eso hizo que una de esas mujeres, llamada Lidia, y toda su casa, confiaran en Cristo (vv. 14-15).

¿Ves algo que se repite? No podemos satisfacer cada necesidad, ni detenernos cada vez que alguien quiera conversar. Tampoco podían hacerlo Jesús y sus seguidores. Pero al igual que Jesús y esos primeros líderes cristianos tenemos que mantenernos receptivos, atentos siempre a las interrupciones que Dios tal vez haga para nosotros mientras estamos ocupados, haciendo otras cosas.

La verdad para este día

Dios quizá tenga planeada hoy una divina interrupción en tu día. No la dejes pasar. No permitas que tus ocupaciones te impidan «redimir el tiempo» (Colosenses 4:5) o lo que es lo mismo, aprovechándolo.

LO QUE ES

Y conoceréis la verdad, y la verdad os hará libres.

JUAN 8:32

«LA VERDAD ES LO QUE LE SIRVA Y LE DÉ RESULTADO A CADA uno», dicen muchos. Y añaden: «Además, yo tengo mi verdad y tú tienes la tuya, así que ¡solo ocupémonos de llevarnos bien!».

Soy ferviente defensor de las buenas relaciones. Pero la idea de que la realidad cambia según lo que crea cada quien sencillamente no funciona en mi caso, espero que tampoco en el tuyo.

En su libro *Confident Faith* [Fe y certeza] Mark Mittelberg comenta: «Dirás que soy anticuado, pero la verdad es aquello que es real. No mi realidad personal, ni la tuya. Sino la forma en que son las cosas en realidad. La verdad es *lo que existe*. Lo que existe realmente existe y lo que no, no existe. Nos guste o no, lo podamos probar o no, lo percibamos de tal o cual forma o comoquiera que lo pensemos o creamos».[1]

Mark explica entonces que la negativa de alguien a creer que existen los camiones no impedirá que alguno lo atropelle si cruza la calle sin mirar. O que la sincera convicción de que beber gasolina te hará bien, no implica que sea saludable. O que decidir que verás la señal de velocidad máxima a 110 km/h no impedirá que si te excedes, estarás exento de pagar una multa.

Lo que creamos, por muy sincero que sea, no tiene poder para cambiar la realidad. Mark suele decir: «Lo que es… ¡es!». Y lo que es verdad en cuanto a cruzar la calle, a elegir qué beber y a respetar la velocidad máxima, también es verdad en cuanto a los asuntos espirituales. Si Dios existe en realidad, entonces ignorarlo o negarlo no hará que desaparezca.

Como ves en estas lecturas, la evidencia nos muestra que Dios sí existe. Saberlo constituye un primer paso. Pero no basta. También necesitamos conocer a Dios de manera personal. En el versículo de hoy Jesús dijo: «Conoceréis la verdad, y la verdad os hará libres». Y también declaró: «Yo soy el camino, la verdad y la vida… Nadie va al Padre sino por mí» (Juan 14:6).

Sí, Jesús creía y enseñaba que hay verdades objetivas, del tipo de «lo que es» que encuadra con la realidad. Son verdades que tenemos que conocer y vivir para ser sinceros seguidores suyos. En las siguientes cinco lecturas vamos a ver algunas de esas verdades en su relación con cuatro áreas: *Dios, las personas, Cristo y tú.*

La verdad para este día

Jesús dijo en Mateo 7:7: «Pedid, y se os dará; buscad, y hallaréis; llamad, y se os abrirá». ¿Qué puedes hacer para buscar o vivir esta verdad de la mejor manera hoy?

LA VERDAD DEL EVANGELIO: DIOS

> *Y esta es la vida eterna: que te conozcan a ti, el único Dios verdadero.*
>
> JUAN 17:3

PUEDE DECIRSE MUCHO SOBRE EL ÚNICO Y VERDADERO DIOS, PERO por hoy vamos a enfocarnos en tres características esenciales que afectan su relación con nosotros, las personas que Él creó.[2]

DIOS ES AMOROSO

Por su naturaleza misma Dios es amor. Nos lo dice 1 Juan 4:16: «Dios es amor; y el que permanece en amor, permanece en Dios, y Dios en él». Casi todo el mundo se alegra al oír esto, pero no quiere seguir oyendo más.

Dejémoslo allí, piensan. *Dios me ama y sonríe ante casi todo lo que hago.*

Ven a Dios como un abuelo benevolente que está arriba en el cielo, dulce y cálido, que jamás pensaría en disciplinar, corregir ni castigar a nadie por lo que pudiera hacer.

Pero sabemos que no es la verdadera visión de Dios porque no solo es amoroso, sino que…

DIOS ES SANTO

«Santo, santo, santo es el Señor Todopoderoso; toda la tierra está llena de su gloria», dice Isaías 6:3. Y 1 Pedro 1:15-16 añade: «sed también vosotros santos en toda vuestra manera de vivir; porque escrito está: Sed santos, porque yo soy santo». ¿Qué significa ser santo? Significa ser absolutamente puro. Todo lo que sea pecaminoso o impuro se opone a este Dios santo que no tiene pecado ni impureza alguna. Y la luz brillante y resplandeciente de su santidad expone y rechaza a lo que no cumpla con sus perfectos parámetros morales.

DIOS ES JUSTO

La Biblia nos dice que Dios es justo (2 Tesalonicenses 1:6) y que «se ha hecho conocer [por] el juicio» (Salmos 9:16). Eso significa que Dios es un juez bueno y perfecto.

Así que, no solo la santidad de Dios expone y rechaza lo que sea impuro o pecaminoso, sino que su justicia tiene que ocuparse de ello. Tiene que castigar la rebeldía y el pecado porque un juez bueno tiene que sostener en algo la ley y no permitir que los que la violan salgan impunes por sus malas acciones.

Nosotros violamos las leyes morales, así que para nosotros es difícil entender cómo ver esos atributos de Dios, al menos en un principio. Pero nos reconforta saber que Dios es santo y justo, y nos consuela recordar que también es amor. Por dicha, hay más en todo esto. Seguiremos viéndolo en la lectura de mañana.

La verdad para este día

Dios es amoroso, santo y justo. Ninguno de estos atributos anula a los demás. ¿En cuál de estos tres atributos de Dios necesitas meditar hoy y cómo responderás?

LA VERDAD DEL EVANGELIO: LAS PERSONAS

Todos nosotros nos descarriamos como ovejas, cada cual se apartó por su camino.

ISAÍAS 53:6

HEMOS VISTO TRES ATRIBUTOS DE DIOS QUE AFECTAN NUESTRA relación con Él. Hoy veremos tres características nuestras, como seres humanos, que también tienen su impacto en esta relación.[1]

FUIMOS CREADOS BUENOS PERO NOS VOLVIMOS PECADORES

Dios no puede pecar, ni podría crear ni causar el pecado, nunca. En principio, nos creó como humanos moralmente buenos. Pero nos volvimos pecadores, al menos en los inicios, como resultado de la desobediencia de Adán y Eva a Dios (Génesis 3). Sin embargo, la desobediencia no se limitó a eso. Fue solo el comienzo de la rebeldía de la raza humana en contra de Dios, una insubordinación de la que todos participamos de manera activa. Romanos 3:23 lo dice bien claro: «por cuanto todos pecaron, y están destituidos de la gloria de Dios».

MERECEMOS LA MUERTE

Debido a nuestra rebeldía espiritual, a nuestro pecado, todos tenemos una deuda moral ante Dios. Y Romanos 6:23 nos explica que la paga o penalidad de esta deuda es la muerte, que no significa tan solo la muerte física sino también la muerte espiritual, que es la separación de Dios por toda la eternidad en un lugar real que se llama infierno.

¡Ah!, pensarás. *Esa es información pesimista. Yo creía que el evangelio era buena nueva…*

Sí, el evangelio es buena nueva; pronto llegaremos a esa parte. Pero primero tenemos que entender nuestro predicamento.

ESPIRITUALMENTE NO TENEMOS REMEDIO

«Si bien todos nosotros somos como suciedad, y todas nuestras justicias como trapo de inmundicia», dice Isaías 64:6.

Nuestro amigo Bill Hybels explica la situación diciendo que estamos en «bancarrota espiritual».[2] Es decir, que tenemos una deuda espiritual que hay que pagar, pero no hay fondos en nuestra cuenta bancaria moral para pagarla ni para sobornar a nadie como para que nos quite la pena de muerte de encima.

Sí, es una mala noticia. Pero resulta vital que entendamos esta realidad, nosotros y nuestros amigos. Porque si no lo hacemos, jamás veremos lo urgente, relevante y bello del mensaje del evangelio.

La verdad para este día

Somos pecadores en una desesperada necesidad. Resulta tentador apartar la mirada de esa realidad, pero no debemos hacerlo. Tenemos que aceptar el hecho de que nos rebelamos contra un Dios santo y justo. Solo entonces podremos recibir con humildad su remedio. ¿Hay algo que necesitas admitir ante Dios en este momento?

LA VERDAD DEL EVANGELIO: CRISTO, PRIMERA PARTE

> *Y esta es la vida eterna: que te conozcan a ti, el único Dios verdadero, y a Jesucristo, a quien has enviado.*
>
> JUAN 17:3

HEMOS VISTO QUE DIOS ES AMOROSO. PERO TAMBIÉN ES SANTO, por lo que no puede ignorar ni pasar por alto lo que no sea santo. Y eso nos incluye, a nosotros y a nuestras acciones. Y como Dios es justo, eso significa que tiene que castigar nuestra falta de santidad, nuestra desobediencia.

Además, fuimos creados buenos pero nos volvimos pecadores, y todo ser humano que exista o haya existido ha desobedecido a Dios. Eso ha hecho que merezcamos la pena de muerte, física y espiritual; una deuda que tenemos que pagar. Estamos en un predicamento moral porque no tenemos remedio propio para resolver esta situación. Pero por dicha, hay buenas noticias.

Entra en escena Jesucristo, nuestro Salvador. Solamente Él brinda la oportunidad del perdón, de la reconciliación, entre Dios y nosotros. Él es el Único que puede resolver nuestro dilema.

Aquí tenemos tres datos importantes sobre Jesús.[1]

CRISTO ES DIOS, QUE TAMBIÉN SE HIZO HOMBRE

Como vimos en lecturas anteriores, Jesús es Dios, pero no solo eso sino que además se hizo humano. El Creador en verdad se hizo carne, uno de nosotros, y vivió con nosotros. «Cristo Jesús, el cual, siendo en forma de Dios... se despojó a sí mismo, tomando forma de siervo, hecho semejante a los hombres» (Filipenses 2:5-7). Esto lo calificó de manera única porque «Al que no conoció pecado, por nosotros lo hizo pecado, para que nosotros fuésemos hechos justicia de Dios en él» (2 Corintios 5:21).

CRISTO MURIÓ EN NUESTRO LUGAR

«Porque también Cristo padeció una sola vez por los pecados, el justo por los injustos, para llevarnos a Dios» (1 Pedro 3:18). Es esta la idea central del evangelio: la pena de muerte que nos correspondía cayó sobre Cristo, que murió en nuestro lugar. Jesús nos dará su justicia, su perdón y su vida a cambio del pecado nuestro, de nuestra culpa, de la sentencia de muerte que merecemos. ¿Qué tenemos que hacer para obtenerlo?

CRISTO NOS OFRECE SU PERDÓN COMO REGALO

«Porque por gracia sois salvos por medio de la fe; y esto no de vosotros, pues es *don de Dios*; no por obras, para que nadie se gloríe» (Efesios 2:8-9, énfasis añadido por mí; ver también Romanos 6:23).

A pesar de lo enorme de nuestra deuda y de su alto costo, Jesús pagó para comprarnos el perdón y la vida. Este regalo de gracia está disponible, es gratis, para todo el que esté dispuesto a humillarse, a dejar de esforzarse por ganar la aceptación de Dios, y a recibirlo (Juan 1:12).

La verdad para este día

Jesús pagó por nuestro pecado para que podamos tener la salvación. Es una buena noticia a la que vale la pena aferrarse. ¡Y vale la pena comunicarla a todos los que conozcamos!

LA VERDAD DEL EVANGELIO: CRISTO, SEGUNDA PARTE

Porque el Hijo del Hombre no vino para ser servido, sino para servir, y para dar su vida en rescate por muchos.

MARCOS 10:45

ANTES DE SEGUIR A «LA VERDAD DEL EVANGELIO: TÚ», VEAMOS UN par de preguntas importantes que a veces formula la gente en cuanto a que Jesús murió en reemplazo de nosotros.[2]

La primera pregunta es: «¿Por qué había un precio que pagar; no podía Dios solo perdonar y olvidar como lo podemos hacer nosotros?».

Imaginemos que tu vecino choca tu flamante coche nuevo por accidente, el auto estaba frente a tu casa. Bien, podrías perdonar a tu vecino y librarlo de la responsabilidad de arreglar tu auto. En ese sentido podrías perdonar y olvidar. Pero, ¡no pases por alto el hecho de que de todos modos tienes un auto que ha quedado estropeado y que necesitas dinero para pagarle a quien lo repare!

De la misma manera, nuestros pecados han provocado un daño moral que tiene un precio. Dios puede perdonar y olvidar nuestros pecados, pero Él queda con la deuda, esa deuda espiritual con la pena que nos tocaría a nosotros saldar. Por eso es que Jesús vino «a dar su vida en rescate por muchos» al morir en la cruz, pagando así el precio que teníamos que pagar nosotros.

La segunda pregunta es: «Pero, ¿por qué tenía que morir Jesús? ¿Qué tipo de justicia hay en que Él, un hombre inocente, sufriera en mi lugar?».

Hay gente que incluso han comparado a Cristo con el chico de los azotes. Esos chicos formaban parte de un injusto sistema de castigos de uso corriente en tiempos medievales. Si el hijo de la familia real violaba las reglas, los maestros del niño no se atrevían a disciplinar al príncipe en persona. Sin embargo, traían a un niño hijo de esclavos y lo ponían ante el príncipe, y castigaban a ese pequeño frente a él. Se suponía que el príncipe se sentiría tan mal como para cambiar de conducta y empezaría a cumplir las reglas. Pero la práctica era no solo poco efectiva sino flagrantemente injusta.

Con eso se ilustra por qué es tan importante la identidad de Jesús, de la que hablamos en la lectura anterior. No era un Dios que a disgusto entraba en escena como aquel pequeño esclavo, para cargar con nuestro castigo. No. Es el mismo Dios contra quien pecamos, la segunda Persona de la Trinidad, que nos dice: «Te amo, estoy dispuesto a perdonarte y pagaré la pena de muerte que debes, para que puedas ser libre».

La verdad para este día

Jesús se ofreció voluntariamente por nuestros pecados «para que nosotros fuésemos hechos justicia de Dios en él» (2 Corintios 5:21). Sabiendo esto, de todo corazón debiéramos recibir lo que hizo por nosotros y comunicárselo a los demás con entusiasmo.

LA VERDAD DEL EVANGELIO: TÚ

> *Examinaos a vosotros mismos si estáis en la fe; probaos a vosotros mismos.*
>
> 2 Corintios 13:5

INCLUSO SABIÉNDOLO TODO ACERA DE LAS TRES PRIMERAS VERdades del evangelio, sobre el carácter amoroso, santo y justo de Dios, sobre nuestro predicamento como pecadores ante un juez justo, y sobre Jesús y su muerte sacrificial por nosotros podemos acabar enfrentándonos a la pena de la muerte espiritual si no le decimos que sí al ofrecimiento de gracia de Dios, que es la salvación. Por eso es que los tres puntos de hoy son tan importantes.[1]

TÚ Y YO TENEMOS QUE RESPONDER

El apóstol Pablo dijo: «todo aquel que invocare el nombre del Señor, será salvo» (Romanos 10:13). La salvación no es automática. Se le ofrece a todos, pero cada uno de nosotros ha de recibirla como respuesta. Hay muchas personas, incluso en las iglesias, que entienden las verdades de las que estuvimos hablando pero que jamás han entrado en una relación con Cristo al aceptar ese regalo que nos ofrece. De hecho, Jesús nos advierte en Mateo 7:21-23 que en el día del juicio muchos quedarán atónitos al descubrir que su conocimiento religioso y sus actividades no les han ganado la aceptación de Dios.

TENEMOS QUE PEDIRLE A CRISTO QUE SEA NUESTRO PERDONADOR Y NUESTRO LÍDER

El Evangelio de Juan explica lo siguiente: «*Mas a todos los que le recibieron*, a los que creen en su nombre, les dio potestad de ser hechos hijos de Dios» (Juan 1:12, énfasis añadido por mí). Y Juan añade más adelante: «Si confesamos nuestros pecados, él es fiel y justo para perdonar nuestros pecados, y limpiarnos de toda maldad» (1 Juan 1:9).

Como perdonador Cristo nos aplica su muerte en la cruz a nosotros, liberándonos de la pena que nos corresponde y dándonos la vida eterna. Y como nuestro líder, empieza a guiarnos de modo que le demos honra y para cumplir sus propósitos en nuestras vidas.

EL RESULTADO ES UNA TRANSFORMACIÓN ESPIRITUAL

«¿O ignoráis que vuestro cuerpo es templo del Espíritu Santo, el cual está en vosotros, el cual tenéis de Dios, y que no sois vuestros? Porque habéis sido comprados por precio; glorificad, pues, a Dios en vuestro cuerpo y en vuestro espíritu, los cuales son de Dios» (1 Corintios 6:19-20). Cuando le pedimos a Cristo que nos perdone y nos guíe, ocurre en nosotros una transformación espiritual. El Espíritu Santo entra en nosotros y empieza a cambiarnos desde adentro, ayudándonos a seguir, honrar y servir a Cristo.

La verdad para este día

Cuando recibimos un regalo en Navidad, no es nuestro hasta que lo tomamos y lo recibimos. Del mismo modo, tenemos que responder al ofrecimiento de salvación de Dios, pidiéndole a Cristo que perdone nuestros pecados y nos guíe en nuestras vidas. ¿Lo has hecho? ¿Quién más entre los que conoces necesita entender esta información?

LA PROPENSIÓN ANTI-DIOS

> *Pablo… habló con denuedo por espacio de tres meses, discutiendo y persuadiendo acerca del reino de Dios. Pero endureciéndose algunos y no creyendo [maldijeron] el Camino delante de la multitud.*
>
> Hechos 19:8-9

ALGUNAS PERSONAS TIENEN DUDAS ESPIRITUALES SINCERAS. SE basan en preguntas legítimas y, por lo general, se resuelven con buena información. Pero lo que muchas veces suena como duda resulta que, en realidad, es una propensión a oponerse a Dios. Hay gente que no quiere conocer la verdad, porque saben que presentaría un desafío a su estilo de vida o a sus creencias.

Algunos de los que escuchaban a Pablo, que explicó y defendió la verdad de Dios, se «endurecieron» (Hechos 19:9). Ya no tenían dudas. Se habían decidido por la negativa y aunque lo supieran o no, tenían la propensión de oponerse a la verdad de Dios.

Pablo también describió a los que «se pierden, por cuanto no recibieron el amor de la verdad para ser salvos» (2 Tesalonicenses 2:10). Y advirtió que la ira de Dios será derramada «contra toda impiedad e injusticia de los hombres que detienen con injusticia la verdad» (Romanos 1:18). Pablo explicó que «Pues habiendo conocido a Dios, no le glorificaron como a Dios, ni le dieron gracias, sino que se envanecieron en sus razonamientos, y su necio corazón fue entenebrecido» (vv. 21-22).

Vemos la obstinada ignorancia en nuestra cultura. La gente sabe lo que dice Dios acerca de la pureza sexual, por ejemplo, pero se entregan de todos modos a los deseos ilícitos, minimizando la importancia del mandamiento de Dios. O tapan la verdad en sus negocios sabiendo que es pecado mentir y justifican su deshonestidad. Pero esta propensión a la oposición no se da solamente en el área de la moral. Afecta también el plano intelectual. Por ejemplo, hay científicos que se niegan a considerar siquiera que pueda haber posibles causas sobrenaturales tras los fenómenos que observan, y dicen que esas causas no serían científicas.

Muchos historiadores hacen lo mismo y descartan informes creíbles de lo milagroso, explicando que no pueden siquiera considerar nada que esté más allá de lo natural.

Es lo que se conoce como «naturalismo metodológico», pero vamos a llamarlo como lo que es: *prejuicio intelectual*. Es decidir de antemano, sin ver la evidencia, que nada podría ser sobrenatural. Y en efecto, dice: «Lo que haya sucedido, sabemos que Dios —si es que existe— no tuvo nada que ver. Así que vamos a estudiar qué fue lo que pasó».

Por otro lado, necesitamos hacer lo que aprendí en la escuela de periodismo: investigar la verdad con mente amplia y luego seguir los hechos hacia dondequiera que nos lleven. En mi experiencia, en última instancia nos llevan de regreso a Dios.

La verdad para este día

En muchos aspectos nuestra cultura tiende a suprimir la verdad reemplazando el conocimiento de Dios por cualquier otra cosa. Hace falta audacia y sabiduría para enfrentarse a esa cultura y ayudar a que la gente vuelva a abrir la mente a Dios. Prepárate. Porque Dios quiere que hables en su nombre.

EXCURSIONES DE DIOS

> *El cual también os confirmará hasta el fin, para que seáis irreprensibles en el día de nuestro Señor Jesucristo. Fiel es Dios, por el cual fuisteis llamados a la comunión con su Hijo Jesucristo nuestro Señor.*
>
> 1 Corintios 1:8-9

CUANDO SE TRATA DE PENSAR EN SEGUIR A CRISTO LA MAYORÍA de las personas piensan en palabras como *obediencia, servicio* y *ministerio*.

¿En qué pienso yo? ¡Pienso en la *aventura*! Cuando veo las historias de la Biblia y mi propia experiencia, llego a la conclusión de que la vida que se entrega a Dios está llena de entusiasmo y emociones, del tipo de emoción que da plenitud.

No me malentiendas. No estoy diciendo que el camino por el que nos lleva Dios será necesariamente cómodo y sin peligros. Mi coautor Mark, que vive en Colorado, tuvo cierta noche una interesante palabra de Dios que le guió. Estaba andando en su bicicleta montañera antes del atardecer, hora en que suelen salir a rondar los osos negros. Mientras se acercaba a un área donde había encontrado antes a un oso muy grande, Mark sintió un empujoncito —que para él provenía de Dios—, que le indicaba que diera la vuelta a la izquierda para evitar lo que podría ser una zona peligrosa.

«Pero entonces, menos de un minuto después que empecé a pedalear por ese camino ¡me encontré ante un enorme oso negro! Fue entonces que me di cuenta de que tal vez Dios me guió hacia allí para que viera al oso, sintiera la adrenalina y entendiera una vez más que cuando Él nos guía, muchas veces no será hacia la tranquilidad sino hacia la aventura».

Mark no sufrió daño alguno, y riendo para sus adentros como en complicidad con Dios, dio la vuelta y volvió al camino por el que había querido avanzar, ¡pero ahora tenía una historia mucho mejor que contar!

Recuerda lo que Dios le dijo al hombre a quien envió para que le predicara a Saulo, ese que antes perseguía a la iglesia y que se había convertido recientemente, y que luego fue el apóstol Pablo. «Ve, porque instrumento escogido me es éste, para llevar mi nombre en presencia de los gentiles, y de reyes, y de los hijos de Israel; porque yo le mostraré cuánto le es necesario padecer por mi nombre» (Hechos 9:15-16).

La traducción: «Voy a llevar a Pablo a la mejor aventura de toda la vida, ¡pero no le será fácil!».

Por cierto, en el Antiguo Testamento, José pasó por un laberinto de dificultades para finalmente vivir la recompensa y la emoción de llegar a ser el segundo hombre más poderoso de Egipto, al lado del faraón, lo cual le permitió salvar a su familia y a su pueblo.

Dios nos guía y a veces nos lleva por caminos peligrosos, y hasta dolorosos. Pero si confiamos en Él, también llenará esos caminos con cosas que nos colmarán de emoción, del tipo de emoción que da plenitud.

La verdad para este día

¿Conoces por qué camino quiere guiarte Dios? Puede parecer difícil y darte miedo, pero la vida es mucho mejor cuando le buscamos y seguimos de todo corazón.

PREPARADOS

> *Santificad a Dios el Señor en vuestros corazones, y estad siempre preparados para presentar defensa con mansedumbre y reverencia ante todo el que os demande razón de la esperanza que hay en vosotros; teniendo buena conciencia...*
>
> 1 Pedro 3:15-16

SI SIGUES A CRISTO, DIOS TE HA LLAMADO A QUE TE PREPARES para defender tu fe ante quienes te rodean, con respeto, esforzándote por ayudarles a ver y entender la verdad que defiendes.

Pedro lo dejó en claro en 1 Pedro 3:15. Y de este versículo podemos extraer cuatro lecciones.

1. **Santificar a Dios el Señor**

    Antes de poder ser efectivos voceros de Cristo tenemos que ser auténticamente suyos. Solo cuando permitimos que Él nos guíe y dirija nuestras vidas, nuestro carácter reflejará su verdad de modos que le honren, le santifiquen y atraigan a los demás a su mensaje.

2. **Estar siempre preparados**

    Cuando alguien critica nuestra fe, resulta tentador responder con un ataque, ¡aunque no tengamos todas las municiones que hacen falta! El celo sin el conocimiento suele hacer más daño que bien. Tenemos que esforzarnos de antemano para estudiar y entender en realidad nuestra fe y las realidades que la respaldan. Pablo nos dice: «Procura con diligencia presentarte a Dios aprobado, como obrero que no tiene de qué avergonzarse, que usa bien la palabra de verdad» (2 Timoteo 2:15).

3. **Para presentar defensa**

    Santificar a Cristo como Señor y estar preparados para defender nuestra fe son dos procesos continuos en la vida cristiana, los cuales nos ayudan a «estar siempre preparados para presentar defensa» cuando surja la oportunidad. Resulta interesante que en el texto original en griego Pedro usó el término *apologia*, de donde proviene la palabra *apologética*. Literalmente, significa que tenemos que estar preparados para hablar en defensa, para dar una respuesta bien pensada de por qué tiene sentido nuestra fe en Cristo. Ahora, jamás estaremos preparados del todo, pero aun así Dios quiere usarnos en medio de nuestro proceso de crecimiento para que podamos responder preguntas sobre nuestra fe y llegar a los demás en su nombre.

4. **Con mansedumbre y reverencia**

Pedro concluye con algo importante: cuando hablamos de las razones de nuestra esperanza en Cristo es importante cuidar nuestra actitud. Tenemos que ser confiados y seguros, pero nunca arrogantes. Más bien, si somos mansos, gentiles, respetuosos y hablamos con amor imitando el carácter de Cristo, los demás podrán mantenerse receptivos a las respuestas que les presentemos en nombre de Él.

La verdad para este día

Dios quiere usarte como vocero. ¿Te has preparado para eso? ¿En cuál de los cuatro desafíos de Pedro tendrías que trabajar hoy?

ELIMINAR OBSTÁCULOS

Derribando argumentos y toda altivez que se levanta contra el conocimiento de Dios, y llevando cautivo todo pensamiento a la obediencia a Cristo.

2 Corintios 10:5

«NO SE PUEDE DISCUTIR CON ARGUMENTOS PARA QUE EL OTRO quiera entrar en el reino de Dios». Quizá hayas oído algo así. Pero, ¿es verdad eso?

La respuesta es sí. ¡Y también es no!

Quiero explicarme mejor: para que los demás reciban la salvación, el Espíritu Santo tiene que acercarlos a sí, convenciéndoles del pecado. Tienen que entender el mensaje del evangelio que, según Romanos 1:16, «es poder de Dios para salvación a todo aquel que cree»; y tienen que apartarse de sus pecados para seguir a Cristo. Con argumentos nada más no lograremos esos resultados.

Dicho esto, también estoy convencido de que muchos no se acercarán a Cristo si no oyen argumentos convincentes y ven evidencia contundente. Dios puede usar este tipo de información, lo que presentamos en la apologética cristiana, para abrir camino al evangelio. La apologética puede eliminar los obstáculos que les impiden a las personas considerar el potente mensaje de gracia y perdón de Dios en Cristo.

Es en este espíritu que Pablo explicó lo siguiente: «Derribando argumentos y toda altivez que se levanta contra el conocimiento de Dios, y llevando cautivo todo pensamiento a la obediencia a Cristo» y es por eso que «[Pablo] discutía en la sinagoga todos los días de reposo, y persuadía a judíos y a griegos» (Hechos 18:4), y que les hablaba «persuadiéndoles acerca de Jesús» (Hechos 28:23).

¿Cuál fue el resultado? «Algunos asentían a lo que se decía, pero otros no creían» (v. 24). Así que queda claro que Pablo utilizó argumentos y la persuasión al presentar el mensaje de Cristo. Y también queda claro que Dios usó los esfuerzos de Pablo, atrayendo a muchos a sí.

Del mismo modo, como ya vimos, Pedro dijo que tenemos que estar «siempre preparados para presentar defensa con mansedumbre y reverencia ante todo el que os demande razón de la esperanza que hay en vosotros» (1 Pedro 3:15). En el idioma original, eso significa que tenemos que estar preparados para ofrecer apologética, la defensa verbal, a todo el que esté dispuesto a hablar de nuestras creencias.

¿Podemos, entonces, discutir con argumentos para que otros quieran entrar en el reino de Dios? Bueno, con ayuda de Dios podemos presentar información que elimine barreras intelectuales y así ayudar a otros a avanzar un paso más, acercándose a la fe en Cristo.

¡Vale la pena discutir con argumentos para algo así!

La verdad para este día

Si los buenos argumentos y la evidencia pueden ayudar a que alguien se acerque a la fe en Cristo, entonces bien valen la pena nuestros esfuerzos por conocer ese tipo de información. Así que sigue leyendo y aprendiendo, y pídele a Dios que te dé oportunidades para ayudar a otros con el conocimiento que obtienes.

MORIR POR LA ESPERANZA

La esperanza que se demora es tormento del corazón; pero árbol de vida es el deseo cumplido.

Proverbios 13:12

«HAY PERSONAS EN MUCHOS PAÍSES QUE BUSCAN UN ANCLA ESPIritual con una nueva intensidad», observó el encuestador George Gallup. «Uno de los factores clave que motivan esa búsqueda es, por cierto, la necesidad de tener esperanzas en estos tiempos difíciles».[1]

¿Lo sientes? Con el aumento de la violencia, el terrorismo, los conflictos y la incertidumbre económica parece haber un aumento equivalente en el hambre de tener esperanzas. «¿Qué sentido tiene todo?», se pregunta la gente. «¿Hay algo más en la vida que solo vivir día a día, esperando que las cosas no estallen?».

Tenemos buenas noticias: Dios ofrece una esperanza tan potente como para transformar la vida y el futuro de las personas. Pero no se trata de esa esperanza del tipo que nos viene a la mente en general. Porque gran parte de lo que llamamos «esperanza» cabe en tres categorías: *buenos deseos, optimismo ciego* y *sueños esperanzados*.

LOS BUENOS DESEOS

Con los buenos deseos intentamos cambiar la realidad mediante lo que pensamos. Soplamos las velas de nuestro pastel de cumpleaños y decimos: «Espero tener salud un año más». Es el sentimiento supersticioso de que de alguna manera nuestros deseos sinceros contribuirán a que las cosas vayan en el rumbo que queremos, incluso si sabemos que no tenemos el poder de lograrlo.

EL OPTIMISMO CIEGO

Otra de las actitudes esperanzadoras es el optimismo ciego. Es bueno ser positivos, pero algunos optimistas parecen cubrir sus problemas con una capa de papel brillante, como si no existieran, y apartan la mirada de los aspectos más feos del mundo. Actúan como si, para ellos, todo estuviera bien todo el tiempo. Puede parecer admirable, pero tampoco logrará cambiar la realidad.

LOS SUEÑOS ESPERANZADOS

Los sueños esperanzados son metas ambiciosas que queremos alcanzar. El problema yace en que nuestras limitaciones restringen las posibilidades. Claro que en mi fantasía sueño con ser una gran estrella de la NBA, pero eso no cambia el hecho de que ¡mi salto vertical es de apenas unos milímetros! Puedo soñar todo lo que quiera, pero no va a suceder nada. Nuestra creencia sincera en lo que soñamos no garantiza que se vayan a concretar en realidad los sueños. Por dicha, Dios nos ofrece algo más grande que eso.

LA ESPERANZA BÍBLICA

La esperanza bíblica es la confiada expectativa de que Dios cumplirá sus promesas a los que confíen en Él. El apóstol Pedro escribió: «Bendito el Dios y Padre de nuestro Señor Jesucristo, que según su grande misericordia nos hizo renacer para una *esperanza viva*, por la resurrección de Jesucristo de los muertos, para una herencia incorruptible, incontaminada e inmarcesible, reservada en los cielos para vosotros» (1 Pedro 1:3-4, énfasis añadido por mí).

La verdad para este día

Hay gente que muere por tener esperanza. Por dicha, Jesús murió para darnos esperanza del tipo «incorruptible, incontaminada e inmarcesible», y está a la disposición de todos. ¡Difundamos la noticia!

DE PRIMERA MANO

Pero éstas se han escrito para que creáis que Jesús es el Cristo, el Hijo de Dios, y para que creyendo, tengáis vida en su nombre.

JUAN 20:31

RESULTA ALENTADOR SABER QUE LOS EVANGELIOS DE JESÚS SE basan en testimonios de testigos oculares, directos o indirectos. Los primeros discípulos estaban con Jesús cuando Él caminaba, enseñaba, obraba milagros, cuando murió y cuando resucitó de entre los muertos. Sus relatos no se basaron en mitos, en especulaciones ni en rumores. No fueron compilaciones posteriores irremediablemente distorsionadas a causa de la transmisión.

Juan explicó que sus escritos sobre Jesús se basaban en sus propias experiencias con Él (por ejemplo, Juan 21:24). Resulta difícil imaginar qué otra cosa podría haber dicho Juan para que se entendiera con claridad. A lo largo de su evangelio y en su primera carta (1 Juan 1:1-3), Juan escribió que había visto, oído y tocado lo que describía en persona. Es como si Juan nos estuviera tomando por el cuello de la camisa, y mirándonos a los ojos dijera con énfasis: «¡Mira! ¡Yo estuve ahí! Esto es lo que viví y percibí con mis cinco sentidos, en todo lo que hizo y enseñó Jesús. Es información real. Escúchame y aplícalo a tu vida».

Y Lucas, que no fue testigo ocular, describió que recogió la información de quienes fueron testigos oculares para escribir su evangelio: «Puesto que ya muchos han tratado de poner en orden la historia de las cosas que entre nosotros han sido ciertísimas, tal como nos lo enseñaron los que desde el principio lo vieron con sus ojos, y fueron ministros de la palabra, me ha parecido también a mí, después de haber investigado con diligencia todas las cosas desde su origen, escribírtelas por orden, oh excelentísimo Teófilo, para que conozcas bien la verdad de las cosas en las cuales has sido instruido» (Lucas 1:1-4).

Además, antes de su crucifixión, Jesús les aseguró a los discípulos que contarían con asistencia sobrenatural para recordar y escribir lo que Él había dicho y hecho: «Os he dicho estas cosas estando con vosotros. Mas el Consolador, el Espíritu Santo, a quien el Padre enviará en mi nombre, él os enseñará todas las cosas, y os recordará todo lo que yo os he dicho» (Juan 14:25-26).

En otras lecturas de este libro encontrarás las razones por las que podemos confiar en la fecha y autoría auténtica de los cuatro evangelios de la Biblia: Mateo, Marcos, Lucas y Juan. Pero por ahora, recuerda lo que dijo Juan en el versículo de hoy: «Pero éstas se han escrito para que creáis que Jesús es el Cristo, el Hijo de Dios, y para que creyendo, tengáis vida en su nombre».

La verdad para este día

Los que escribieron los evangelios lo dejaron todo para transmitirnos el mensaje de Jesús. ¿No vale la pena el esfuerzo de leer y seguir lo que escribieron?

COINCIDENCIAS SIN DESIGNIO

Cuando alzó Jesús los ojos, y vio que había venido a él gran multitud, dijo a Felipe: ¿De dónde compraremos pan para que coman éstos?

Juan 6:5

LOS QUE CRITICAN LA BIBLIA SUELEN ACUSAR A LOS AUTORES DE los evangelios de conspirar para que sus relatos coincidieran. Lo que suponen esos críticos es que los detalles de la vida de Jesús se exageraron e incluso se inventaron.

Hay muchos problemas en este tipo de teorías. Una de las respuestas más interesantes de los últimos años es la del filósofo Tim McGrew, y tiene que ver con lo que él da en llamar «coincidencias sin designio».

En Juan 6:1-7 hallamos uno de los muchos ejemplos. Allí leemos el relato del modo en que Jesús alimentó a los cinco mil y en el versículo 5 leemos: «Cuando alzó Jesús los ojos, y vio que había venido a él gran multitud, dijo a Felipe: ¿De dónde compraremos pan para que coman éstos?».

«Ahora bien, Felipe es un personaje bastante menor en el Nuevo Testamento», afirmó el apologista Jonathan McLatchie para resumir el argumento de McGrew. «Y naturalmente uno se inclinaría por preguntarse por qué Jesús no acude a alguien de mayor importancia» (como Pedro o Juan). Juan 1:44 nos da una pista parcial: *«Felipe era de Betsaida, la ciudad de Andrés y Pedro»*.

«¿Qué importancia tiene que Felipe fuera de Betsaida?», dice McLatchie a continuación. «No nos enteramos de eso hasta que leemos el relato paralelo en el evangelio de Lucas (9:10-17). En el principio del relato (vv. 10-11), Lucas nos informa que el hecho ¡sucedió en Betsaida, de donde era Felipe! Jesús entonces se vuelve a Felipe porque creía que conocía el lugar. Notemos además que Lucas no nos dice que Jesús le habló a Felipe».

«Y lo más intrigante es que el relato paralelo del evangelio de Marcos (6:30-42)», afirma entonces McLatchie, nos dice en los versículos 30-31:

Entonces los apóstoles se juntaron con Jesús, y le contaron todo lo que habían hecho, y lo que habían enseñado. Él les dijo: Venid vosotros aparte a un lugar desierto, y descansad un poco. *Porque eran muchos los que iban y venían*, de manera que ni aun tenían tiempo para comer (énfasis añadido por mí).

¿Por qué había tanta gente que iba y venía? Marcos no nos lo dice. La respuesta está en el relato de Juan. Juan 6:4 explica que «Y estaba cerca la pascua, la fiesta de los judíos».[1]

Las coincidencias sin designio, como en este caso, nos muestran que lo que afirman los escritores de la Biblia encaja perfectamente, como las piezas de un rompecabezas, y a menudo encontramos el significado completo al examinar las distintas partes en conjunto, como un todo.

La verdad para este día

Las coincidencias sin designio no son meras coincidencias. Son marcas que muestran la autenticidad de los escritos históricos ¡y nos dan más razones para confiar en la Biblia!

¿DEMASIADO ANGOSTO?

Entrad por la puerta estrecha; porque ancha es la puerta, y espacioso el camino que lleva a la perdición, y muchos son los que entran por ella; porque estrecha es la puerta, y angosto el camino que lleva a la vida, y pocos son los que la hallan.

MATEO 7:13-14

MUCHOS HAN ACUSADO A JESÚS DE SER MUY CERRADO DE MENTE. «¿Cómo puede afirmar que es el único camino para llegar a Dios?», dicen. «¿Y que su camino espiritual es el único?».

También piensan que Jesús fue exclusivista cuando dijo en Juan 14:6: «Yo soy el camino, la verdad y la vida... Nadie viene al Padre sino por mí», como si estuviera restringiendo innecesariamente nuestras opciones espirituales y tratando de competir con todas las otras religiones con tal de sumar más seguidores.

Pero me gusta lo que suele decir Mark Mittelberg cuando enseñamos juntos, en público.

«No sé qué les pasará a ustedes», dice Mark. «Pero cuando vuelo a alguna parte me alegra siempre que el piloto sea de mente estrecha. No quiero un piloto que ande buscando ideas recientes y novedosas en cuanto a dónde podría aterrizar el avión».

«Estoy seguro de que podría aterrizar en un campo o una playa, o peor aún, sobre la ladera de una colina, o en el valle de alguna montaña. Pero la creatividad no es una característica que quiero en un piloto. Me gusta más uno a la antigua, que insista en que aterrizará en ese "angosto camino que conduce a la vida" y que se llama pista de aterrizaje».

¿No prefieres también que el piloto sea predecible?

Luego, Mark aclara lo que quiere decir, explicando que uno podría en realidad bajar un avión en cualquier parte ¡a menos que prefieras seguir vivo!

Pasa algo parecido con los muchos maestros religiosos, profetas y gurúes que hay por allí. Solamente un líder vino con las credenciales que mostraban que era el Hijo de Dios. Solamente Uno vino a entregar su vida como rescate por sus amigos. Solamente Uno pagó la pena de nuestros pecados, muriendo en nuestro lugar. Solamente Uno demostró que todo eso era real y cierto, al resucitar de entre los muertos. Y ese único Uno, Jesús, dijo que tenemos que entrar por la puerta estrecha, poniendo nuestra confianza en Él.

A la luz de todo lo que hizo y dijo Jesús, a mí me parece muy bien que fuera de mente estrecha.

La verdad para este día

A veces la verdad es estrecha. ¿Querrás seguir a aquel que dijo que Él, y solo Él, es el camino, la verdad y la vida? ¿Querrás arriesgarte a explicarles a otras personas por qué deberían hacer lo mismo?

¿SUDAR SANGRE?

Y estando en agonía, oraba más intensamente; y era su sudor como grandes gotas de sangre que caían hasta la tierra.

LUCAS 22:44

LA PRIMERA VEZ QUE LEÍ ESTE PASAJE QUE NARRA LA OCASIÓN EN que Jesús oraba antes de su crucifixión, todavía era escéptico y supuse que la frase «sudor como grandes gotas de sangre» era en sentido figurado. Pensé que era como cuando hoy se dice que alguien que pasa por una situación muy estresante está «sudando la gota gorda» o algo así. Entendemos el significado pero no lo tomamos de manera literal.

Sin embargo, años después empecé a investigar y estudiar para mi libro *El caso de Cristo*. Fui a California para entrevistar al Dr. Alexander Metherell, médico, científico investigador y experto en la crucifixión de Jesús.

«Es una afección médica conocida que se llama *hematidrosis*. No es muy común, pero está relacionada con un alto grado de estrés sicológico», me dijo.

«Lo que sucede es que la ansiedad severa hace que se liberen químicos que rompen los vasos capilares en las glándulas sudoríparas y, como resultado, esas glándulas sangran un poco y el sudor sale teñido de sangre. No hablamos de una cantidad grande de sangre. Es una cantidad muy, muy pequeña».[1]

Lo interesante es que fue el médico Lucas el que registró ese fenómeno. En Lucas 22:44 informa: «Y estando en agonía, oraba más intensamente; y era su sudor como grandes gotas de sangre que caían hasta la tierra».

La agonía de Jesús y sus oraciones tan fervientes por su inminente tortura y muerte, por cierto, eran suficiente para hacer que se disparara ese fenómeno médico. El *Journal of Medicine*, una publicación especia... setenta y dos casos de hematidrosis y concluyó que las ... nes eran el miedo agudo y la intensa contemplación

Le pregunté al Dr. Metherell qué efecto habría tenido en Jesús ese sudor sangriento. «Lo que hizo eso», respondió «fue debilitar la piel de modo que quedó extremadamente frágil; por lo que cuando al día siguiente el soldado romano azotó a Jesús, su piel tiene que haber estado muy, muy sensible».

¿Qué podría haber motivado a Jesús para que estuviera dispuesto a soportar la angustia de Getsemaní, la brutalidad de los azotes y el indecible tormento de la cruz?

«Bueno», dijo el Dr. Metherell, «supongo que la respuesta puede resumirse en una sola palabra: *amor*».

La verdad para este día

Cuando entendemos lo que Jesús sufrió por nosotros incluso antes de la crucifixión, podemos comprender mejor el significado de pasajes como Romanos 5:8: «Mas Dios muestra su amor para con nosotros, en que siendo aún pecadores, Cristo murió por nosotros». ¡Qué clase de amor! ¡Qué gran Dios! ¡Qué clase de Salvador para adorarle, servirle y presentárselo a los demás!

JESÚS O NADIE

> *Pero cuando vino el cumplimiento del tiempo, Dios envió a su Hijo, nacido de mujer y nacido bajo la ley, para que redimiese a los que estaban bajo la ley, a fin de que recibiésemos la adopción de hijos.*
>
> GÁLATAS 4:4-5

CONVENCIDOS DE QUE JESÚS NO ERA EL «UNGIDO» MUCHOS judíos siguen esperando al tan ansiado Mesías. Pero según Michael Brown, académico y judío mesiánico, Jesús —y solamente Jesús— cumplió con la descripción del Mesías venidero que ofrece el Antiguo Testamento.

Es una osada afirmación, por lo que le pedí que la explicara.

«Dios, en 2 Crónicas 7, dice que si el pecado de Israel llega a determinado nivel, destruirá el templo, exiliará al pueblo, y los dejará en estado de juicio», indica Brown. «Y así fue como sucedió. El profeta Daniel ora en Daniel 9 pidiendo a Dios que tenga misericordia. Dios le da una revelación sobre la reconstrucción del templo. Antes de que sea destruido este nuevo templo, le dice a Daniel, sucederán varias cosas, que incluyen la eterna propiciación, el último triunfo sobre el pecado».

«El profeta Hageo dice que la gloria del segundo templo será mayor que la gloria del primer templo», prosiguió Brown. «Dios llenará el segundo templo con su gloria. Luego, el profeta Malaquías dice que el Señor vendrá a su templo. Utiliza un término hebreo que siempre hace referencia a Dios mismo: el Señor, *Él* vendrá a ese templo».

«Recuerda que el segundo templo fue destruido en el año 70 D.C.», señaló Brown. «Debía cumplirse la propiciación de los pecados y la visitación divina, antes de la destrucción del segundo templo».

«Así que… si no es Yeshua, el nombre judío de Jesús, habrá que tirar la Biblia a la basura», concluyó Brown. «Porque nadie, con excepción de Jesús, cumplió lo que tenía que suceder antes del año 70 D.C. ¿Qué visitación divina hubo, si no la de Jesús? ¿Cuándo más visitó Dios el segundo templo en forma personal? ¿Quién más que Jesús cumplió la propiciación por los pecados? ¿De qué otro modo sería mayor la gloria del segundo templo en comparación con la del primero?»

«O el Mesías vino hace dos mil años, o los profetas se equivocaron y podemos descartar la Biblia. Pero no se equivocaron. Yeshua es el Mesías. O no lo es nadie».[1]

La explicación de Brown me pareció fascinante; pensé que afirmaba la fe, además de ser información vital que el pueblo judío ha de conocer. Si anhelan a su verdadero Mesías, esto puede ayudar para guiarlos a *Jesús*.

La verdad para este día

No hay que leer demasiado del Antiguo o el Nuevo Testamento para ver que el pueblo judío tiene un lugar especial en el corazón de Dios. ¿A cuál de tus amigos podría servirle esta información? ¡Arriésgate y ve a contárselo!

CON TODA TU MENTE

> *Y amarás al Señor tu Dios con todo tu corazón, y con toda tu alma, y con toda tu mente y con todas tus fuerzas.*
>
> MARCOS 12:30

UN MAESTRO DE LA LEY LE PREGUNTÓ A JESÚS: «¿CUÁL ES EL primer mandamiento de todos?» (Marcos 12:28).

La respuesta de Jesús, que leemos aquí arriba (Marcos 12:30) deja claro que lo más importante que tenemos que hacer es amar a Dios con todo nuestro ser. Pero resulta interesante que lo haya apartado en cuatro categorías. De estas cuatro, tres eran repetidas del mandamiento dado a Moisés en Deuteronomio 6:5: «amarás a Jehová tu Dios de todo tu corazón, y de toda tu alma, y con todas tus fuerzas».

Sin embargo, Jesús sumó una cuarta categoría: «Amarás al Señor tu Dios… *con toda tu mente*» (énfasis añadido por mí). Es importante. En efecto, Jesús estaba diciendo que la religión recta y pura no tiene que ver solo con el corazón, los sentimientos y las emociones. Contrario a lo que se opina en general, tiene que ver también con el intelecto.

Veamos a continuación algunas de las formas en que nuestras vidas como cristianos lo demuestran en la práctica:

- Debiéramos estudiar las Escrituras, como lo manda 2 Timoteo 2:15: «Procura con diligencia presentarte a Dios aprobado, como obrero que no tiene de qué avergonzarse, que usa bien la palabra de verdad».
- Debiéramos estudiar la teología bíblica para entender mejor la naturaleza de Dios y amarlo de corazón, por la persona que es en verdad.
- Debiéramos aprender y aplicar la lógica sana a las cuestiones espirituales, sabiendo que fluye de la naturaleza misma de Dios y nos ayuda a entender e interpretar su revelación, la Biblia.
- Debiéramos escudriñar lo que se afirme como verdad para ver si cuadra con la verdad revelada por Dios (Hechos 17:11; Gálatas 1:8-9).

- Debiéramos aplicar de manera activa todo lo que hemos aprendido para enseñarles a otros quién es Dios y qué es lo que desea en nuestras vidas (2 Timoteo 2:2).
- Debiéramos prepararnos para «responder» a todo el que pregunte sobre nuestra fe y qué significa (1 Pedro 3:15).
- Debiéramos adorar a Dios de modo que involucre el pensamiento claro sobre la persona que Él es y qué ha revelado. Como dijo Jesús, debiéramos adorarle «en espíritu y *en verdad*» (Juan 4:24, énfasis añadido por mí).

La verdad para este día

Dios quiere que usemos nuestras mentes para conocer y entender la verdad, y para que la apliquemos a nuestras vidas; de modo que podamos amarle y honrarle mejor. ¿En cuál de las áreas mencionadas necesitas enfocar la atención?

¿ES MALO TENER RAZÓN?

Y conoceréis la verdad, y la verdad os hará libres.

JUAN 8:32

«USTEDES LOS CRISTIANOS ACTÚAN COMO SI TUVIERAN RAZÓN Y todos los demás estuviesen equivocados». Es una queja común en nuestra cultura.

La parte que más me interesa es la de «actúan como». Pareciera indicar una actitud de arrogancia o superioridad que no es aceptable para el cristiano. Nuestra actitud, en cambio, debiera ser como la de Jesús que «se humilló a sí mismo»; aunque realmente era superior a cualquier simple humano, y decidió amarnos y servirnos, sacrificándose a sí mismo (Filipenses 2:8).

Sin embargo, ¿qué pasa con el resto de la acusación? ¿De esa parte que dice que creemos tener razón, en tanto que los demás están equivocados? ¿Es malo eso?

Mark Mittelberg nos brinda un análisis interesante: «Lo que resulta fascinante es que quienes critican a los cristianos por actuar como si estuvieran en lo correcto en tanto que los demás se equivocan, en esa misma acción muestran creer que ellos son los que tienen la razón y que los cristianos están equivocados. Así que en ese mismo momento están haciendo aquello que critican. Si lo piensas, resulta bastante tonto criticar a la gente por pensar que tienen la razón porque ¿no estás pensando al mismo tiempo que tú tienes razón al decir que ellos se equivocan?

«O, si lo ampliamos un poco más, ¿quién en su sano juicio no piensa casi siempre que tiene razón? En serio, si alguien cuerdo piensa que está equivocado, ¿no cambiará inmediatamente de idea para empezar a creer lo que ahora piensa que es bueno? Si es así, entonces, ¿no vuelve a pensar que tiene razón y que quien contradiga su nueva creencia, por lógica misma, está equivocado? ¿No pensamos todos de ese modo? ¡Yo creo que sí!

«Por eso, por dos razones, nadie debiera criticar a los cristianos por pensar que tienen razón y los demás están equivocados: (1) Todo el mundo hace, justamente, eso mismo y (2) los cristianos, después de todo, podrían estar en lo correcto».[1]

Mark añade también que Jesús, aunque era completamente humilde, sabía que tenía razón cuando dijo en Juan 14:6 «Yo soy el camino, la verdad y la vida». Y también dijo en Juan 8:32 «conocerán la verdad y la verdad los hará libres». Si como dijo Jesús, podemos conocer la verdad, entonces esa verdad tiene que ser lo correcto y, por lógica, lo que la contradiga estará equivocado.

Yo solo añadiría: *¡pienso que tiene razón!*

La verdad para este día
Como cristianos tenemos que tener confianza y seguridad en la verdad, pero también tenemos que ser de espíritu humilde.

¿NO PODEMOS SOLO COEXISTIR?

Si es posible, en cuanto dependa de vosotros, estad en paz con todos los hombres.

Romanos 12:18

SI EN LOS ÚLTIMOS TIEMPOS PRESTASTE ATENCIÓN A LAS PEGATInas de los autos, sabes que hay mucha gente que piensa que sencillamente tenemos que *coexistir*. ¿Cuál es tu reacción ante ese mensaje? Mi respuesta inicial fue un poco negativa. Pensé: *No estamos aquí para coexistir. Estamos aquí para mostrarles a los demás el camino a Jesús.* Por supuesto, es cierto.

Pero, ¿en realidad habrá que elegir entre una cosa y otra? Tal vez tendríamos que preguntarles a los que ponen esas pegatinas en sus autos qué es lo que están diciendo. Podría ser que el significado fuese que hay que *negociar* o que tenemos que *cooperar*.

Si se trata de la segunda opción, y creen que tenemos que aprender a llevarnos mejor y ser tolerantes con las creencias del otro, estoy de acuerdo. Después de todo fue el apóstol Pablo quien nos dijo en Romanos 12:18: «Si es posible, en cuanto dependa de vosotros, estad en paz con todos».

¿A quién no le gustaría ver que los musulmanes, los cristianos y los judíos pudieran coexistir mejor en Medio Oriente y en el mundo entero? ¿Quién no preferiría ver mejor cooperación entre Oriente y Occidente? ¿Y a quién no le encantaría ver que se apagan esos feudos sangrientos, como entre los demócratas y los republicanos?

Pero mi respuesta cambia si se nos pide que negociemos nuestras creencias y nuestra misión como cristianos. Entonces hay que trazar la línea porque verás que lo que hoy se habla tanto sobre la «tolerancia» muchas veces significa que hay que pensar que *todo el mundo* tiene la razón y que es malo estar en desacuerdo con, o cuestionar, lo que piensa alguien más. Eso es coexistir sobre la base de negociar o comprometer.

Y lo más irónico es que el punto de vista de esa posición es que insisten en que tenemos que coincidir con ellos ¡o nos irá mal! ¿No es interesante que algunos de los que más hablan sobre la tolerancia resulten ser los más intolerantes de todos cuando no aceptamos lo que dicen?

El problema yace en que esta nueva visión de lo que es la tolerancia, se mete con la idea misma de la verdad. Y, en última instancia, todos queremos la verdad. Al menos, eso espero. Y más que eso, la Biblia nos dice que amemos la verdad (Zacarías 8:19; 2 Tesalonicenses 2:10).

Así que la respuesta no está en fingir que todo el mundo tiene razón. Más bien, la respuesta está en amar, en buscar, en abrazar lo que es verdad mientras amamos y vivimos en paz con quienes estén en desacuerdo.

La verdad para este día

Tenemos que esforzarnos por coexistir con quienes creen en cosas diferentes a las que creemos nosotros, pero también tenemos que rechazar ese nuevo entendimiento de lo que es la tolerancia. Es imposible que todo el mundo esté en lo correcto. Si dos ideas se contradicen, hay al menos una que está errada.

BIENVENIDAS LAS PREGUNTAS

Y al oír Juan, en la cárcel, los hechos de Cristo, le envió dos de sus discípulos, para preguntarle: ¿Eres tú aquel que había de venir, o esperaremos a otro?

MATEO 11:2-3

JUAN EL BAUTISTA ERA OSADO, ATREVIDO, CONFIADO. SEGÚN LOS evangelios, Dios usó a ese excéntrico profeta para que le preparara el camino a Jesús el Mesías. Juan anunciaba la llegada de Jesús, e incluso lo bautizó en el río Jordán en los inicios del ministerio de Jesús (Mateo 3). Si hay alguien que entendía la identidad y la misión de Jesús, ese era Juan el Bautista.

Es impactante entonces ver que luego Juan empieza a cuestionar si Jesús era aquel al que estaba esperando el pueblo judío. Juan había estado aislado en prisión durante casi un año en ese momento, y el versículo de hoy nos informa que envió a sus discípulos para que Jesús confirmara lo siguiente: «¿Eres tú aquel que había de venir, o esperaremos a otro?».

Las preguntas de Juan tal vez surgieran de su soledad, que es cuando nos acosan las dudas. Quizá también tuviera alguna concepción errada en cuanto a lo que haría en realidad el Mesías. Juan había predicho el juicio de Dios y quizá se confundiera con la paciencia y la gentileza de Jesús, y la demora de ese juicio.

Más allá de la razón de las dudas de Juan, fue fascinante la manera en que Jesús respondió. No lo avergonzó ni lo reprendió tratando de volverlo a su lugar por medio del miedo. No espetó: «¡Peor Juan, por todos los cielos! ¿Qué es lo que te pasa? Dios ya te dijo quién soy y tú se lo dijiste a todos. Me bautizaste y hasta oíste la voz de mi Padre celestial afirmando mi identidad, ¿y ahora te acosa la duda conmigo?».

Al contrario, Jesús respondió lleno de gracia y bondad. Le dio evidencia de su obra mesiánica (Mateo 11:5, profetizado setecientos años antes en Isaías 61:1-2) y con ternura urgió a Juan a no apartarse de Él (Mateo 11:6). Más aun, Jesús les dijo a los que habían oído ese intercambio un tanto vergonzoso, que Juan era un gran profeta y hasta proclamó:

«De cierto os digo: Entre los que nacen de mujer no se ha levantado otro mayor que Juan el Bautista; pero el más pequeño en el reino de los cielos, mayor es que él» (v. 11).

¿No es alentador saber que Jesús recibe bien a quien duda? Es intelectualmente inspirador ver que cumplió las profecías y obró milagros pero, en lo personal, uno se siente reafirmado al descubrir que Jesús entiende, se compadece y reasegura con bondad a quienes buscamos conocerle pero tenemos dudas y preguntas en nuestro camino de fe.

La verdad para este día

No tenemos que temer a las preguntas espirituales. Solo tenemos que presentarlas ante nuestro Salvador, bondadoso y lleno de gracia, y buscar la verdad que Él puede mostrarnos.

¿QUIÉN TIENE FE?

Porque te olvidaste de mí y confiaste en la mentira.

JEREMÍAS 13:25

«NO CABE DUDA. VIVES POR FE, DÍA A DÍA, INCLUSO EN LOS DETAlles mundanos», dijo mi coautor Mark Mittelberg.

«¿Qué es la fe? Mi definición general es: *las creencias y acciones que se basan en algo que consideras confiable incluso en ausencia de prueba absoluta*».

«Creías que la comida era saludable y te la comiste; confiaste en que la silla sostendría tu peso y te sentaste en ella; tuviste suerte en el pasado con las computadoras, los perros y el viaje de ida y vuelta del trabajo así que, ¿por qué no intentarlo de nuevo? No tienes evidencia concluyente de que ninguna de esas cosas pudiera funcionar, pero las probabilidades parecían estar a tu favor; por eso lo hiciste. Todos hacemos cosas parecidas, de rutina».

«Vivimos por fe no solo en los detalles pequeños y cotidianos de la vida sino también en los hechos más relevantes relacionados con la religión, Dios y la eternidad. Todos adoptamos "creencias y acciones" relacionadas con estas áreas "basándonos en algo que consideramos confiable incluso en ausencia de prueba absoluta". Así que si eres cristiano, confías en las enseñanzas de Cristo; si eres musulmán, confías en las enseñanzas de Mahoma; y si eres budista confías en las enseñanzas de Buda».

«Hasta los que no son religiosos viven confiando en que sus creencias no religiosas son precisas y que no van a enfrentarse algún día a un Creador totalmente religioso que, en realidad, sí emitió una lista de lineamientos y requisitos a los que no prestaron atención».

«Hasta los reconocidos ateos como Richard Dawkins y Sam Harris viven aceptando una suposición no demostrada de que Dios no existe y que las opiniones que expresan en cuanto a esos temas ayudan a la gente en vez de perjudicarla. No *saben* con certeza si están en lo correcto. Solo *creen* y *actúan* como si así fuera».[1]

Lo que está diciendo Mark es que la fe es *confianza* y que no hay nadie que sea neutral en cuanto a la fe. Todos confiamos en algo, incluso si ese algo es nosotros mismos. La pregunta que hay que formular entonces es si aquello en lo que confían o no confían es, de hecho, *confiable*.

Pasé casi dos años estudiando la fe cristiana cuando todavía era ateo, y la verdad de Dios me persuadió aun cuando no quería que me convenciera. Por eso puedo decirte con certeza que lo que Cristo afirma es verdad; por eso es digno de que confiemos en Él plenamente.

La verdad para este día

Todos confiamos en algo. ¿Observaste tus creencias para asegurarte de que sean confiables? ¿A quién podrías ayudar a recorrer ese camino, ayudándole a ver que puede poner su fe en Cristo con toda confianza?

SUSTITUTOS DE LA FE

Examinadlo todo; retened lo bueno. Absteneos de toda especie de mal.

1 Tesalonicenses 5:21-22

«¡SOLO HAY QUE TENER FE!». SE HA DICHO TANTAS VECES QUE casi suena a verdad. Por lo general, no se te dice en qué se supone que tengas que tener fe. La gente toma la fe como una clase de magia, como si con solo creer mucho en algo —en *cualquier cosa*— se pudiera establecer la diferencia.

Veamos una lista de algunas de las formas más erróneas de la fe.[1]

- **LA FE SUPERSTICIOSA.** Es la que ve la fe como magia. Según esta postura lo que cuenta es la sinceridad. Pero pasa por alto que hay mucha gente sincera, aunque sinceramente equivocada. Lo cierto es que la creencia no tiene poder alguno para cambiar la verdad.
- **LA FE TERAPÉUTICA.** Es creer en algo porque te hace sentir mejor. «Mi fe es real porque me ayuda», dicen los que tienen esta fe. El problema es que podrías confiar en algo que te brinde alivio temporal pero que finalmente te desvíe y te destruya.
- **LA FE CIEGA.** Es la creencia en algo, sin evidencia ni razón. Es el que «da el salto sin mirar», y lo que lleva a mucha gente a sufrir todo tipo de perjuicios.
- **LA FE IRRACIONAL.** Es la fe que va en contra de la razón y los hechos. Es creer algo aunque en tu corazón sepas que no puede ser verdad.

Por dicha, la Biblia no nos habla de esas modalidades. Sí, defiende la fe, pero deja en claro que la fe solo podrá ser tan buena como aquello en lo que se haya centrado. La fe bíblica es fe racional, en un Ser divino que se ha mostrado digno de nuestra confianza.

La Biblia dice que seamos receptivos a lo que puedan ser mensajes de Dios, pero no como ingenuos, como tontos sin razón. Más bien, el versículo de hoy nos dice: «Examinadlo todo; retened lo bueno. Absteneos de toda especie de mal».

¿Cómo podemos poner a prueba lo que se presenta como verdad espiritual? Lo que necesitamos, como mínimo, es asegurarnos de que el mensaje encuadre en lo que Dios ya nos ha dicho en la Biblia. Así, «Y éstos [los de Berea] eran más nobles que los que estaban en Tesalónica, pues recibieron la palabra con toda solicitud, escudriñando cada día las Escrituras para ver si estas cosas eran así» (Hechos 17:11).

La fe sabia y bíblica es el compromiso a confiar en el Dios de la Biblia. Se basa en evidencia sólida de que Él es el único y verdadero Dios, y que Jesús es su Hijo unigénito.

La verdad para este día

«El justo por la fe vivirá» (Romanos 1:17). Sabiendo que nuestra fe se basa en abundante y rica evidencia fáctica, podemos entregarnos de todo corazón a vivir esa fe y comunicarla a los demás.

BENDICIONES DEL QUE DUDA

Porque me has visto, Tomás, creíste; bienaventurados los que no vieron, y creyeron.

JUAN 20:29

A ALGUNAS PERSONAS LES RESULTA FÁCIL CREER. ALGUIEN LES dice la verdad y la aceptan sin problemas. Pero otros somos muy escépticos y las afirmaciones acerca de lo milagroso nos resultan... bueno, difíciles de tragar. Por eso, vemos la religión con cautela, no queriendo caer en trampas ni comprar fábulas. «¡Necesito evidencia sólida antes de creer en eso!», decimos.

Si esta es la forma en que ves lo que se afirma sobre lo sobrenatural, tienes un amigo en Tomás. Se ganó el título de Tomás el que duda porque no quería aceptar sin más lo que contaban los demás discípulos al relatar que habían visto al Salvador resucitado.

Hay que darle crédito a Tomás porque era escéptico (dudaba) pero no era cínico (no se burlaba de las ideas espirituales). No descartaba la posibilidad de que sus amigos estuvieran en lo correcto, pero dijo: «Si no viere en sus manos la señal de los clavos, y metiere mi dedo en el lugar de los clavos, y metiere mi mano en su costado, no creeré» (Juan 20:25).

Lo importante es que luego anduvo por los lugares en donde pudo darse ese encuentro divino. Jesús estaba más que dispuesto a salir a su encuentro. Aquel que había sangrado y muerto, de repente se presentó con vida en la habitación donde estaba Tomás.

¡Esto captó la atención de Tomás! Probablemente estuviera asustado, no solo porque Jesús se le había aparecido con vida sino porque él había dudado. En lugar de expresar enojo, Jesús le animó con ternura a mirar sus manos y a tocar la herida de su costado.

Eso le bastó a Tomás. No necesitó investigar más, ni hacer más preguntas. De corazón, Tomás dejó de ser escéptico para ser seguidor de Cristo. Y aceptó, no solo la realidad de la resurrección de Jesús sino la verdad acerca de quién afirmaba ser Jesús. «¡Señor mío y Dios mío!, exclamó Tomás» (Juan 20:28).

Recuerda esto: Jesús en verdad bendice a todos los que, como Tomás, están dispuestos a formular las preguntas difíciles, a buscar las respuestas verdaderas, y a tener el coraje de seguir los hechos para volver a Él. «Porque me has visto, Tomás, creíste; bienaventurados los que no vieron, y creyeron» (v. 29).

La verdad para este día

Dudar es humano. Pero la bendición de Dios espera a quien trata sus dudas con investigación diligente, buscando sinceramente la verdad, dispuestos a seguir a aquel que mostró que era la verdad.

CAMINO A CREER, PRIMERA PARTE

Me he hecho débil a los débiles, para ganar a los débiles; a todos me he hecho de todo, para que de todos modos salve a algunos. Y esto hago por causa del evangelio, para hacerme copartícipe de él.

1 Corintios 9:22-23

¿TE HA SUCEDIDO QUE INTENTAS HABLAR DE TU FE CON UN AMIGO pero sientes que estás hablando en otro idioma? ¡Es posible! En *Confident Faith* [Fe con confianza] Mark Mittelberg explora seis «caminos de la fe» que tienden a seguir las personas.[1] Si entiendes esos caminos, y sus puntos fuertes y débiles, podrás hablar de tu fe con toda clase de gente.

1. **El camino relativista de la fe**
   Hay personas que llegan a sus creencias por el camino relativista. Suponen que lo que crean será verdad para ellos. Y los oirás hablar de «su verdad» en oposición a «tu verdad». Puede parecer atractivo este camino pero la posición de la mente sobre la materia se derrumba muy pronto cuando se la confronta con la realidad.

2. **El camino tradicional de la fe**
   Otros toman el camino tradicional, aceptando de manera pasiva las enseñanzas de sus padres o maestros. Es una forma natural de dar inicio al viaje de la fe pero las tradiciones pueden promover la verdad, o no hacerlo. Tenemos que seguir lo que dijo Pablo: «Examinadlo todo; retened lo bueno» (1 Tesalonicenses 5:21). Solo entonces podremos estar confiados en cuanto a nuestras creencias.

3. **El camino autoritario de la fe**
   El camino autoritario lleva a las personas a someterse a las ideas de un poderoso líder u organización. Estas creencias pueden ser correctas, pero se deben sopesar las credenciales y el mensaje de estas autoridades, mediante la lógica, la evidencia y la verdad de la Biblia. Jesús advirtió sobre los líderes maliciosos que engañarían a las personas, por lo que tenemos que ser cautelosos (Mateo 24:4-5, 11).

4. **El camino intuitivo de la fe**
   Luego está el camino intuitivo, que se apoya en los instintos internos. Los instintos pueden ser útiles a veces, pero si no tenemos mayor información también pueden llevarnos a callejones sin salida. Salomón lo advirtió, diciendo: «Hay camino que al hombre le parece derecho; pero su fin es camino de muerte» (Proverbios 14:12).
5. **El camino místico de la fe**
   Los que toman el camino místico creen aquello que piensan que les ha dicho Dios. Pero aunque Dios *sí puede* hablarnos, la Biblia nos advierte: «no creáis a todo espíritu, sino probad los espíritus si son de Dios; porque muchos falsos profetas han salido por el mundo» (1 Juan 4:1).

Encontraremos estos caminos cuando hablemos de Dios a los demás pero, en verdad, no hay ninguno que sea óptimo por sí mismo. En la próxima lectura exploraremos una forma más efectiva de poner a prueba las creencias y confirmarlas.

La verdad para este día

Pablo trabajó haciéndose «a todos me he hecho de todo... por causa del evangelio» (1 Corintios 9:22-23). También nosotros tenemos que tratar de entender a nuestros amigos y cómo llegaron a sus creencias. Entonces estaremos mejor capacitados para ayudarles a considerar la verdad de Cristo.

CAMINO A CREER, SEGUNDA PARTE

> *Si no hago las obras de mi Padre, no me creáis. Mas si las hago, aunque no me creáis a mí, creed a las obras, para que conozcáis y creáis que el Padre está en mí, y yo en el Padre.*
>
> Juan 10:37-38

HEMOS ESTADO VIENDO UNA VARIEDAD DE CAMINOS POR LOS QUE la gente llega a sus creencias. Vimos el camino relativista, el tradicional, el autoritario, el intuitivo y el místico, según los clasifica Mark Mittelberg. Algunos de ellos pueden ser de utilidad, pero todos tienen sus puntos débiles. A todos hay que ponerlos a prueba. El camino que veremos hoy nos brinda herramientas, justamente para hacer eso.[1]

6. El camino de la evidencia a la fe

El camino de la evidencia se apoya en la lógica y la evidencia para que podamos determinar en qué creer. La lógica y la evidencia son dos herramientas infalibles que Dios nos da para determinar dónde está la verdad.

Ante todo, la lógica. No podemos pensar, evaluar ideas ni tomar decisiones sin lógica. Habrá quienes digan que no confían en la lógica, ¡pero luego la utilizan para explicar por qué! Y, ¿hace falta que hablemos de la importancia de la evidencia, que percibimos a través de nuestros cinco sentidos? La investigación científica se apoya en la evidencia. La evidencia es el fundamento de nuestro sistema de justicia. Es lo que usamos día a día para poder determinar qué es verdad y qué no lo es.

En realidad, uno no puede escapar de la lógica y la evidencia, por lo que más vale que aprendamos a utilizarlas bien. Y más que eso, la Biblia —que halla su respaldo también en la lógica y la evidencia— nos dice que pongamos a prueba las afirmaciones que oigamos, usando esas herramientas como lo hizo Jesús en el pasaje que figura arriba. Para verificar sus afirmaciones a menudo apuntaba a la evidencia, como las profecías cumplidas, los milagros, su vida sin pecado y su resurrección de entre los muertos. También nos advirtió que tenemos que examinar el fruto de los que afirman ser profetas para ver si la evidencia respalda lo que dicen.

Ahora, no estoy diciendo que podamos apoyarnos solamente en nuestro intelecto para llegar a Dios. Él tiene que revelarse a sí mismo ante nosotros y su Espíritu Santo tiene que acercarnos a sí. En última instancia, nuestra fe tiene que estar puesta en Dios y en su Palabra, pero la lógica y la evidencia nos ayudan a saber *quién es* Dios, y *qué libro* es su revelación.

Si volvemos a mirar los otros cinco caminos, podemos ver que esa mezcla de lógica y evidencia en el trayecto del estudio de los hechos nos ayuda a evaluar la vía relativista. Eso nos brinda las herramientas para poner a prueba nuestras tradiciones para determinar cuáles vale la pena mantener; herramientas que también sirven para evaluar las credenciales de las autoridades que conocemos. Al mismo tiempo nos ayudarán a medir nuestra tendencia intuitiva y a confirmar o refutar los encuentros místicos.

La verdad para este día

Dios, en su gracia, nos ha dado las herramientas que necesitamos para evaluar y determinar la verdad. Tenemos que dominarlas para poder ayudar a otros a llegar a Él.

CRISTIANOS GENIALES

Y en esto sabemos que nosotros le conocemos, si guardamos sus mandamientos. El que dice: Yo le conozco, y no guarda sus mandamientos, el tal es mentiroso, y la verdad no está en él.

1 Juan 2:3-4

—ASÍ QUE, MARK, ¿ERES CRISTIANO?

Esa simple pregunta de Terry, en realidad, resultaba bastante intimidante para Mark Mittelberg en esa época de su vida. Tenía diecinueve años y vivía a lo grande. Toda idea de Dios, de la iglesia y de la religión, estaban en los últimos puestos de su lista de prioridades.

Pero, un día, su amigo de la escuela secundaria entró a la tienda en la que trabajaba Mark, por lo que se dispuso a confrontarlo.

—Sí, soy cristiano, Terry. ¿Qué hay con eso? —contestó Mark, un poco a la defensiva.

Terry respondió con otra pregunta:

—¿Cómo puedes llamarte cristiano si haces tantas cosas que los cristianos no hacen?

—Bueno —dijo Mark, un tanto airado —creo que soy lo que podríamos llamar, un cristiano *divertido*.

Sin parpadear siquiera, Terry espetó:

—Ah ¿no me digas? ¿No sabes que hay una palabra para esos cristianos *divertidos*?

Mark meneó la cabeza, aunque Terry en realidad no estaba esperando su respuesta.

—Se llaman ¡hipócritas! —dijo Terry con rabia.

¡Ay, ay, ay!

Mark no estaba especialmente receptivo como para aceptar el desafío, por lo que se las arregló para terminar con la conversación lo mejor que pudo. Pero cuando Terry se fue, sus palabras quedaron flotando en el aire. Al principio Mark sintió enojo, pero pronto entendió por qué: ¡Terry tenía razón!

Poco a poco el enojo de Mark dio paso a la reflexión y, en unos días más, esa reflexión se volvió arrepentimiento. Al final, después de ese momento y una combinación de otras influencias divinamente dispuestas, Mark consagró su vida a Cristo. Esa decisión cambió la trayectoria de su vida y su eternidad, y lo lanzó a una aventura espiritual inesperada, diferente a cualquier cosa que hubiera vivido antes.[2]

Cuento esta historia porque la verdad que quiero comunicar hoy es seria, aunque esencial: muchas personas que afirman ser cristianos en realidad son solamente «cristianos *divertidos*» o cristianos geniales. Usan el nombre de Cristo y van a la iglesia en ocasiones, pero en realidad no están caminando con Dios. En última instancia, como lo explican los versículos de la cita, su vida es una mentira: no guardan sus mandamientos, son mentirosos, se mienten a sí mismos, les mienten a los demás y a Dios.

En Lucas 6:46 Jesús preguntó: «¿Por qué me llamáis, Señor, Señor, y no hacéis lo que yo digo?». Sí, somos salvos por la fe en Cristo solamente, pero la fe verdadera nos transforma. Nos cambia, nos hace seguidores genuinos y obedientes a Cristo. Así que no nos engañemos ni engañemos a nuestros seres queridos.

La verdad para este día

El apóstol Pablo nos urge: «Examinaos a vosotros mismos si estáis en la fe; probaos a vosotros mismos» (2 Corintios 13:5). No hay gozo perdurable ni aventura en ser cristianos *divertidos* o geniales, así que mejor será asegurarnos de que somos cristianos de veras.

HACER VS. HECHO

Nos salvó, no por obras de justicia que nosotros hubiéramos hecho, sino por su misericordia.

Tito 3:5

NUESTRAS ACCIONES CUENTAN. SANTIAGO DIJO: «ASÍ TAMBIÉN LA fe, si no tiene obras, es muerta en sí misma» (Santiago 2:17).

Sin embargo, Pablo explicó lo siguiente: «Porque por gracia sois salvos por medio de la fe; y esto no de vosotros, pues es don de Dios, no por obras, para que nadie se gloríe» (Efesios 2:8-9).

Por tanto, ¿qué enseña la Biblia en realidad sobre la salvación y cómo acceder a ella? Solemos pensar que tenemos que ganárnoslo todo. Nos ganamos nuestra reputación. Nos ganamos el salario. Nos ganamos nuestro lugar en la sociedad. Y, como es natural, pensamos que tenemos que ganarnos el favor de Dios.

Lo mismo pasaba en tiempos de Jesús y por eso le preguntaron: «¿Qué debemos hacer para poner en práctica las obras de Dios?» (Juan 6:28).

La respuesta de Jesús fue clara y elocuente: «Esta es la obra de Dios, que creáis en el que él ha enviado» (v. 29). Es decir: no *hagas* nada, más bien confía en aquel que lo hace por ti.

Bill Hybels explica que hay una «diferencia entre religión y cristianismo. Religión es algo que tiene que ver con lo que se hace, intentando ganar de alguna manera el perdón y el favor de Dios. El problema es que uno nunca sabrá cuándo ha hecho lo suficiente... Y, peor todavía, la Biblia dice en Romanos 3:23 que *jamás* podríamos hacer lo suficiente porque ninguno llega a cumplir los perfectos parámetros de Dios».

«Por dicha», prosigue Bill, «el cristianismo tiene que ver con otra cosa: lo hecho. Eso es lo que jamás podríamos hacer por nosotros mismos y que Cristo ya ha hecho por nosotros. Llevó una vida perfecta que jamás podríamos vivir, y estuvo dispuesto a morir en la cruz, pagando el precio de nuestra deuda por las cosas malas que hicimos».[1]

¡Por eso es que se llama la Buena Nueva! No tenemos que ganarnos nada. Simplemente tenemos que poner nuestra fe en aquel que entregó su vida como rescate por nosotros y luego clamó: «Consumado es» (Juan 19:30). Él lo ha hecho todo por nosotros.

Después de poner nuestra confianza en Cristo, naturalmente desearemos hacer lo bueno sirviendo, no por ganarnos algo sino, por gratitud a Dios y como expresión de nuestra nueva naturaleza. De hecho, Pablo añadió: «Porque somos hechura suya, creados en Cristo Jesús para buenas obras, las cuales Dios preparó de antemano para que anduviésemos en ellas» (Efesios 2:10).

La verdad para este día

Cristo ha hecho todo lo necesario para tu salvación. Confía en Él, dale gracias y sírvele con todo tu corazón. Ah y explícales a los demás la excelente noticia de la diferencia que hay entre *hacer* y que Él ya lo haya *hecho*.

¿MENSAJEROS DE DIOS?

Mas si aun nosotros, o un ángel del cielo, os anunciare otro evangelio diferente del que os hemos anunciado, sea anatema.

GÁLATAS 1:8

EN LA BIBLIA ENCONTRAMOS NUMEROSAS SITUACIONES EN LAS que los ángeles visitan a las personas. Muchos, a lo largo de la historia, han informado de visitaciones angélicas. Imagínate a un ángel de Dios delante de ti, diciéndote lo que Dios quiere que sepas o hagas. Escucharías con atención y responderías a todo lo que te dijera, ¿verdad?

Espera un momento. Por asombrosa que pueda parecer una experiencia como esa, la Biblia nos advierte que tal vez no sea lo que parece. ¿Por qué? Porque incluso si el ángel es real, eso no significa necesariamente que hable de parte de Dios. Es más, hay ángeles caídos que son enemigos de Dios.

Al apóstol Pablo le preocupaba tanto eso que dos veces advierte en Gálatas 1:8-9: «Mas si aun nosotros, o un ángel del cielo, os anunciare otro evangelio diferente del que os hemos anunciado, sea anatema. Como antes hemos dicho, también ahora lo repito: Si alguno os predica diferente evangelio del que habéis recibido, sea anatema».

Pablo nos está diciendo que pongamos a prueba a todo maestro, ya sea humano o no, sopesando con atención lo que diga y comparándolo con lo que ya sabemos de las Escrituras. Las nuevas revelaciones, si realmente son de Dios, tal vez nos den nueva información que podrá ser más personal, pero jamás estarán en contra de sus revelaciones anteriores. ¿No es interesante, a la luz de estas advertencias, que la religión del islam comenzara cuando Mahoma escuchó la enseñanza de un ángel? Y de manera similar, el mormonismo comenzó cuando Joseph Smith afirmó que lo había visitado un ángel (o un grupo de ángeles). En ambos casos, los mensajes transmitían «evangelios» muy diferentes a los que Dios reveló en las Escrituras.

En otra parte Pablo fue explícito acerca de por qué ha dado estas advertencias: «Y no es maravilla, porque el mismo Satanás se disfraza como ángel de luz. Así que, no es extraño si también sus minis̶ disfrazan como ministros de justicia» (2 Corintios 11:14-15).

Por eso tenemos que ser muy cuidadosos en cuanto a quién vam̶ a escuchar, sin descartar la posibilidad de que Dios pueda comunicar̶se con nosotros de maneras extraordinarias. En efecto, Pedro predijo tales cosas el día de Pentecostés (Hechos 2:16-21). Y Pablo nos amonesta, diciendo: «No apaguéis al Espíritu. No menospreciéis las profecías. Examinadlo todo; retened lo bueno» (1 Tesalonicenses 5:19-21).

La verdad para este día

Hebreos 3:15 nos advierte: «entre tanto que se dice: Si oyereis hoy su voz, no endurezcáis vuestros corazones, como en la provocación». Dios suele hablarnos a través de la Biblia, aunque también podría guiarte en otras formas, siempre en acuerdo con la Biblia. Mantén tus oídos y tu corazón abiertos a Él.

...ENTANTES
...ENTES

> *Andad sabiamente para con los de afuera, redimiendo el tiempo. Sea vuestra palabra siempre con gracia, sazonada con sal, para que sepáis cómo debéis responder a cada uno.*
>
> COLOSENSES 4:5-6

SI SIGUES A CRISTO, TU VIDA NO TE PERTENECE. LE PERTENECE A Dios, para sus propósitos. Y Jesús definió su propósito central para cada uno de nosotros cuando les dijo a sus discípulos originales —y a través de ellos, a nosotros también— que fueran al mundo e hicieran más discípulos (Mateo 28:18-20).

Me sentí tentado a decir que este mandamiento no era solo para misioneros, pero habría sido incorrecto. Porque sí era para los misioneros ya que ¡todos somos misioneros! Mark Mittelberg suele recordarnos a todos: «Según la Biblia, todos somos extranjeros en tierras extrañas, viviendo en una cultura espiritualmente extraña, aunque sigas viviendo en el mismo lugar donde creciste. Por eso todos somos misioneros, porque tenemos la misión de llevar el amor y la verdad de Cristo ¡a todos los que nos rodean!».

¿Cómo lo haremos?

Ante todo, tenemos que apropiarnos de la verdad de que esta es, en realidad, la misión que Dios nos encomendó. Y, de hecho, la razón principal por la que nos ha puesto en este planeta es para que demos a conocer su evangelio a los demás (ver Lucas 19:10; Juan 20:21).

En segundo lugar, tenemos que estar preparados para explicar lo que creemos y para «presentar defensa con mansedumbre y reverencia ante todo el que os demande razón de la esperanza que hay en» nosotros (ver 1 Pedro 3:15). Por eso son tan importantes la evangelización y el aprendizaje de la apologética. Puesto que nos ayudan a pensar en lo que podemos decir para que sea más claro nuestro mensaje.

Lo tercero es que tenemos que seguir el ejemplo de Pablo, que dijo: «Me he hecho débil a los débiles, para ganar a los débiles; a todos me he hecho de todo, para que de todos modos salve a algunos. Y esto hago por causa del evangelio, para hacerme copartícipe de él» (1 Corintios 9:22-23). En otras palabras, tenemos que aprender a traducir el mensaje del evangelio, sin adulterarlo, al idioma que pueda entender la gente. En términos misioneros es contextualizar el mensaje en la cultura, sin que este se afecte.

Y, en cuarto lugar, tenemos que promover la actitud convincente que nos enseña Colosenses 4:5-6: «Andad sabiamente para con los de afuera, redimiendo el tiempo. Sea vuestra palabra siempre con gracia, sazonada con sal, para que sepáis cómo debéis responder a cada uno».

La verdad para este día

Dios quiere que seas su representante convincente. Así que haz lo que haya que hacer para prepararte, sabiendo en qué crees y por qué, y aprendiendo a decirlo en lenguaje sencillo. Luego «aprovecha cada oportunidad» para hablar de Cristo a los demás.

EL PARTICULAR AMOR DE DIOS

Dios es amor.

1 Juan 4:8

PARECE TAN SIMPLE: DIOS ES AMOR. ES UNA VERDAD TEOLÓGICA que casi todos hemos oído casi toda la vida, por lo que lo marcamos en nuestra lista como ortodoxia cristiana.

«Lo entendí», decimos. Y seguimos adelante.

Pero, ¿sabías que la mayoría de las otras religiones o filosofías niegan esta idea o la minimizan? El ateísmo, por supuesto, niega que Dios exista; así que no hay nadie que nos ame. Las religiones orientales, en general, se aferran a una visión panteísta que dice que todo es parte de un *Todo* impersonal. Pero cuando todo es dios, ya no tenemos un Dios personal que pueda relacionarse e identificarse con nosotros como personas y, por cierto, no hay Uno que nos ame.

Incluso el islam, que es una religión que cree en un solo dios, minimiza la idea de que Dios es amor. El Corán lo describe algunas veces como amoroso, pero eso queda minimizado por el hecho de que muchos otros pasajes del Corán «califican el amor de Alá de manera significativa», explica el filósofo cristiano David Wood. Si bien se dice que Alá ama a los que hacen buenas obras (2:195), a los que son puros (2:222), a los rectos (9:7) y a los que luchan en su causa (61:4), el Corán también deja claro que Alá no tiene amor alguno por los transgresores (2:190), los pecadores ingratos (2:276), los injustos (3:57) o los orgullosos (4:36).

«Y, más significativo todavía», prosigue Wood, es el hecho de que el Corán declara que Alá no ama a los que no son musulmanes: «Di [Oh, Mahoma]: Si amas a Alá, entonces sígueme, Alá te amará y te perdonará tus faltas, y Alá perdona y es misericordioso. Di: Obedece a Alá y al apóstol, pero si se alejan, entonces por cierto *Alá no ama a los que no creen en él*» (Corán 3:31-32).[1]

El apologista musulmán Shabir Ally lo resume así: «La adecuada respuesta a Dios es amarle y en repuesta Dios también nos amará».[2] Sin embargo, el apóstol Pablo dijo todo lo contrario: «Dios muestra su amor para con nosotros, en que siendo aún pecadores, Cristo murió por nosotros» (Romanos 5:8).

Cuando ves la forma en que los distintos sistemas de creencias del mundo tienden a minimizar el amor de Dios, las verdades cristianas sobre el Dios de las Escrituras resaltan en contraste marcado y satisfactorio.

La verdad para este día

Trata de dispersar la niebla de lo que conoces ya para ver con nuevos ojos que el Dios de la Biblia es único. Él nos ama. Le importamos tanto que sacrificó a su Hijo para que pagara por nuestros pecados y nos preparase el camino de regreso a Él. Este es un Dios al cual seguir, al cual adorar y... sí, al cual amar como Él nos ama.

EL AMOR PERSONAL DE DIOS

Para que habite Cristo por la fe en vuestros corazones, a fin de que, arraigados y cimentados en amor, seáis plenamente capaces de comprender con todos los santos cuál sea la anchura, la longitud, la profundidad y la altura, y de conocer el amor de Cristo, que excede a todo conocimiento, para que seáis llenos de toda la plenitud de Dios.

Efesios 3:17-19

CASI TODOS LOS CRISTIANOS ENTIENDEN EL AMOR DE DIOS A gran escala. Desde pequeños aprendemos en Juan 3:16 que «de tal manera amó Dios al mundo…» y así es. Dios nos ama a todos y, como vimos antes, lo demostró al enviar a Jesús para que muriera por nosotros (Romanos 5:8).

A muchos nos resulta más fácil comprender y aceptar ese amor a gran escala, pero nos cuesta más entender el hecho de que Dios nos ama a cada uno, individualmente, como personas. Te ama a ti. Me ama a mí.

«Cristo me ama, bien lo sé. Su palabra me hace ver…» dice la canción que cantabas en la escuela dominical. Pero, ¿alguna vez permitiste que esto se te metiera dentro, en lo más profundo de la mente y el corazón?

Es un ejercicio antiguo, pero a veces nos ayuda tomar un versículo como Juan 3:16 y personalizarlo. Usa tu nombre en donde aparecen los términos más amplios y generales, como «el mundo». Inténtalo ahora, y si puedes, en voz alta. Incluye el versículo 17 también:

De tal manera amó Dios a [tu nombre], que ha dado a su Hijo unigénito, para que todo [tu nombre] que en él cree, no se pierda, mas que tenga vida eterna. Porque Dios no envió a su Hijo al mundo para condenar a [tu nombre], sino para que [tu nombre] sea salvo por él.

Ahora medita en ello. El eterno, todopoderoso y omnisciente Autor del universo nos amó a ti y a mí tanto como para sacrificar a su propio Hijo, de modo que pagara nuestra deuda —causada por nuestro pecado—, y nos abriera la puerta del cielo. Somos amados ¡en formas que las palabras no logran expresar! O, como lo dice el pasaje de hoy, con un amor «que excede a todo conocimiento». En efecto, veamos esos versículos y personalicémoslos también:

> A fin de que, [yo] arraigado y cimentado en amor, sea plenamente capaz de comprender con todos los santos, cuál sea la anchura, la longitud, la profundidad y la altura; en fin, que [yo] conozca ese amor que excede a todo conocimiento, para que sea lleno de toda la plenitud de Dios (Efesios 3:17-19).

La verdad para este día

Dios no es solo el Creador del universo. Es aquel que te formó con amor en el vientre de tu madre. No es solo el Redentor de la humanidad. Es el amante de tu alma, que vino en la persona de Cristo a pagar tu rescate y adoptarte como parte de su familia. «Sí, Jesús ama a [tu nombre]».

CONFIANZA ESPIRITUAL

Estas cosas os he escrito a vosotros que creéis en el nombre del Hijo de Dios, para que sepáis que tenéis vida eterna.

1 Juan 5:13

HAY MUCHA GENTE QUE SIMPLEMENTE ADIVINA CUÁL ES SU LUGAR ante Dios y qué posibilidades tienen de entrar en el cielo. Suponen que si llevan una vida más o menos moral, observando algunas prácticas religiosas y siendo más buenos que otros, Dios les dará un pase al paraíso cuando mueran. O al menos, esperan que lo haga.

Esperar es la palabra que opera en sus cálculos. Porque en realidad no tienen una base objetiva para lo que suponen ni forma alguna de medir si, en realidad, están bien con Dios. Esa esperanza se va erosionando, sin embargo, cuando toman conciencia de que después de todo no son tan morales; al menos en lo que se refiere a sus pensamientos, deseos, motivos e intenciones. Y ni hablar de sus acciones visibles. Cuando mezclan esa trayectoria con el entendimiento de lo que enseñó Jesús sobre lo que se requiere para ser aprobados por Dios, o sea la perfección (Mateo 5:48), se desesperan.

Esa desesperanza, irónicamente, es una emoción más sincera que la esperanza, dada la realidad de la situación. Lo cierto es que si se nos dejara librados a nuestros propios esfuerzos ante un Dios santo, basándonos en nuestro rendimiento espiritual, lo único que tendríamos es desesperanza.

Tenemos que dar gracias porque no estamos librados a nuestros propios medios, ni tenemos que sumar como mérito nuestra paupérrima trayectoria espiritual. Al contrario, si confesamos nuestros pecados y nos volvemos a Dios para recibir su perdón y su justicia (1 Juan 1:9) entonces «tenemos ante el Padre a un intercesor, a Jesucristo, el Justo» (1 Juan 2:1). Y gracias a que Cristo entra en nuestras vidas podemos saber que «Dios nos ha dado vida eterna; y esta vida está en su Hijo» (1 Juan 5:11).

Cuando le hemos pedido a Jesús su perdón y su guía, se aplica a nosotros lo que dice este versículo que nos afirma en la confianza:

«Estas cosas os he escrito a vosotros que creéis en el nombre del Hijo de Dios, *para que sepáis* que tenéis vida eterna» (1 Juan 5:13, énfasis añadido por mí).

El cristianismo nunca debe ser una fe tipo «así lo espero», sino una fe que afirme «lo sé», basada en lo que Jesús, nuestro Abogado, hizo por nosotros.

La verdad para este día

Dios quiere que tengamos confianza y certeza espiritual, para hoy y para toda la eternidad. Pero tiene que estar anclada en una relación correcta con Jesús. «El que tiene al Hijo, tiene la vida; el que no tiene al Hijo de Dios, no tiene la vida» (1 Juan 5:12).

LA ÚLTIMA PUERTA

He aquí, yo estoy a la puerta y llamo; si alguno oye mi voz y abre la puerta, entraré a él, y cenaré con él, y él conmigo.

APOCALIPSIS 3:20

DESDE NUESTRO PUNTO DE VISTA HAY MUCHO QUE PODEMOS hacer para buscar y descubrir al verdadero Dios. Jesús dijo: «Y yo os digo: Pedid, y se os dará; buscad, y hallaréis; llamad, y se os abrirá» (Lucas 11:9). Es que Dios nos está diciendo que nos ha dado todo lo que necesitamos para encontrarle y seguirle.

Sin embargo, hay otros versículos que dejan claro que buscar a Dios es en realidad nuestra respuesta a que Él nos buscó primero. De hecho, si se nos librara a lo que nuestra propensión indica, Romanos 3:11 explica que ninguno de nosotros buscaría a Dios. Nuestra capacidad para movernos hacia Él es posible solo porque Él se movió primero hacia nosotros. Es Dios el que despierta en nosotros el necesario deseo espiritual. Así que, piensa en esto: si buscamos a Dios con sinceridad en este día, eso es evidencia de que Él ya está obrando en nuestras vidas.

Además, aunque Jesús nos dijo que buscáramos y llamáramos, en Apocalipsis 3:20 nos asegura que ya está del otro lado de la puerta, golpeando y llamándonos, esperando que oigamos su voz y abramos la puerta a una auténtica relación con Él.

¿A quién está llamando Jesús? A todo el que tome conciencia de que espiritualmente es «infeliz y miserable... pobre, ciego y desnudo» (Apocalipsis 3:17). Eso nos describe a todos, debido a nuestros pecados contra Dios. Esa realidad tendría que sacarnos de la independencia espiritual, de la idea de que de alguna forma podemos ganarnos el favor de Dios. Nuestros pecados son ofensas en contra de un Dios santo, por lo que nuestros esfuerzos nunca llegan a cumplir con su perfecto parámetro.

Por dicha, Jesús nos dijo a todos en Apocalipsis 3:20: «Estoy a la puerta y llamo». ¿Puedes oírlo? ¿Captas su presencia? ¿Reconoces tu necesidad espiritual? Ya sea que no le hayas respondido nunca, o que te hayas separado de Él, Jesús te está ofreciendo sus dones de gracia y dirección.

La verdad para este día

Jesús está llamando a la puerta. ¿Te humillarás, te apartarás de tus pecados y pedirás su ayuda y su fuerza? Es decir, ¿te levantarás, tomarás el picaporte y abrirás la puerta? Deja entrar a Jesús y de inmediato experimentarás su perdón, su amistad y un significado completamente nuevo en tu vida, en su propósito.

EL EVANGELIO QUE CAMBIA VIDAS

> *Porque no me avergüenzo del evangelio, porque es poder de Dios para salvación a todo aquel que cree; al judío primeramente, y también al griego.*
>
> ROMANOS 1:16

MARK MITTELBERG HABÍA ESTADO ENSEÑANDO A UN GRUPO DE líderes acerca del evangelio, sobre cómo Jesús murió por nuestros pecados para que pudiéramos tener el perdón de Dios y una nueva vida en Él. También repasó algunos de los principios relacionados con la forma en que relatamos cómo llegamos a conocer a Cristo y a seguirle.

Durante la pausa, un hombre se le acercó con una pregunta. Se llamaba Steve y quería aclarar algunas de las cosas que había oído.

Mark le explicó lo que quería decir con que todos necesitamos asegurarnos de haber puesto nuestra fe en Cristo, dejando que Dios estuviera al mando de nuestras vidas. Y sucedió algo inesperado: ¡Steve rompió a llorar!

Al ver que su mensaje había llegado a un punto sensible, Mark sugirió que almorzaran juntos ese día para conversar sobre lo que le pasaba a Steve.

Apenas llegó el momento de almorzar, los dos fueron al auto de Mark y pasaron allí el mediodía, conversando.

Steve contó que había participado en varios programas de la iglesia a lo largo de los años, pero que jamás le había pedido en realidad a Jesús que fuera su Salvador. Era religioso, pero ahora se daba cuenta de que no tenía una relación genuina con Cristo. Y eso lo perturbaba mucho.

Mark le explicó a Steve que hay mucha gente en esa situación y le dijo que no permitiera que se prolongara. Le explicó el evangelio una vez más y Steve afirmó que lo creía. Después de conversar un rato Steve también dijo que quería que se le perdonaran sus pecados, además quería saber que era realmente miembro de la familia de Dios.

Así que en ese mismo momento, dentro del auto de Mark en el estacionamiento, junto a un puesto de comida donde tenían que ir a almorzar, los dos oraron juntos y Steve le pidió a Jesús sinceramente que lo perdonara y guiara su vida.

Fue un momento decisivo en la vida de Steve. Desde entonces, ha crecido inmensamente en su fe. Escribió algunos libros devocionales y hasta sirvió por un tiempo como pastor de una iglesia.

Todo eso sucedió porque Steve oyó y respondió al mensaje del evangelio que transforma vidas.

La verdad para este día

En muchos aspectos nuestro mensaje es simple: Dios nos ama. Nosotros lo estropeamos todo. Cristo murió por nosotros. Nosotros somos los que decidimos recibirle. Pero no permitamos que lo simple nos haga pensar que no se trata de una verdad potente porque el versículo de hoy nos lo dice: «es poder de Dios para salvación a todo aquel que cree». Así que, comparte este mensaje con confianza y mira cómo lo usa Dios.

ROCAS IMPOSIBLEMENTE GRANDES

> *Yo soy Jehová, Dios de toda carne; ¿habrá algo que sea difícil para mí?*
>
> Jeremías 32:27

«CREES QUE DIOS PUEDE HACERLO TODO, LO QUE SEA ¿VERDAD?». Es una objeción común. «Entonces, ¿crees que puede crear una roca tan pesada como para que Él mismo no la pueda levantar? Si dices que no, entonces Dios no puede crear nada. Pero si dices que sí, entonces no puede levantarlo todo. De una u otra forma, ¡tu Dios no es todopoderoso!».

Es una de las preguntas que con frecuencia oímos Mark Mittelberg y yo en nuestras sesiones abiertas. Quiero comunicarte algunas ideas:

- Seamos claros: hay cosas que Dios *no puede hacer*. La Biblia dice, por ejemplo, que Dios no puede mentir (Tito 1:2, Hebreos 6:18). Y también enseña que no puede pecar en forma alguna porque el pecado se opone a su naturaleza misma (Santiago 1:13). Así que Dios no puede hacerlo todo.
- Pero alguien preguntará: «¿Entonces no crees que Dios sea omnipotente, todopoderoso?». La respuesta es: sí. «He aquí que yo soy Jehová, Dios de toda carne; *¿habrá algo que sea difícil para mí?*» (Jeremías 32:27, énfasis añadido por mí). Lo que sea que se pueda hacer por poder, Dios puede hacerlo. Eso es lo que significa «omnipotente».
- Pero hay muchas cosas que el poder no puede hacer. No puede hacer que dos más dos sea igual a cinco, no puede hacer un cuadrado redondo, no puede forzar a la falacia lógica para que tenga sentido. Todas estas son contradicciones lógicas y Dios no puede contradecir a la lógica porque esta fluye de su propia naturaleza. Por eso Dios no puede crear cosas tan complicadas como para que Él no las entienda, ni tan lejanas como para que

no pueda alcanzarlas, ni tan pesadas como para que no pueda levantarlas.

Por eso: nada es imposible para Dios con excepción de la autocontradicción y la tontería ilógica y sin sentido. J. Warner Wallace lo resume así: «Los que formulan preguntas lógicamente incoherentes como esta, le están pidiendo a Dios que *viole* su naturaleza (su coherencia lógica) con tal de *demostrar* su naturaleza (su poder)».[1]

Dios, por dicha, también puede hacer algo más que es muy difícil: «Tiene paciencia con ustedes» —y eso incluye a tus amigos que tratan de rebajarlo con tontos acertijos ilógicos— «porque no quiere que nadie perezca, sino que todos procedan al arrepentimiento» (2 Pedro 3:9).

La verdad para este día

La Biblia aclara que Dios aun cuando no puede contradecirse a sí mismo creando rocas tan grandes que ni Él puede levantar, sí puede mover montañas (Marcos 11:23-24). ¿Qué montañas o colinas moderadamente grandes necesitas llevar ante Dios para que te ayude en este día?

EL BENEFICIO DE LA DUDA

De cierto os digo que en cuanto no lo hicisteis a uno de estos más pequeños, tampoco a mí lo hicisteis.

MATEO 25:45

ARNIE SKEIE Y SU PEQUEÑA HIJA JEAN IBAN EN SU AUTO POR UNA autopista rural en Dakota del Norte a principios de la década de 1940, cuando observaron que había una caja de cartón en medio del camino.

Arnie detuvo el auto junto a la caja. Pero cuando salió para levantarla, él y Jean vieron algo que jamás olvidarán. De repente, un pequeñito salió de la caja, riendo muy divertido por haber sorprendido a esos desconocidos.

Tras recuperarse de la sorpresa, llevaron al niño de regreso a su casa, cerca de allí. Años después, Jean les contó eso a Mark Mittelberg y a su esposa Heidi, que es su hija. «Mi padre me dijo: "Cuando no tengas certeza en cuanto a situaciones como esa, siempre será mejor que otorgues el beneficio de la duda y vayas a lo seguro. Quizá te equivoques, pero podrías salvarle la vida a alguien"».

Todos tenemos la oportunidad de ayudar a salvar vidas. Hay una batalla campal en torno a los derechos de los niños no nacidos. La evidencia médica de que la vida comienza con la concepción se va confirmando a medida que avanza la tecnología. Hay niños preciosos en formación que son destruidos en el vientre de sus madres. Y el lado contrario lo ha admitido. En su artículo de *Salon*, titulado: «¿Y qué, si el aborto acaba con una vida?», Mary Elizabeth Williams escribe algo escalofriante: «La vida comienza con la concepción, lo creo... El feto es, de hecho, una vida. Pero una vida que vale la pena sacrificar».[1]

En oposición a eso la Biblia nos dice que Dios en su amor nos da forma en el vientre de nuestras madres (Salmos 139:13) y Jesús dijo que una de las cosas que marca a sus seguidores es que velan por los derechos de «los más pequeños» (ver Mateo 25:45). ¿Quién sería «más pequeño» que el niño inocente que aun no ha nacido, y que depende por completo de nuestro amor y nuestra protección?

¿Qué pasa si nuestros amigos no están del todo convencidos de que esos fetos son vidas humanas? Bueno, si Arnie y Jean hubieran visto la caja en el camino pensando que había probabilidades de que dentro estuviera un niñito escondido, ¿lo habrían ignorado y habrían pisado la caja con el auto? ¡Claro que no! Aunque hubieran pensado que esa posibilidad era de uno en diez mil, se habrían detenido para moverla.

Es eso precisamente lo que tenemos que hacer cuando se trata de los niños no nacidos. Debiéramos seguir el ejemplo de Arnie: darles a esos niños no nacidos el beneficio de la duda, protegiendo lo que la abrumadora evidencia muestra: que son seres humanos vivos.[2]

La verdad para este día

Es un tema difícil en nuestra cultura, en especial cuando hay tanta gente que ha tenido participación directa o indirecta en los abortos. Tenemos que decir la verdad con confianza, pero también actuar con gracia y compasión.

DESCANSO PARA EL CANSADO

> «Venid a mí todos los que estáis trabajados y cargados, y yo os haré descansar. Llevad mi yugo sobre vosotros, y aprended de mí, que soy manso y humilde de corazón; y hallaréis descanso para vuestras almas; porque mi yugo es fácil, y ligera mi carga».
>
> Mateo 11:28-30

LEÍ UNA IMPACTANTE ENTREVISTA QUE LE HICIERON A UN IMPORtante atleta estadounidense. Una parte me recordó lo que dijo Agustín hace tantos años, sobre el propósito de Dios para cada persona: «Nos has creado para ti, y nuestro corazón no halla descanso hasta descansar en ti».[1]

La parte de la entrevista que llamó mi atención fue esta:

—¿Qué lugar llamas hogar actualmente? —pregunté.

—Mi corazón —dijo él—. Allí donde está mi corazón y puedo estar en paz. La vida puede parecer nómada porque ya no sé si la amo o intento huir de ella. Puedo ir a cualquier parte, pero no sé dónde quiero estar. Estoy buscando. Estoy buscando pero no sé qué busco. No veo lo que estoy buscando. Lo que hago es extender la mano con la esperanza de alcanzar algo. Pero no sé qué será porque no sé qué es lo que busco.

—¿La felicidad? —indago.

—Más que eso —contesta—. Aunque eso sería realmente hermoso.

—En qué piensas día a día.

—Pienso en muchas cosas. Pienso todo el tiempo en todo. En mis hijos, mi esposa. Pero más que nada, pienso en la mente. En mi mente. Suceden tantas cosas. Tengo tantas ideas. Pienso mucho en esta vida. En mí, en quién podría ser. En quién era yo. En quién soy. ¿Quién soy?[2]

Cuando yo era joven y ateo, estaba tan ocupado avanzando en mi profesión y tratando de escalar los peldaños de la jerarquía en el periódico que pocas veces reflexionaba en el significado de lo más profundo; o en ese tiempo, en la falta de significado en mi vida. Pero a veces tenía esos momentos en que permanecía despierto mirando el cielorraso, en que me acosaban las grandes preguntas que surgían de mi subconsciente y hacían que me cuestionara qué sentido tenía mi vida.

Por fortuna, Dios no me dejó confundido y con mi insensatez mucho tiempo. Extendió su mano hacia Leslie, mi esposa, y a través de ella y su iglesia, hacia mí.

Se me encoge el corazón cuando alguien me dice: «Estoy buscando, pero no sé qué busco. No veo lo que estoy buscando. Extiendo la mano esperando llegar a algo… ¿Quién soy?».

Jesús vio para esa clase de gente. Como tú. Como yo. Nuestros corazones no hallan descanso hasta que lo encuentran descansando en Él.

La verdad para este día

Todos conocemos personas que están buscando, aun cuando no están seguras de qué es lo que buscan. Tenemos el gran honor de presentarles a aquel que puede darles respuestas y descanso.

DEJA ESPACIO PARA LA DUDA

A algunos que dudan, convencedlos.

JUDAS V. 22

«YO ANTES ERA CRISTIANO». FUE LO PRIMERO QUE DIJO EL ALUMno. Había llamado porque alguien le informó que Mark Mittelberg tomaría en serio sus dudas.

«No quiero ofrecerte respuestas y soluciones rápidas por teléfono», le dijo Mark. «¿Qué te parece si vienes a mi oficina para que podamos hablar en serio de tus preguntas?».

Al chico pareció sorprenderle esa actitud franca de Mark, por lo que se reunió con él esa tarde, y llevó a un amigo.

A medida que hablaba, Mark se enteró de que habían formado parte de una iglesia cercana que enseñaba la Biblia pero donde las preguntas no eran bienvenidas. El problema era que esos chicos *sí tenían preguntas,* y que preguntaban mucho. Su líder juvenil intentaba hacerlos callar, diciéndoles que solo «necesitaban creer» para que sus dudas se esfumaran. Luego, en el campamento de verano de la iglesia, el director les dijo más o menos lo mismo.

¿Cómo reaccionaron?

«Bueno, pensamos que no se podía confiar en la Biblia y que la fe cristiana enseña cosas que no puede probar; así que, básicamente, abandonamos nuestra fe en Dios», dijeron.

Además, habían convertido un grupo de estudio de la Biblia que se reunía en las casas en lo que ahora llamaban «El grupo de los escépticos». Allí, intercambiaban con otros lo que encontraran de información y evidencia *en contra* de la Biblia y el cristianismo.

«Es… fascinante», dijo Mark tratando de mantener la calma. «Bueno, realmente me alegro de que estén aquí y estoy dispuesto a hacer lo que sea por ayudarles a obtener respuestas a sus objeciones».

Eso dio inicio a tres horas de conversación sobre las principales áreas de dudas de los chicos. Al fin, Mark vio que sus dudas empezaban a esfumarse.

«Antes de irnos, ¿puedo pedirle algo?», dijo el joven. «Me pregunto si estaría dispuesto a venir a mi casa, a la reunión de nuestro grupo de escépticos, para que pueda explicarles algo de esta información a nuestros amigos. Creo que les interesará lo que usted tiene que decir».

No fue difícil la decisión. Más o menos una semana después Mark y yo estábamos reunidos con un grupo de adolescentes sinceros pero espiritualmente confundidos. Durante cuatro horas, contamos nuestros testimonios, respondimos preguntas y les presentamos desafíos ante algunas ideas.

Hacia el final de la reunión el alumno que se había reunido primero con Mark decidió reconsagrar su vida a Cristo, y unas semanas después se convirtió el amigo que había llevado con él a la oficina de Mark.

Y tal vez, lo mejor de todo fue que ¡el grupo de los escépticos volvió a ser un grupo de estudio bíblico!

La verdad para este día

Los jóvenes formulan preguntas espirituales a edad cada vez más temprana. Según 1 Pedro 3:15 tenemos que estar preparados para darles buenas respuestas, pero con gentileza y respeto. La lectura de hoy muestra que podemos marcar la gran diferencia.

CUANDO LAS RESPUESTAS TE ELUDEN

Pues ya que en la sabiduría de Dios, el mundo no conoció a Dios mediante la sabiduría, agradó a Dios salvar a los creyentes por la locura de la predicación.

1 Corintios 1:21

—EL EXISTEN... ¿QUÉ? —PREGUNTÓ MARK MITTELBERG.

—El *existencialismo*, promovido por pensadores como Jean-Paul Sartre, Friedrich Nietzsche y hasta el filósofo cristiano Søren Kierkegaard —explicó Kyle.

—Ah, sí —dijo Mark esforzándose por entender—. ¿Y qué tiene que ver eso con tus preguntas acerca de Dios?

Kyle trató de explicarlo pero Mark finalmente decidió darle un rumbo diferente a la conversación. Apenas había terminado la escuela secundaria y su relación con Cristo era nueva. Años antes Mark había decidido obtener su maestría en filosofía, pero esto lo confundía. En especial porque Kyle había sido uno de los más inteligentes en la escuela secundaria.

—Oye, Kyle —dijo Mark—. Quizá puedas ayudarme a entender este *existencialis...mo*, bueno, esa filosofía que estás estudiando. Pero por ahora hay cierta información básica sobre Jesús que es importante que comprendas. Como soy bastante nuevo en todo eso, me gustaría que escuches la grabación de un disertante cristiano que a mí me ayudó. Tiene que ver con el mensaje de la Biblia y sobre cómo podemos conocer personalmente a Dios. ¿Te parece bien?

—Sí, claro —contestó Kyle.

Cuando terminó la grabación, Mark dejó pasar un momento en silencio para que el potente mensaje del evangelio pudiera asentarse en la mente de Kyle.

—Bueno... ¿qué piensas?

—Nunca había oído algo así —dijo Kyle—. Fue realmente fuerte.

Como Kyle parecía tan receptivo, Mark decidió preguntarle directamente:

—Y, ¿dónde te ves en este momento, en términos de tu relación con Dios?

Lo que contestó Kyle dejó atónito a Mark.

—Creo que tengo que hacer lo que dijo el tipo ese, y pedirle a Dios que me perdone.

¡Ah!, pensó Mark. *¿Y dónde fueron a parar todas esas preguntas filosóficas?* Ahora que parecían haberse esfumado, Mark siguió hacia donde Kyle lo llevaba y oró con él, que comprometió su vida a Cristo en ese mismo momento.

Eso fue el principio de los grandes cambios en la vida de Kyle. La última vez que Mark lo vio, Kyle estaba viajando del otro lado del océano, con la oportunidad de servir a gente de otras culturas, para contarles lo que significa seguir a Jesús.

La verdad para este día

Siempre habrá preguntas para las que no estaremos bien equipados, o al menos eso creeremos. Muchas veces será mejor estudiar para poder responder mejor y luego volver a hablar con la persona. Pero, en otros momentos, Dios nos guiará para que pasemos directo de las preguntas al simple mensaje del evangelio.

ACCESO DIVINO

Acerquémonos, pues, confiadamente al trono de la gracia, para alcanzar misericordia y hallar gracia para el oportuno socorro.

Hebreos 4:16

«¿NO LES PARECE INTERESANTE QUE, A NIVEL HUMANO, CUANTO más alta sea la posición de una persona, más difícil es acceder a ella?», pregunta Mark Mittelberg. «Si tienes problemas con un empleado de ventas, podrás solicitar al gerente y es probable que lo encuentren para que puedas hablarle. Pero hablar con el supervisor del gerente es un poco más difícil. Y que te preste oídos el presidente o el dueño de la corporación... ah, ¡buena suerte con eso! Hay capas y capas de burocracia y protocolo entre tú y esos líderes importantes, que hacen que te sea casi imposible llegar a ellos. A la luz de ello», prosigue Mark, «¿no es asombroso que no importa quiénes seamos o qué hayamos hecho, *todos* podemos tener acceso inmediato y directo al Todopoderoso soberano del mundo?».

¡Reflexiona en esto! El Rey del universo nos ha dado a cada uno de nosotros una línea directa con la sala de su trono y podemos hablarle, de día o de noche. Y más aun, Él *quiere* que lo llamemos, no solo en emergencias u ocasionalmente para saludarlo en alguna fiesta, sino a diario para hablar de las cosas que nos pasan en la vida, cosas grandes y pequeñas, para que podamos pasar juntos momentos de comunión, con regularidad.

Somos muchos los que crecimos rodeados de oración, al punto que llegamos a verla como algo común o hasta como obligación, en vez de entenderla como lo que es: la suprema oportunidad y el honroso privilegio. Quiero animarte a considerar esto con una mentalidad diferente y renovada: *el Dios del universo ¡quiere conversar contigo a diario!*

Dios le dijo a Jeremías: «Clama a mí, y yo te responderé, y te enseñaré cosas grandes y ocultas que tú no conoces» (Jeremías 33:3). Pablo les enseñó esto a los seguidores de Cristo: «Por nada estéis afanosos, sino sean conocidas vuestras peticiones delante de Dios en toda oración y ruego, con acción de gracias. Y la paz de Dios, que sobrepasa todo entendimiento, guardará vuestros corazones y vuestros pensamientos en Cristo Jesús» (Filipenses 4:6-7).

Aunque quiero añadir también la advertencia de Santiago, que nos anima a hacer lo siguiente: «Acercaos a Dios, y él se acercará a vosotros», pero al mismo tiempo nos advierte: «Pecadores, limpiad las manos; y vosotros los de doble ánimo, purificad vuestros corazones» (Santiago 4:8). Tenemos que acudir a Dios con humildad y arrepentimiento, aceptando plenamente la gracia de Cristo, único y suficiente «mediador entre Dios y los hombres» (1 Timoteo 2:5).

La verdad para este día

Dios quiere pasar tiempo contigo hoy. No te pierdas esta cita con Dios. Es un privilegio supremo que te bendecirá y también a Él.

¿UN CLUB EXCLUSIVO?

Pues todos sois hijos de Dios por la fe en Cristo Jesús; porque todos los que habéis sido bautizados en Cristo, de Cristo estáis revestidos.

GÁLATAS 3:26-27

EL REPORTERO DE UNA RED DE MEDIOS ME LLAMÓ PARA ENTREvistarme acerca del tema de la espiritualidad en Estados Unidos. La entrevista iba bien hasta que comenté que esperaba que todos pudieran hallar la fe en Cristo. Objetó que le sonaba a «elitista» que los cristianos afirmaran que solamente Jesús puede darnos la vida eterna.

Por desdicha, hay algunos cristianos que proyectan un aire de arrogancia cuando hablan con los demás. Esa postura no es aceptable, nunca. Representa muy mal a Cristo que, a pesar de ser el Hijo de Dios, era «manso y humilde de corazón» (Mateo 11:29). Tenemos que conducirnos con humildad, amor y tolerancia al tiempo que sostenemos en alto la verdad. El verdadero cristianismo *jamás* será arrogante.

Imagina dos clubes de campo. En el primero hay un conjunto de reglas estrictas, que solo permiten que ingresen los que se ganan la membresía. Los miembros tienen que lograr algo, obtener sabiduría superior o cumplir con un extenso número de exigencias y requisitos para calificar como candidatos a la lista de los que integran ese club. A pesar de que se esfuercen mucho habrá un montón de gente que no logrará cumplir con todo eso, por lo que quedarán excluidos. En efecto, así es con muchos otros sistemas religiosos: la aceptación depende de las acciones y del rendimiento.

El segundo club de campo es distinto. Abre las puertas de par en par y proclama: «Todos los que quieran ser miembros están invitados: ricos o pobres, no importa su trayectoria religiosa, su raza, su legado étnico ni su lugar de residencia; nos encantaría que formen parte de este club. El ingreso se basa, no en sus esfuerzos o calificaciones, sino solo en que acepten la invitación, porque el precio de su membresía ya se pagó. Así que todo depende de ustedes. Son ustedes los que deciden.

Y recuerden que si buscan ingresar, nunca los rechazaremos». Así es el cristianismo.

Es cierto que Jesús dijo: «Yo soy el camino, y la verdad, y la vida… nadie viene al Padre sino por mí» (Juan 14:6). Él es el único camino a Dios. Pero la Biblia también añade: «Y el Espíritu y la Esposa dicen: Ven. Y el que oye, diga: Ven. Y el que tiene sed, venga; y el que quiera, tome del agua de la vida gratuitamente» (Apocalipsis 22:17).

Entonces, ¿cuál de los dos clubes de campo es más restrictivo? Los cristianos sinceros no son excluyentes, al contrario son incluyentes. No son altaneros sino igualitarios. No fingen ser mejores ni superiores a los demás. D. T. Niles resumió el cristianismo de esta manera: «es un mendigo que le dice a otro mendigo dónde encontrar alimento».[1]

La verdad para este día

Pablo dijo: «[Jesús] vino y anunció las buenas nuevas de paz a vosotros que estabais lejos, y a los que estaban cerca» (Efesios 2:17). Tenemos que reflejar este espíritu inclusivo dirigiéndonos con amor y hospitalidad hacia los demás, viendo a cada persona como alguien por quien Cristo murió.

LA AVALANCHA DE LA INFORMACIÓN CIENTÍFICA

Porque toda casa es hecha por alguno; pero el que hizo todas las cosas es Dios.

Hebreos 3:4

FUE TODO UN DESAFÍO ENTREVISTAR A LOS EXPERTOS, LUEGO estudiar los datos y la información para escribir *El caso del Creador*.[1] Sin embargo, mientras revisaba la avalancha de información que resultó de mi investigación, descubrí que la evidencia de que existe ese Diseñador inteligente es información creíble, coherente y convincente.

Es más, determiné que los hallazgos de la cosmología (en relación con los orígenes del universo) y de la física (en cuanto a la sintonía fina del universo) bastaban en sí mismos para respaldar la hipótesis del diseño. El resto de los datos no hacían más que contribuir al argumento para fortalecerlo, venciendo cualquier objeción que pudiera haber tenido yo en un principio.

Pero, ¿qué o quién es este maestro Diseñador? Tal como sucede en los juegos para niños en los que hay que conectar los puntos, cada una de las disciplinas científicas que fui investigando aportaba claves que iban desenmascarando la identidad del Creador.

El académico William Lane Craig explicó que la evidencia de la cosmología demuestra que la causa del universo tiene que ser un ser personal, sin causa, sin principio, atemporal e inmaterial, con libre voluntad y enorme poder. En el área de la física el filósofo y físico Robin Collins estableció que el Creador es inteligente y que ha seguido participando en su creación tras el *Big Bang*, sobre todo en la fina sintonía que permite que haya vida.

En cuanto a la astronomía, la evidencia muestra que el Creador fue increíblemente preciso al crear un hábitat donde sus criaturas pudieran vivir, lo cual implica por lógica su preocupación, interés y cuidado por todas ellas. Y el astrónomo Guillermo González, junto al filósofo Jay Richards presentaron evidencia de que el Creador ha programado al menos un propósito en sus criaturas: que exploren el mundo que Él diseñó y así tal vez puedan descubrirlo a través de lo que vean en ese mundo.

La bioquímica y la existencia de la información biológica no solo afirman la actividad del Creador tras el *Big Bang* sino que también señalan que es extraordinariamente creativo. Y la evidencia de la conciencia, como lo explica el filósofo J. P. Moreland, ayuda a confirmar que el Creador es racional, que nos da una base para entender su omnipresencia y hasta que sugiere la credibilidad de la vida después de la muerte.

Esta evidencia, como veremos en la próxima lectura, toma datos de la ciencia para pintar una imagen del Creador que en muchas formas traza paralelos con la que nos dan las Escrituras. Si te interesa indagar un poco más, te sugiero que leas *El caso del Creador,* obra en la que encontrarás más detalles sobre todos los puntos que acabo de enumerar.

La verdad para este día

Te guste o no la ciencia o aun te quemes las pestañas leyendo información científica, espero que puedas ver que la evidencia de la existencia de Dios va creciendo y aumentando día a día, y que tenemos grandes razones para confiar en nuestro Creador.

PARALELOS CURIOSOS

Los cielos cuentan la gloria de Dios, y el firmamento anuncia la obra de sus manos. Un día emite palabra a otro día, y una noche a otra noche declara sabiduría... Por toda la tierra salió su voz, y hasta el extremo del mundo sus palabras.

SALMOS 19:1-2, 4

LOS VERSÍCULOS COMO EL QUE ENCABEZA ESTE TÍTULO, PARA LOS que conocemos a Cristo, afirman nuestra fe en Dios. Sin embargo, cuando queremos influir en amigos que no comparten nuestra fe suele ser más efectivo comenzar por áreas en las que ya confían, como la ciencia, para luego mostrar que esa información apunta en la misma dirección que las Escrituras. Así que, retomando lo que vimos en la lectura anterior, permíteme mostrar de qué manera nos muestran los datos científicos el mismo retrato del Creador que las páginas de la Biblia, las que nos describen a Dios. Los datos están en cursiva y los versículos muestran lo que dicen las Escrituras.

- *¿Dios, creador?* «Desde el principio tú fundaste la tierra, y los cielos son obra de tus manos» (Salmos 102:25).
- *¿Único?* «A ti te fue mostrado, para que supieses que Jehová es Dios, y no hay otro fuera de él» (Deuteronomio 4:35).
- *¿Sin causa y atemporal?* «Antes que naciesen los montes y formases la tierra y el mundo, desde el siglo y hasta el siglo, tú eres Dios» (Salmos 90:2).
- *¿Inmaterial?* «Dios es espíritu» (Juan 4:24).
- *¿Personal?* «Yo soy el Dios Todopoderoso» (Génesis 17:1).
- *¿Con voluntad propia?* «Y dijo Dios: Sea la luz; y fue la luz» (Génesis 1:3).
- *¿Inteligente y racional?* «¡Cuán innumerables son tus obras, oh Jehová! Hiciste todas ellas con sabiduría; la tierra está llena de tus beneficios» (Salmos 104:24).
- *¿Enormemente poderoso?* «Jehová es... grande en poder» (Nahum 1:3).

- *¿Creativo?* «Porque tú formaste mis entrañas; tú me hiciste en el vientre de mi madre. Te alabaré; porque formidables, maravillosas son tus obras; estoy maravillado, y mi alma lo sabe muy bien» (Salmos 139:13-14).
- *¿Le importamos?* «De la misericordia de Jehová está llena la tierra» (Salmos 33:5).
- *¿Omnipresente?* «Los cielos, no te pueden contener» (1 Reyes 8:27).
- *¿Con propósito?* «Porque en él fueron creadas todas las cosas, las que hay en los cielos y las que hay en la tierra, visibles e invisibles; sean tronos, sean dominios, sean principados, sean potestades; todo fue creado por medio de él y para él» (Colosenses 1:16).
- *¿Dador de vida?* «Destruirá a la muerte para siempre» (Isaías 25:8).

Lo siguiente lo escribió el apóstol Pablo hace dos milenios: «Porque las cosas invisibles de él, su eterno poder y deidad, se hacen claramente visibles desde la creación del mundo, siendo entendidas por medio de las cosas hechas, de modo que no tienen excusa» (Romanos 1:20).

La verdad para este día

¿No resulta fascinante ver que el «libro de la naturaleza» está en línea con el «libro de las Escrituras»? Que esto sirva hoy para alentarte y fortalecer tu confianza en tu fe.

DE LA CIENCIA A DIOS

Lo necio del mundo escogió Dios, para avergonzar a los sabios; y lo débil del mundo escogió Dios, para avergonzar a lo fuerte.

1 Corintios 1:27

LA EVIDENCIA CIENTÍFICA A FAVOR DE DIOS SORPRENDIÓ A muchos, pero más que a nadie al físico de cabellos canos que hablaba con voz suave, sentado frente a mí. Viggo Olsen es un brillante cirujano cuya vida ha estado inmersa en la ciencia. De hecho, atribuía su escepticismo espiritual a su conocimiento del mundo científico.

«Veía al cristianismo y a la Biblia con ojos agnósticos», me dijo. «Mi esposa Joan también era escéptica. Creíamos que no había prueba independiente de que existiera un Creador».

El problema eran los padres cristianos y piadosos de Joan. Cuando Viggo y Joan los visitaban, al salir llevaban los oídos llenos de información religiosa. En sus conversaciones, tarde por la noche, Viggo y Joan les explicaban con paciencia por qué el cristianismo era incompatible con la ciencia contemporánea. Y al final, sintiéndose muy frustrados una noche, estuvieron de acuerdo en examinar la evidencia con sus propios ojos.

«Mi intención no era llevar a cabo un estudio objetivo, en absoluto», recordó Olsen. «Así como el cirujano hace la incisión en el pecho del paciente, íbamos a entrar con el bisturí en la Biblia, para hacer una disección de todos sus vergonzosos errores científicos».[1]

Viggo y Joan tomaron una hoja de papel y escribieron el título: «Errores científicos de la Biblia», pensando que llenarían su lista muy pronto. Bueno... no tardaron en surgir los problemas, aunque no del tipo que anticipaban. «Nos costaba encontrar esos errores científicos», dijo.

Luego un alumno le dio a Viggo un antiguo libro titulado *Modern science and Christian faith* [La ciencia moderna y la fe cristiana], en el que muchos científicos habían escrito, cada uno, un capítulo sobre la evidencia de que su disciplina de estudio apuntaba a Dios.[2]

«¡Quedamos estupefactos!», dijo Olsen. «Por primera vez empezamos a ver que había razones tras el cristianismo».

Se devoraron el libro hasta que llegaron a la conclusión de que, sí, sí existe un Dios Creador personal. Y siguieron explorando hasta que todo lo que habían descubierto «se unió, formando una imagen magnificente, resplandeciente, fabulosa de Jesucristo».

Le entregaron sus vidas y pronto se sintieron llamados a servir en un lugar donde no había ni cristianos ni atención médica, y pasaron treinta y tres años en la empobrecida nación de Bangladesh.

Viggo también escribió varios libros, que incluyen una gran obra muy breve sobre su peregrinaje espiritual, titulado *The Agnostic who dared to search* [El agnóstico que se atrevió a buscar].[3]

La verdad para este día

Hoy tenemos dos verdades: primero, que la ciencia debidamente entendida y aplicada refuerza nuestra fe cristiana; y segundo, que nadie está más allá del alcance de la verdad y la gracia de Dios.

EL PESO DE LA PRUEBA

¿Es sabiduría contender con el Omnipotente? El que disputa con Dios, responda a esto.

Job 40:2

EL ATEO RICHARD DAWKINS, AUTOR DE *EL ESPEJISMO DE DIOS*, suele decirles a los cristianos que «tienen el aprieto de decir por qué creen en algo».[1] Su argumento es que, como son ellos los que afirman que Dios existe, son los cristianos los que tienen que explicar por qué es verdad lo que afirman.

Me encanta como responde Mark Mittelberg a ese desafío en su libro *The questions Christians hope no one will ask (with anwers)* [Las preguntas que los cristianos esperamos que nadie formule (y sus respuestas].[2] «Sería fácil que nos pusiéramos ansiosos ante esto y digamos: "Oh, no, estoy en un aprieto...¿qué voy a hacer? Pero... espera un minuto, ¿qué es *aprieto*? Sea lo que sea, ¡me toca a mí resolverlo!"».

«Bueno, en parte será cierto. Sí necesitamos una buena defensa. Pero también podemos ver la ofensiva. Por ejemplo, podrías responder: "Dices que me toca el aprieto porque creo en algo... bueno, ¿y tú? ¿Crees en el Holocausto? Yo también. Pero, ¿a quién le toca el aprieto en cuanto a eso? ¿A los que creen o a los que no?"»

«Es obvio que tendría que tocarles a los que lo niegan. Cuando se trata de hechos históricos y conocidos como el Holocausto, será la pequeña minoría negadora del conocimiento común la que tendrá el peso de la prueba. De manera similar, en un mundo en el que la mayoría de las personas creen en Dios y en donde se han presentado muchos argumentos sólidos a favor de su existencia y su actividad en las vidas de las personas, serán los que nieguen ese conocimiento común los que tengan que presentar pruebas».

«Sinceramente estaría dispuesto a repartir el aprieto a medias porque —y esto es importante— no hay nadie que sea neutral. Todos afirman una u otra cosa. El ateo afirma que no hay Dios, y los que son de otras religiones dicen lo suyo en cuanto a la existencia de Dios y la naturaleza, y los cristianos lo hacemos también. Así que todos tendríamos que estar dispuestos a presentar una defensa respecto de lo que creemos».

Estoy en de acuerdo absolutamente. La Biblia enseña que como cristianos tenemos que tener buenas defensas («Estad siempre preparados para presentar defensa» [1 Pedro 3:15]) y también una buena ofensiva («Derribando argumentos y toda altivez que se levanta contra el conocimiento de Dios, y llevando cautivo todo pensamiento a la obediencia a Cristo» [2 Corintios 10:5]).

Ambas cosas son vitales en nuestra tarea de presentarle a Cristo a un mundo que fenece sin Él.

La verdad para este día

No tienes que dejar que te intimiden las afirmaciones de los que niegan a Dios. La verdad está de nuestra parte, «Si Dios es por nosotros, ¿quién contra nosotros?» (Romanos 8:31).

DIOS Y LA ESCLAVITUD

Ya no hay judío ni griego; no hay esclavo ni libre; no hay varón ni mujer; porque todos vosotros sois uno en Cristo Jesús.

GÁLATAS 3:28

«¿PERO CÓMO PUEDES SER CRISTIANO SI LA BIBLIA HABLA DE LA esclavitud y Jesús jamás la criticó?», cuestionan algunos.

Veamos algunos pensamientos, sobre este tema sensible, que trate al entrevistar al teólogo D. A. Carson.[1]

«En su libro *Race and Culture* [Raza y cultura], el académico afroamericano Thomas Sowell señala que todas las grandes culturas del mundo hasta el período de la modernidad, tuvieron esclavitud, sin excepción», explicó Carson.[2] «Y si bien podría estar vinculada a las conquistas militares, la esclavitud en general servía en términos de la función económica. No tenían leyes que regularan la bancarrota, así que si te metías en deudas terribles, te vendías como esclavo, y también a tu familia. Al tiempo de saldar la deuda, la esclavitud también daba trabajo».

«En la época romana había obreros en tareas menores que eran esclavos y también había otros que equivalían a nuestros distinguidos doctores en diferentes disciplinas, que enseñaban en las familias. No se relacionaba a la esclavitud con ninguna raza en particular».

«Pero en la esclavitud estadounidense, todos los negros y solamente los negros eran esclavos. Fue ese uno de sus más peculiares horrores y generó un sentido injusto de inferioridad de los negros, contra el que todavía hoy seguimos luchando».

«Ahora, veamos la Biblia: en la sociedad judía, bajo la ley, todos debían ser liberados cada jubileo. Es decir, que cada siete años había una liberación de esclavos... y fue en ese marco histórico que Jesús creció».

«Tienes que mantener la mirada en la misión de Jesús. En esencia, Él no vino para destruir el sistema económico romano, que incluía la esclavitud como institución. Vino a liberar a hombres y mujeres de sus pecados. Y es esto lo que quiero decir: lo que hace su mensaje es transformar a las personas para que empiecen a amar a Dios con todo su corazón, con toda su alma, con toda su mente y con todas sus fuerzas, y a amar al prójimo como a sí mismos. Como es natural, eso tiene un impacto sobre la idea de la esclavitud».

«Mira lo que dice el apóstol Pablo en su carta a Filemón respecto de un esclavo llamado Onésimo, que había escapado... El apóstol le dice a Filemón que mejor trate a Onésimo como hermano en Cristo, como trataría al mismo Pablo. Y luego, para dejar todo perfectamente claro, Pablo insiste: Recuerda, "aun tú mismo te me debes también"».

Vale la pena agregar que el comercio moderno de los esclavos se abolió principalmente por el esfuerzo de los cristianos. Incluido John Newton, que había sido dueño de un barco de esclavos y que encontró la gracia de Dios para su propia vida (y que es el autor del himno *Sublime Gracia*), y también gracias a su amigo William Wilberforce.

La verdad para este día

La Biblia sostiene la dignidad y la valía de cada ser humano, de las personas creadas a la imagen de Dios. Nosotros tenemos que hacer lo mismo.

DIOS Y EL RACISMO

Entonces Pedro, abriendo la boca, dijo: En verdad comprendo que Dios no hace acepción de personas, sino que en toda nación se agrada del que le teme y hace justicia.

Hechos 10:34-35

PEDRO SE CRIÓ EN UNA CULTURA MARCADA POR LOS MANDAMIENtos de Dios, en la que el pueblo judío debía ser un pueblo aparte de las naciones que les rodeaban. En gran parte, eso era para mantener su linaje sin mezclas, hasta la venida del Mesías. Por medio de este pueblo pero, a pesar de esa separación, Dios le mostró claramente a Israel su intención al decirle que «serán benditas en ti todas las familias de la tierra» (Génesis 12:3).

Después de que Cristo viniera, Dios necesitaba ayudar a su pueblo a que ajustara su forma de pensar, incluyendo el hecho de que ya habían pasado los tiempos en que se mantendrían separados. Además, tenían que aceptar que debían seguir a su Mesías, Jesús, y llevar de todo corazón su evangelio a todas las naciones de la tierra (Mateo 28:18-20). Por eso le dio a Pedro un mensaje, de manera convincente y potente, con la visión de Hechos 10, cuando le dijo que ya no considerara impuras las cosas que Dios declaraba puras, incluyendo los alimentos así como las personas. Y Pedro lo entendió.

Es un mensaje para todos los cristianos. Hace años conocí a un hombre de negocios que era terriblemente racista, que se sentía superior y que asumía una actitud intolerante con cualquiera que fuese de otro color. Apenas se esforzaba por ocultar su desprecio por los afroamericanos, de modo que muchas veces su pacatería y su prejuicio se hacían evidentes en sus observaciones cáusticas y sus chistes de mal gusto. No había argumento que pudiera disuadirle de esas opiniones tan repugnantes.

Más tarde, se convirtió en seguidor de Jesús. Pude ver con asombro cómo —con el tiempo— cambiaron sus actitudes, su perspectiva y sus valores cuando Dios renovó su corazón. Vio que ya no podía albergar malos sentimientos hacia ninguna persona porque la Biblia enseña que todos fuimos creados a imagen de Dios. Hoy puedo decir con toda franqueza que ese hombre ama y acepta a todos, incluyendo a los que son diferentes a él.

No fue la *legislación* lo que hizo cambiar a ese hombre. No fue la *razón*. Ni *los argumentos sentimentales*. Si le preguntas, te dirá que fue Dios el que le cambió desde adentro, de manera decisiva, completa y permanente. Ese es uno de los muchos ejemplos que he visto del poder del evangelio para transformar a vengativas personas llenas de odio en gente de corazón blando, a gente avara en generosa, a gente arrogante y llena de sí en servidores desinteresados, a gente que explotaba a otros en personas que aman a los demás.

La verdad para este día

A pesar de la poderosa lección de que «Dios no tiene favoritos», Pedro no cambió por completo de la noche a la mañana. Tuvo que reaprender su perspectiva a lo largo del tiempo, con ayuda de Dios. No importa qué tan maduros seamos, todos necesitamos seguir aprendiendo y aplicando esas lecciones en nuestras vidas.

LA VIDA SIN DIOS

Si los muertos no resucitan, comamos y bebamos, porque mañana moriremos.

1 Corintios 15:32

PASÉ MIS AÑOS DE TEMPRANA ADULTEZ SIENDO ATEO. Y AUNQUE no voy a negar que hubo momentos emocionantes en esa época, por cierto, en mi vida faltaban muchas cosas. Quiero mencionar tres en esta lectura y una más en la que le sigue.

1. **PROPÓSITO.** Sí, tenía metas y me importaba mucho avanzar como profesional. Pero no tenía un propósito que trascendiera a mis deseos egocéntricos y narcisistas. Así que vivía para el placer y la ganancia propios, y estaba dispuesto a pisar cabezas para alcanzar mis metas.
2. **BRÚJULA MORAL.** Como me faltaba propósito y como no creía en un Dios que nos diera principios morales para vivir, yo mismo decidía lo que era bueno o malo, lo que estaba bien o mal. Y a menudo elegía lo equivocado, cosas que me lastimaban, que herían a Leslie y hasta a nuestros hijos. No digo que nunca hiciera algo bueno, ni que los ateos no puedan llevar vidas morales. Es solo que sin Dios no había una razón convincente como para hacerlo. Y, más que eso, no había parámetro objetivo de lo bueno y lo malo que me ayudara a tomar decisiones morales. Y, como resultado de ello, me metí en líos muchas veces.
3. **SIGNIFICADO.** Cuando era ateo y evaluaba con sinceridad si había un significado mayor en mi vida, solía tener una sensación de vacío. No es que no pudiera disfrutar de algunos momentos y de mis relaciones, pero sabía que al final —viendo el panorama completo— todo eso desaparecería. Nada duraría, nada nos sobreviviría. El famoso ateo Bertrand Russell resumió bien lo que yo, en mi corazón, sabía acerca de la humanidad que vive apartada de Dios: «Su origen, su crecimiento, sus esperanzas y sus miedos, sus amores y sus creencias no son más que el resultado de accidentales

colocaciones de átomos... No hay fuego ni heroísmo, ni intensidad de pensamiento y sentimiento que puedan preservar la vida de alguien más allá de la tumba... Todos los esfuerzos de todas las épocas, toda la dedicación, toda la inspiración y la brillantez meridiana del genio humano, están destinados a la extinción en la vasta muerte del sistema solar... Todo el templo de los logros humanos inevitablemente quedará sepultado bajo los escombros de un universo en ruinas».[1]

No es una perspectiva muy emocionante pero, desde la óptica atea, es sincera. Y ni siquiera hemos considerado la muerte sin Dios, de la que hablaremos en la próxima lectura. Por dicha, el ateísmo no es una posición a la que nadie esté obligado. Dios espera con paciencia que acudamos a Él (ver 2 Pedro 3:9).

La verdad para este día

En contraste con esos elementos que faltaban en mi vida, los cristianos podemos dar gracias a Dios porque nos ha dado: (1) propósito convincente, (2) una brújula moral, y (3) verdadero significado en nuestras vidas.

LA MUERTE SIN DIOS

Cuando no sabéis lo que será mañana. Porque ¿qué es vuestra vida? Ciertamente es neblina que se aparece por un poco de tiempo, y luego se desvanece.

Santiago 4:14

EN LA LECTURA ANTERIOR HABLÉ DE TRES ÁREAS QUE FALTABAN en mi vida cuando era ateo. Hay una más: la esperanza ante la realidad de la muerte.

Mark Mittelberg conoció hace poco a un ateo que expresaba su creencia en que Dios no existe. Poco después, murió un pariente de ese hombre y le pidieron que dijera unas palabras en el funeral, que se realizaría en una iglesia.

Lo único que ese hombre podía decirles, a los que se habían reunido en ese acto, era que todos terminamos allí donde terminan los animales al morir: en el deterioro y la putrefacción, y que no podemos depender del falso consuelo de volver a ver a nuestros seres queridos. Era una respuesta triste, pero la única que le permitiría su escepticismo espiritual.

Yo habría dicho lo mismo cuando era ateo. Su perspectiva era una descripción de la tristeza, la desesperanza y lo aparentemente definitivo de la muerte para quienes no conocen a Cristo.

No tiene por qué ser así. Jesús prometió que los que le buscan con sinceridad le encontrarán. Además, para quienes le siguen, esta vida es solo el principio de una realidad mucho más grande, una realidad que se extiende por toda la eternidad. Estas promesas no son discursos poéticos. Son ciertas y podemos confiar en ellas porque servimos a aquel que conquistó la tumba y triunfó por sobre la muerte. Fue Jesús el que dijo: «Yo soy la resurrección y la vida; el que cree en mí, aunque esté muerto, vivirá» (Juan 11:25).

Debido a las palabras y las obras de Jesús podemos confiar en la vida después de la que estamos viviendo hoy. La muerte no es el fin. Fuimos creados para seguir viviendo en presencia de Dios en un mundo nuevo, más grande.

Como escribí en mi libro *El caso de la esperanza*: «Cuando acudes a Cristo en oración y recibes la gracia que Él te ofrece de todo corazón, también tú puedes tener plena confianza en que cuando se cierren tus ojos en la muerte, se reabrirán de inmediato en la presencia de Dios. Puedes vivir con la confiada expectativa, certeza y gozo de que pasarás la eternidad en el cielo con Jesús y una innumerable cantidad de creyentes como tú, tus hermanos y hermanas en Cristo».[1]

La verdad para este día
Pablo nos recordó que Jesús murió y resucitó, así que como seguidores suyos nos dice que «no os entristezcáis como los otros que no tienen esperanza» (1 Tesalonicenses 4:13).

LA HISTORIA HABLA

> *Cristo Jesús... el cual, siendo en forma de Dios, no estimó el ser igual a Dios como cosa a que aferrarse, y estando en la condición de hombre, se humilló a sí mismo, haciéndose obediente hasta la muerte, y muerte de cruz. Por lo cual Dios también le exaltó hasta lo sumo.*
>
> FILIPENSES 2:5-6, 8-9

MARK MITTELBERG NUNCA HABÍA ESTADO EN UNA MEZQUITA, como tampoco los que participaban de la excursión. Les dieron la bienvenida, les mostraron el lugar, los llevaron a una gran sala y les pidieron que se sentaran en el piso.

Enseguida les habló el imán, vestido de blanco. Explicó con pasión las enseñanzas del islam y luego su fervor se hizo más intenso: «Es importante que sepan que Alá es el único Dios y que Mahoma —la paz sea con él— fue su verdadero profeta. Dios no se divide y no tiene un hijo», dijo con énfasis. «Jesús —la paz sea con él— *no era* el Hijo de Dios. Fue un verdadero profeta como Mahoma y hemos de honrarle, pero jamás debemos adorarle. Adoramos a Alá y solamente a Alá».

También explicó que Jesús no murió en la cruz, que Alá jamás habría permitido que su profeta muriera de forma tan vergonzosa. Luego, redondeó sus comentarios y dijo que respondería a las preguntas que le hicieran. Mientras Mark escuchaba, en su corazón había cuestiones que le inquietaban.

«Tengo curiosidad acerca de algo», dijo finalmente Mark. «Los seguidores de Jesús caminaron y hablaron con Él durante varios años. Y también informaron que afirmó muchas veces ser el Hijo de Dios, que le vieron morir en la cruz y que tres días después lo vieron, hablaron y comieron con Él tras su resurrección. Tenemos relatos detallados de lo que oyeron y vieron. Están preservados en miles de documentos manuscritos que dan testimonio de esas realidades. Pero corríjame si me equivoco», continuó Mark. «Lo que nos enseña el islam sobre Jesús parece basarse en las palabras de un hombre, Mahoma, que seiscientos años después de la época de Jesús estaba sentado en una cueva cuando —afirmó— un ángel le habló y le dijo que esas cosas no eran así».

«Mi curiosidad es en cuanto a si tiene usted razones históricas o lógicas por las que deberíamos aceptar esa postura, en oposición al registro histórico que tenemos».

El imán miró fijo a Mark y declaró: «*¡Yo decido creerle al profeta!*».

Fue un choque de enseñanzas muy real y concreto. Sin embargo, *la historia* es contundente: Jesús sí es el Hijo de Dios, que murió en la cruz y resucitó de entre los muertos esa primera mañana de Pascua.

La verdad para este día

Podemos estar en desacuerdo con alguien sin faltarle el respeto. Estamos llamados a conocer la verdad y a defenderla con firmeza. Espero que esta historia te dé valentía para testificar de tu fe.

¿QUÉ PENSARÍA JESÚS DEL ISLAM?

> *Dijo entonces Jesús... Si vosotros permaneciereis en mi palabra, seréis verdaderamente mis discípulos; y conoceréis la verdad, y la verdad os hará libres.*
>
> JUAN 8:31-32

¿QUÉ PENSARÍA JESÚS DEL ISLAM? ES UNA PREGUNTA INTEResante, sobre todo porque Mahoma nació casi seiscientos años después de la época de Cristo. Para responder esta pregunta voy a citar parte de un artículo que escribió Mark Mittelberg para la publicación académica *The City*.[1] También toma en cuenta que se trata de una pregunta muy distinta de la que buscara saber qué piensa Jesús de los musulmanes. *El islam* es una religión. Y *los musulmanes* son personas. Trataremos las dos preguntas, en esta lectura y la que le sigue.

Yo creo, basándome en las palabras del mismo Jesús y también en las enseñanzas de las Escrituras en general, que Jesús se opondría con fuerza a las enseñanzas centrales del islam. Tomemos, por ejemplo, la afirmación de que Jesús nunca dijo ser el Hijo de Dios.

Jesús les preguntó una vez a sus discípulos: «Y vosotros, ¿quién decís que soy yo? Respondiendo Simón Pedro, dijo: Tú eres el Cristo, el Hijo del Dios viviente. Entonces le respondió Jesús: Bienaventurado eres, Simón, hijo de Jonás, porque no te lo reveló carne ni sangre, sino mi Padre que está en los cielos» (Mateo 16:15-17).

Así que, para Jesús, creer en su deidad no era un acto de *shirk* (pecado mortal en el islam) sino ¡la puerta a la salvación!

Y, ¿qué diría Jesús de la afirmación de que, en realidad, no murió en la cruz, y que Dios jamás permitiría que su profeta sufriera tal vergüenza? La Biblia señala que Dios a menudo permitía que sus profetas sufrieran persecución y dolor (Mateo 5:12; esto es algo que también dice el Corán. Ver, por ejemplo, 2:61,

2:91; 3:21, 3:112, 3:183, 4:155, y la lista sigue). Jesús explícitamente enseñó que el Hijo del Hombre tenía que «padecer mucho, y ser desechado por los ancianos, por los principales sacerdotes y por los escribas, y ser muerto, y resucitar después de tres días» (Marcos 8:31). Además, resumió su propósito diciendo: «Porque el Hijo del Hombre no vino para ser servido, sino para servir, y para dar su vida en rescate por muchos» (Marcos 10:45).

A la luz de todo eso creo que Jesús habría reprendido a los líderes del islam por negar su muerte y su resurrección, así como reprendió a algunos de los judíos después de haber resucitado: «¡Oh insensatos, y tardos de corazón para creer todo lo que los profetas han dicho! ¿No era necesario que el Cristo padeciera estas cosas, y que entrara en su gloria?» (Lucas 24:25-26). También «les abrió el entendimiento para que comprendieran las Escrituras; y les dijo: Así está escrito, y así fue necesario que el Cristo padeciese, y resucitase de los muertos al tercer día; y que se predicase en su nombre el arrepentimiento y el perdón de pecados en todas las naciones, comenzando desde Jerusalén» (vv. 45-47).

Así que cuando los maestros del islam —incluido a Mahoma— niegan las principales afirmaciones de Cristo respecto de sí mismo sobre su misión redentora, su obra propiciatoria en la cruz y su resurrección, Jesús se vería obligado a criticar y condenar sus falsas enseñanzas.

La verdad para este día

Jesús era el amor encarnado, pero también la verdad encarnada (Juan 14:6). Si bien siempre estaba dispuesto a perdonar a los que se arrepintieran con humildad, no dudó nunca en retar y desafiar las enseñanzas que estuvieran en contra de la revelación de Dios, la Biblia.

¿QUÉ PENSARÍA JESÚS DE LOS MUSULMANES?

> *Pero yo os digo: Amad a vuestros enemigos, bendecid a los que os maldicen, haced bien a los que os aborrecen, y orad por los que os ultrajan y os persiguen; para que seáis hijos de vuestro Padre que está en los cielos.*
>
> MATEO 5:44-45

¿QUÉ PENSARÍA JESÚS DE LOS MUSULMANES? A LA LUZ DEL LARgo y tumultuoso conflicto entre el islam y el cristianismo algunos suponen que Jesús vería a los musulmanes como enemigos suyos.

¿Sería así? Veamos algo más de lo que escribió Mark Mittelberg sobre esto en *The City*.[1]

Estoy seguro de que Jesús vería a los musulmanes, no como enemigos sino como *víctimas del enemigo*, del ladrón espiritual que viene «para hurtar y matar y destruir» (Juan 10:10). Jesús, lleno de amor por aquellos a los que había venido a salvar, trazó un contraste entre Él mismo y el enemigo, diciendo: «Yo he venido para que tengan vida, y para que la tengan en abundancia» (Juan 10:10).

Dicen que Abraham Lincoln afirmó: «La mejor forma de destruir a un enemigo es hacerlo tu amigo». Y eso es exactamente lo que hizo Jesús. Trataba a cada persona, más allá de su historia espiritual o sus pecados del pasado, como a alguien creado a imagen de Dios. Eran personas que le importaban al Padre, por quienes valía la pena entregar su vida para salvarles. Por eso no nos extraña que llamaran a Jesús «amigo de... pecadores» (Lucas 7:34).

Por tanto, ¿qué les diría Jesús a los musulmanes que han estado viviendo bajo las exigencias del islam, buscando fielmente hacer sus confesiones, rezando de la manera adecuada cinco veces al día, dando limosna, ayunando cada año durante un mes, haciendo su peregrinaje a la Meca, todo con la esperanza de agradar a una deidad que tal vez jamás los acepte?

Creo que Jesús les diría, como dijo en Mateo 11:28-30: «Venid a mí todos los que estáis trabajados y cargados, y yo os haré descansar. Llevad mi yugo sobre vosotros, y aprended de mí, que soy manso y humilde de corazón; y hallaréis descanso para vuestras almas; porque mi yugo es fácil, y ligera mi carga».

Siguiendo el ejemplo de Jesús, lleno de gracia, creo que nosotros como cristianos también debiéramos ver a los musulmanes como amigos y como potenciales hermanos o hermanas en Cristo. A pesar de la violencia que a veces se practica en nombre del islam, la mayoría de los musulmanes quiere vivir en paz, disfrutando del amor de sus familias y sus amigos. Es un privilegio para nosotros poder presentarles al *Príncipe de paz* y llevarlos al *Dios que es amor*.

Creo que Mark tiene razón. He conocido a varios musulmanes que pusieron su confianza en Cristo después de que algún cristiano les amara, alentara e instruyera, siguiendo el ejemplo de la actitud amorosa del Salvador.[2]

La verdad para este día

Mientras Jesús estuvo en la tierra los líderes judíos veían a los samaritanos como forasteros y hasta como enemigos, como gente de la que mejor era apartarse. Pero al contrario de ello, Jesús habló con la mujer junto al pozo, la samaritana (ver Juan 4:1-42), y no solo llegó a esa mujer y su comunidad con el mensaje de la gracia sino que nos dejó un ejemplo de cómo debemos acercarnos a cualquiera que crea en algo diferente a lo que creemos nosotros, incluidos los musulmanes.

CRISTIANOS CONOCEN A UN MUSULMÁN

¿Qué hombre de vosotros, teniendo cien ovejas, si pierde una de ellas, no deja las noventa y nueve en el desierto, y va tras la que se perdió, hasta encontrarla?

Lucas 15:4

TENEMOS AQUÍ UN EJEMPLO DE LO QUE PUEDE SUCEDER CUANDO intentamos compartir y comunicar la verdad, el amor y la hospitalidad con alguien que no conoce a Cristo. Esto también es del artículo de Mark Mittelberg en *The City*.[1]

Entré en una heladería de Texas con mi amigo Karl, un hombre de negocios sincero, directo, que ama a Dios.

—Por su aspecto y su acento —le dijo Karl de repente al hombre que estaba tras el mostrador—, supongo que viene de Medio Oriente. Sus palabras hicieron que tanto el hombre como yo prestáramos atención.

—Por eso tengo curiosidad por saber si usted es musulmán o cristiano. Me quedé fascinado y quise ver cómo respondería el hombre.

—Es una pregunta interesante —contestó él—. Me criaron en la fe islámica, pero no sé qué pensar. Supongo que estoy más o menos en el medio.

¡Glup!... ¡Olvídate del helado!

Karl se presentó formalmente y luego me hizo una seña para que me acercara.

—Mark, quiero que conozcas a mi nuevo amigo, Fayz. Fayz, este es Mark.

Con un apretón de manos, Karl se volteó luego hacia mí y dijo:

—Fayz quiere saber más acerca de Jesús.

¿Querrá?, pensé mientras Fayz tal vez dudara: *¿Quiero?*

—Muy bien —dije, y empecé una breve y un tanto incómoda conversación sobre Jesús y la Biblia. Después le llevamos a Fayz una copia del libro *El caso de Cristo*, de Lee Strobel. Y también Karl regresó junto a su esposa Barbara, e invitaron a Fayz y su esposa a cenar a su casa, lo cual ayudó a que fuera formándose una amistad.

Más o menos en esa época Karl y Barbara les pidieron a los de su clase de la escuela dominical para adultos que oraran por sus nuevos amigos musulmanes. La clase dijo que por supuesto orarían, pero además querían participar en esa aventura de helados y evangelización. De repente, ¡Dios les dio rienda suelta a cien bautistas hambrientos con esos musulmanes que no se lo esperaban!

Pronto hubo muchos cristianos más que visitaban a Fayz y su esposa, y los invitaban a diversas actividades, compartían sus testimonios, respondían sus preguntas espirituales y se convertían en sus amigos. El grupo se enteró luego de que Fayz estudiaba medicina en la universidad y que su trabajo en la heladería era para pagarse los estudios. Le presentaron algunos amigos de la comunidad médica y del cuidado de la salud, que pudieran ayudarle en su carrera.

En otras palabras, eran esa iglesia evangelizadora que quería Cristo: amorosa, que sirve y busca, como lo hicieron con ese hombre y su familia en diversidad de formas.

Durante ese tiempo sucedió algo asombroso: Fayz empezó a considerar a Jesús y casi un año después de esa primera conversación, él, su esposa y su hija de seis años asistieron a un servicio dominical en la iglesia de Karl y Barbara. Antes que terminara el servicio, entregaron sus vidas a Cristo.

Hay gente que ve a los musulmanes como enemigos. A mí me gusta decir que Fayz es no solo un amigo sino también *mi hermano en Cristo*.

La verdad para este día

Recuerda: Dios ama a toda clase de personas, de todo tipo de procedencia y no quiere que «ninguno perezca, sino que todos procedan al arrepentimiento» (2 Pedro 3:9). Tenemos que amar como ama Dios.

ENCUENTRA TU VOZ, PRIMERA PARTE

> *Ahora bien, hay diversidad de dones, pero el Espíritu es el mismo.*
> *Y hay diversidad de ministerios, pero el Señor es el mismo.*
>
> 1 Corintios 12:4-5

LA LECTURA ANTERIOR ILUSTRA EL AMOR DE DIOS POR LAS PERsonas de todas clases y procedencia. Y, más que eso, nos muestra que Dios usa a los cristianos de manera que les resulta natural. Mark Mittelberg y Bill Hybels escribieron sobre esto en el libro *Conviértase en un cristiano contagioso*,[1] luego Mark y yo lo convertimos en el curso de capacitación del mismo nombre.[2]

Dios nos ha dado personalidades únicas y particulares a cada uno, y quiere usarnos para que podamos llevar a otros el conocimiento de Él, de manera que sea adecuada para nosotros. Vamos a ver seis estilos, a identificar ejemplos de las Escrituras y a observar quién utilizó cada uno de esos estilos en sus intentos por ganarse a Fayz. Cuando los repasemos, medita cuál o cuáles estilos encajarían contigo.

1. **EL ESTILO DIRECTO.** Pedro fue ejemplo de este estilo, en especial en Hechos 2 cuando tuvo el atrevimiento de presentar ante la multitud el desafío del evangelio. Karl también fue muy directo en la forma en que habló de las cuestiones espirituales con Fayz. Quizá en un principio haya sorprendido a Fayz, pero Dios lo usó para que pudieran conversar con franqueza y como impulso inicial en el peregrinaje de Fayz hacia Cristo.
2. **EL ESTILO INTELECTUAL.** Ejemplo de esto es Pablo. El apóstol era un pensador que usaba la lógica, por lo que defendió —con naturalidad— la verdad de Dios al debatir en Atenas, como nos lo relata Hechos 17. Del mismo modo y a pesar de lo extraño que pudiera parecer que se hablara de ello en una heladería —ante un mostrador—, Mark fue un buen ejemplo del estilo intelectual al brindarle a Fayz información útil y respuestas a sus preguntas. Ya ni siquiera

llevo la cuenta de las veces que he visto a Dios usar a Mark de manera parecida.

3. **EL ESTILO TESTIMONIAL.** Vemos este tercer estilo en el ciego al que Jesús sanó en Juan 9, devolviéndole la vista con uno de sus milagros. Antes de que el hombre pudiera parpadear siquiera, ya se estaba defendiendo ante los religiosos, diciendo más o menos lo siguiente: «Antes era ciego y ahora puedo ver, tendrán que aceptarlo ¡aunque no les guste!». Este es mi estilo principal, usar mi testimonio para animar a otros. Aunque no estuviera allí en persona, mi testimonio marcó una diferencia en la vida de Fayz por medio de *El caso de Cristo,* libro en el que combino mi historia con la lógica y la evidencia (porque el otro estilo que se me da naturalmente es el intelectual).

Hasta aquí, ¿hallaste ya el estilo que se te da con más naturalidad? Si no es así, es probable que lo encuentres mañana, cuando cubra tres estilos más. De una u otra forma espero que sientas ánimo al saber que Dios quiere usarte en un modo que te sea de lo más natural.

La verdad para este día

Dios sabía lo que estaba haciendo cuando te formó. Tu personalidad se basa en el propósito y Dios quiere usarte de maneras que te sean naturales, para que llegues a quienes le necesitan.

ENCUENTRA TU VOZ, SEGUNDA PARTE

> *Y hay diversidad de operaciones, pero Dios, que hace todas las cosas en todos, es el mismo.*
>
> 1 Corintios 12:6

HEMOS VISTO YA TRES ESTILOS PARA COMUNICAR NUESTRA FE. Y hoy veremos tres más, con ejemplos bíblicos y quiénes compartieron con Fayz su fe de acuerdo a esos estilos. Lo que intento es ayudarte a encontrar el estilo o combinación de estilos que sean más naturales para ti.

4. **EL ESTILO INTERPERSONAL.** Vemos este estilo en el ex recaudador de impuestos Mateo, que compartió su mensaje con sus excolegas invitándolos a una fiesta a la que también invitó a Jesús y a los otros discípulos, promoviendo así la relación entre sus amigos más viejos y los más nuevos (Lucas 5:29). En el caso de Fayz, fue Barbara la que empleó este estilo al invitarlo a su casa, a él con su esposa. Eso permitió que ella y Karl fueran formando una verdadera amistad con ellos, profundizando sus conversaciones sobre temas espirituales.

5. **EL ESTILO ANFITRIÓN.** La mujer junto al pozo estaba emocionada por haber conocido a Jesús, el Mesías. Y por eso volvió corriendo a su ciudad —Samaria— para invitar a sus amigos a que vinieran hasta el pozo y oyeran a Jesús en persona (Juan 4). Eso hicieron y, como resultado, hubo algunos que tuvieron fe en Cristo. Eso fue parecido a lo de Karl con Barbara y sus amigos de la escuela dominical, cuando invitaron a Fayz y su familia a visitar su iglesia. Créeme que la invitación a una actividad o servicio bien planificados puede tener un gran impacto. ¡Dios usó, en parte, este estilo para llamarlo!

6. **EL ESTILO SERVICIAL.** Una mujer llamada Tabita servía a los necesitados, cosía ropa para ellos (Hechos 9). Era como una Madre Teresa

del siglo primero. Servía a los demás en formas que les hicieran ver que tenía que haber un Dios. Algunas de las personas de la escuela dominical también sirvieron así a Fayz al presentarle personas de la comunidad médica, lo que le abrió puertas para su profesión en el futuro. Dios puede usar este tipo de servicio con amor para que alguien reciba a Cristo de manera inesperada.

Quizá todavía no hayas comunicado tu fe de manera activa, pero estoy seguro de que al menos uno de estos estilos se ajusta a tu personalidad en otras áreas de la vida, ya sea el *directo*, el *intelectual*, el *testimonial*, el *interpersonal*, el *anfitrión* o el *servicial*. También es posible que tu estilo sea otro, uno que no se nos ocurrió todavía. Más que eso quiero urgirte a que permitas que Dios te use, tratando de emplear al menos uno de estos métodos para llegar con el mensaje de Cristo a tus amigos y familiares.

La verdad para este día

Como cristianos formamos parte de la iglesia a la que Jesús le dio la Gran Comisión (Mateo 28:18-20): «Id y haced discípulos a todas las naciones», así que prueba el estilo que mejor se adapte a la forma en que Dios te hizo.

TOMAR LA BIBLIA EN SENTIDO LITERAL

> He descendido para librarlos de mano de los egipcios, y sacarlos de aquella tierra a una tierra buena y ancha, a tierra que fluye leche y miel.
>
> Éxodo 3:8

EL MAESTRO DE BIBLIA INGLÉS STUART BRISCOE, QUE FUERA durante muchos años pastor de la Iglesia Elmbrook, en Wisconsin, contó en uno de sus sermones acerca de la conversación espiritual que sostuvo con un compañero de asiento en un vuelo.

—Así que, ¿usted es de esa gente que toma la Biblia *en sentido literal*? —preguntó el hombre cuando Briscoe le dijo que era pastor.

Sabiendo que lo había catalogado ya como un anticuado fundamentalista, Brisco respondió con su típico ingenio inglés:

—Sí, así es —dijo con ojos chispeantes—, tal vez usted pueda ayudarme a entender lo que significa uno de los versículos de la Biblia.

—Bueno, no sé tanto sobre la Biblia pero, ¿qué es lo que quiere entender? —le contestó el hombre.

—La Biblia dice que Dios guió a los israelitas a una tierra en la que fluía leche y miel. Pero, ¿cómo podrían avanzar en medio de tal pegote? Si había leche y miel por todas partes, fluyendo por las laderas de las colinas ¡tiene que haber sido terrible!

El hombre sonrió, reconociendo que Briscoe lo había atrapado. Era claro lo que le estaba mostrando: puedes tomar el mensaje de la Biblia en sentido literal, pero no por eso tendrás que entender al pie de la letra los recursos literarios.

El teólogo R. C. Sproul explica: «La interpretación según el significado literal tomará en cuenta todo el lenguaje figurado y los recursos literarios del texto».[1] Continúa luego: «Trazamos distinciones entre la poesía lírica y los informes legales, entre crónicas periodística de hechos actuales y poemas épicos. Conocemos la diferencia entre el estilo narrativo histórico y el sermón, entre la descripción gráfica realista y la hipérbole. Pero cuando se trata de la Biblia, si no trazamos las mismas distinciones podremos tener cantidad de problemas en su interpretación».[2]

De modo que cuando la Biblia nos dice que Dios es el León de Judá (Oseas 5:14; Apocalipsis 5:5) no tenemos que imaginarlo con melena y grandes dientes. O cuando llama a Jesús «Cordero de Dios» (Juan 1:29) no hay por qué imaginarlo cubierto de lana y balando, y cuando dice que es la puerta (Juan 10:7-10) no hay que evocarlo con bisagras oxidadas y cerradura.

Por otra parte, tampoco hay que descartar estos pasajes como meras metáforas. *Son verdad en el aspecto literal que sus autores intentaron transmitir*: Dios es un feroz defensor; Jesús entrega su vida por sus amigos y es la puerta al cielo para todos los que confían en Él.

La verdad para este día

La Biblia enseña la verdad, por eso tenemos que estudiarla con atención.

¿FALTA DE VERDAD EN LA BIBLIA?

> *Pero la serpiente era astuta, más que todos los animales del campo que Jehová Dios había hecho... Entonces la serpiente dijo a la mujer: No moriréis*
>
> Génesis 3:1,4

A PRIMERA VISTA CONSIDERAMOS SACRÍLEGA LA SUGERENCIA siquiera de que la Biblia pudiera contener algo que no sea verdad. Pero si intentamos verla en profundidad, notaremos que la podemos entender mejor si conocemos bien el problema.

Los teólogos Norman Geisler y William Nix explican lo siguiente respecto de la Biblia: «La inspiración requiere de la verdad, solo lo que enseña la Biblia».[1] Y lo explican de este modo:

> La Biblia enseña únicamente *la verdad* (Juan 17:17) pero contiene algunas mentiras, como la de Satanás (Génesis 3:4; cf. Juan 8:44) y la mentira de Rahab (Josué 2:4). La inspiración cubre toda la Biblia, por completo, en el sentido de que registra con verdad y precisión incluso las mentiras y los errores de los seres pecaminosos. La verdad de las Escrituras yace en lo que ella *revela*, no en todo lo que *registra*. Si no trazamos esta distinción, podríamos llegar a la errónea conclusión de que la Biblia enseña la inmoralidad porque nos cuenta del pecado de David (2 Samuel 11:4), que promueve la poligamia puesto que registra las muchas esposas de Salomón (1 Reyes 11:3) o que reafirma el ateísmo porque cita al necio que dice que «no hay Dios» (Salmos 14:1). En cada uno de esos casos, el que interpreta las Escrituras tiene que buscar el *compromiso del autor* del pasaje en cuestión. Lo importante para el intérprete es pensar, no lo que *parece* decir el autor, no aquello a lo que haga referencia y ni siquiera a quién está citando, sino lo que *realmente afirma* en el texto.[2]

Es decir que la Biblia siempre *enseña* la verdad, aunque no respalda todo lo que *informa*. Tal como suele señalar Mark Mittelberg, la Biblia registra la charlatanería religiosa de los amigos de Job y también las reacciones de este ante lo que le decían ellos durante su período de prueba, que se describe en el comienzo del libro de Job. El intercambio ocupa gran parte de Job 4-37.

Al final, Job 38:1-2 nos dice: «Entonces respondió Jehová a Job desde un torbellino, y dijo: ¿Quién es ése que oscurece el consejo con palabras sin sabiduría?». En otras palabras, la Biblia informa lo que conversaron Job y sus amigos, registrando *la totalidad del intercambio*, pero eso no necesariamente indica que respalde lo que ellos le están diciendo. Sin embargo, muchos citan partes de esos capítulos como si fuera eso lo que Dios quiere que sepamos, sin entender que la sección no es más que el registro de lo que dicen los equivocados amigos de Job, no algo que presenta la Biblia como mensaje del Señor.

En resumen: *¡Hay que leer con atención!* Tenemos que estudiar con cuidado y buscar la sabiduría para poder discernir el mensaje que quiere transmitir el autor y el Espíritu Santo, que lo ha inspirado.

La verdad para este día

Una de las claves para determinar lo que enseña la Biblia (a diferencia de lo que solo informa o registra) es leer con atención el contexto del pasaje. Muchas veces puedes entender así la imagen completa de lo que se está enseñando en realidad, sin confundirlo con lo que solo registra.

LA NATURALEZA DE PROVERBIOS

> *Recibid mi enseñanza, y no plata; y ciencia antes que el oro escogido. Porque mejor es la sabiduría que las piedras preciosas; y todo cuanto se puede desear, no es de compararse con ella.*
>
> Proverbios 8:10-11

EN LECTURAS ANTERIORES EXPLIQUÉ QUE LA BIBLIA ES COMPLEtamente verdad en todo lo que enseña. Sin embargo, en ocasiones podemos confundir o sobreestimar lo que el autor realmente trataba de decir. Uno de los libros que más veces se malinterpretan es Proverbios.

¿Qué es un proverbio? Es un dicho sapiencial que presenta una verdad general. Sin embargo, no es una promesa universal ni garantizada de cómo funciona siempre la vida. Mark Mittelberg usa este ejemplo: «La blanda respuesta quita la ira; mas la palabra áspera hace subir el furor» (Proverbios 15:1). Ahora, ¿de qué manera se supone que entendamos esto? ¿Es cierto que la respuesta blanda o amable calma la ira? ¿Qué pasó entonces cuando Jesús estaba ante sus jueces antes de su crucifixión? No dijo mucho, pero lo poco que dijo parecía haber sido respuesta amable y es obvio que no calmó la ira de sus enemigos.

O ¿qué hay del pueblo judío durante el Holocausto, o de los negros durante la esclavitud, o todo tipo de situaciones en las que la norma ha sido la injusticia? Las respuestas amables tal vez pudieran aplazar la calamidad inmediata pero no la ira reinante.

Pablo dijo en 1 Corintios 4:12-13: «Nos maldicen, y bendecimos; padecemos persecución, y la soportamos. Nos difaman, y rogamos; hemos venido a ser hasta ahora como la escoria del mundo, el desecho de todos». Así Pablo y sus compañeros respondían amablemente o con gentileza, pero nos dice que de todas maneras seguían tratándolos mal, incluso al momento de escribir este informe.

No malinterpretes lo que estoy diciendo. Los proverbios están llenos de la gran sabiduría de Dios y nos ayudan a vivir con sapiencia, nos evitan gran parte del dolor y la pena que de otro modo sufriríamos.

Pero no son promesas infalibles ya que no es esa su intención. No es esa la naturaleza del proverbio, sea bíblico o popular.

Si entendemos eso, podremos dejar de afirmar que hay promesas de Dios que no se cumplen, porque no necesariamente lo son. Espero que esto te anime a estudiar el libro de Proverbios para aprovechar cada gota de sabiduría que Dios nos ofrece allí. Sus beneficios son enormes.

La verdad para este día

«¿No clama la sabiduría, y da su voz la inteligencia?» (Proverbios 8:1). ¡Lee y aprovecha lo bueno que Dios te está diciendo a través de su sabiduría hoy!

RELIGIÓN VERDADERA

> *La religión pura y sin mácula delante de Dios el Padre es esta: Visitar a los huérfanos y a las viudas en sus tribulaciones, y guardarse sin mancha del mundo.*
>
> SANTIAGO 1:27

FRIEDRICH NIETZSCHE FUE UN FILÓSOFO NIHILISTA ALEMÁN, conocido por declarar que «Dios está muerto». Escribió un libro titulado *El anticristo*, en el que atacaba al cristianismo por ser un mal para la humanidad. ¿Por qué? Por la empatía y la preocupación por los débiles, los que sufren.

«¿Qué es lo bueno? Lo que aumente la sensación de poder, la voluntad del poder y el poder en "sí mismo en el hombre"», decía Nietzsche. «¿Y qué es lo malo? Lo que surja de la debilidad... El débil y el estropeado perecerán: es el primer principio de nuestra caridad. Y hay que ayudarlos a que así sea. ¿Qué es lo que daña más que cualquier vicio? La compasión práctica por el estropeado y el débil. El cristianismo».[1]

Reflexiona por un momento en estas palabras. No te sorprendas porque un joven pintor profesional de Bavaria repartiera copias de uno de los libros de Nietzsche como regalo para sus amigos en Navidad. ¿Quién era ese pintor de casas? Adolfo Hitler.[2]

Bueno, si Nietzsche era anticristo, Cristo era antiNietzsche, al menos en términos de lo que cada uno enseñó. Jesús dijo: «Venid, benditos de mi Padre, heredad el reino preparado para vosotros desde la fundación del mundo. Porque tuve hambre, y me disteis de comer; tuve sed, y me disteis de beber; fui forastero, y me recogisteis; estuve desnudo, y me cubristeis; enfermo, y me visitasteis; en la cárcel, y vinisteis a mí» (Mateo 25:34-36).

En vez de promover «la voluntad del poder», Jesús se despojó de su poder y «tomando forma de siervo, hecho semejante a los hombres; y estando en la condición de hombre, se humilló a sí mismo, haciéndose obediente hasta la muerte, y muerte de cruz» (Filipenses 2:7-8). ¿Por qué? Porque Él —con el Padre—, amó tanto al mundo que estuvo dispuesto a «dar la vida por los amigos» (ver Juan 3:16; 15:13).

Como lo resumió Oswald Chambers de manera elocuente: «Jesucristo cuida a los débiles que el mundo empuja contra la pared. Él apoya su espalda en la pared y los recibe con los brazos abiertos».[3]

La verdad para este día

Juan nos amonesta, diciendo: «En esto hemos conocido el amor, en que él puso su vida por nosotros; también nosotros debemos poner nuestras vidas por los hermanos» (1 Juan 3:16).

LA INSPIRACIÓN DE LA BIBLIA

> *Toda la Escritura es inspirada por Dios, y útil para enseñar, para redargüir, para corregir, para instruir en justicia, a fin de que el hombre de Dios sea perfecto, enteramente preparado para toda buena obra.*
>
> 2 Timoteo 3:16-17

«NOS DICE LA BIBLIA QUE TODA ESCRITURA ES "INSPIRADA POR Dios"», le dije al erudito del Nuevo Testamento Daniel B. Wallace. «Pero, ¿qué es exactamente lo que los cristianos creen en cuanto al proceso que Dios usó para crear el Nuevo Testamento?».

El profesor del Seminario Teológico de Dallas me respondió: «No tenemos demasiado en cuanto al proceso de inspiración, aunque sabemos que Dios no dictó la Biblia. Observa el Antiguo Testamento: Isaías tiene un vocabulario enorme, se le considera el Shakespeare de los profetas hebreos y, sin embargo, Amós era un agricultor sencillo con un vocabulario mucho más modesto. Pero ambos libros fueron inspirados. Es obvio que no se refiere a un dictado verbal. Dios no buscaba estenógrafos sino hombres santos para que escribieran su libro».

«¿Cómo funciona entonces la inspiración?», quise saber.

«Tenemos algunas pistas allí donde Mateo cita el Antiguo Testamento diciendo que "el Señor había dicho por medio del profeta" (Mateo 1:22; 2:15). "El Señor había dicho" nos sugiere que Dios es el agente supremo de la profecía y "por medio del profeta" insinúa que hay un agente intermedio que también utiliza su personalidad. Eso significa que el profeta no estaba tomando dictado de Dios sino que Dios usaba visiones, sueños, etc., como medio de comunicación y que el profeta escribía usando sus propias palabras. El proceso, entonces, no anula la personalidad humana pero, en última instancia, lo que resulta es exactamente lo que Dios quiere producir».

Yo quería resumirlo todo en pocas palabras: «Completa esto: cuando los cristianos dicen que la Biblia es *inspirada*, están diciendo que...».

«Se trata tanto de la Palabra de Dios como de las palabras humanas. Lewis Sperry Chafer lo dijo así: "Sin violar las personalidades de los autores, escribieron con sus propios sentimientos, capacidades literarias e intereses pero, a fin de cuentas, Dios podía decir: *Es exactamente lo que yo querría haber escrito"*».[1]

Vuelvo a reflexionar en esa conversación y pienso que Wallace supo explicar lo que el apóstol Pedro nos enseñó e intentó que entendiéramos: «entendiendo primero esto, que ninguna profecía de la Escritura es de interpretación privada, porque nunca la profecía fue traída por voluntad humana, sino que los santos hombres de Dios hablaron siendo inspirados por el Espíritu Santo» (2 Pedro 1:20-21).

La verdad para este día

Una cosa es entender lo que es la inspiración. Pero aprovecharla es algo muy distinto. Pedro dijo: «Tenemos también la palabra profética más segura, a la cual hacéis bien en estar atentos como a una antorcha que alumbra en lugar oscuro, hasta que el día esclarezca y el lucero de la mañana salga en vuestros corazones» (2 Pedro 1:19). Tenemos que leer la inspirada revelación de Dios, la Biblia, cada día para poder aprender todo lo que Dios quiere enseñarnos.

LETRAS Y TILDES

Porque de cierto os digo que hasta que pasen el cielo y la tierra, ni una jota ni una tilde pasará de la ley, hasta que todo se haya cumplido.

MATEO 5:18

SON MUCHOS LOS QUE DESDE PEQUEÑOS OYERON HABLAR DE QUE «ni una jota ni una tilde» en este pasaje del Sermón del Monte. Hay traducciones modernas que lo dicen de manera más sencilla: «Les aseguro que mientras existan el cielo y la tierra, *ni una letra ni una tilde* de la ley desaparecerán hasta que todo se haya cumplido» (énfasis añadido por mí).

Cuando sabes lo que significan estas palabras de Jesús, ves que se trata de un mensaje profundo. Hablaba de que la ley, es decir la revelación de Dios en el Antiguo Testamento, se cumpliría en todo. Eso significa que cada profecía, cada advertencia, cada predicción, hasta la «letra más pequeña» o «el trazo más fino de la pluma, como la tilde» se cumplirían. No se trataba de una novedosa idea que se le había ocurrido a Jesús. Estaba repitiendo una promesa de Dios al profeta Isaías, de hacía setecientos años: «Sécase la hierba, marchítase la flor; mas la palabra del Dios nuestro permanece para siempre» (Isaías 40:8).

Recordemos que después de su resurrección, Jesús iba por el camino a Emaús y dos discípulos le encontraron, pero no se dieron cuenta de que se trataba de Jesús. Iban pensando en el significado de lo sucedido ese primer domingo de Pascua, pero finalmente Jesús habló y dijo: «Oh insensatos, y tardos de corazón para creer todo lo que los profetas han dicho, ¿no era necesario que el Cristo padeciera estas cosas, y que entrara en su gloria?» (Lucas 24:25-26).

Medita en ello. Jesús los reprendió porque no entendían ni creían en «todo lo que han dicho los profetas». Específicamente, si los voceros de Dios habían dicho que el Mesías sufriría horriblemente antes de ser glorificado, entonces tenían que haber sabido lo que iba a suceder porque la Palabra de Dios nunca falla.

Apliquemos esto a nuestras vidas: estudiemos para saber qué es lo que enseña la Biblia en verdad. Y cuando entendamos su mensaje, podremos atesorarlo. ¿Cómo llegamos a entender la Biblia? Mediante tres pasos sencillos:

1. Lee la Biblia con regularidad para ver qué dice.
2. Estudia lo que lees para entender el mensaje; además, consulta comentarios y notas cristianas confiables en Biblias de estudio, verificando lo que interpretas con lo que enseñan los que más han estudiado.
3. Actúa según lo que ahora entiendes que dice Dios, sabiendo que cumplirá cada letra y cada tilde.

La verdad para este día

Pablo dijo: «Todas las promesas que ha hecho Dios son "sí" en Cristo» (2 Corintios 1:20, NVI). La Palabra de Dios es verdad. ¡Basemos nuestras vidas en ella!

EL LIBRO MÁS VENDIDO DE TODOS LOS TIEMPOS

> *Porque la palabra de Dios es viva y eficaz, y más cortante que toda espada de dos filos; y penetra hasta partir el alma y el espíritu, las coyunturas y los tuétanos, y discierne los pensamientos y las intenciones del corazón. Y no hay cosa creada que no sea manifiesta en su presencia; antes bien todas las cosas están desnudas y abiertas a los ojos de aquel a quien tenemos que dar cuenta.*
>
> Hebreos 4:12-13

«LA BIBLIA ES EL LIBRO MÁS VENDIDO DE TODOS LOS TIEMPOS», escribió Mark Mittelberg en su libro *The reason why: faith makes sense* [La razón por la que la fe es lógica].[1] «Año tras año se imprimen 100 millones de copias, una cifra enorme, y se estima que en todo el mundo hay casi ocho mil millones de copias impresas. El texto de la Biblia se ha publicado en 450 idiomas diferentes, la porción del Nuevo Testamento, en 1.400 idiomas y el evangelio de Marcos en 2.370 idiomas. Estas cifras no incluyen las muchas versiones digitales de la Biblia que ven en Internet millones de personas».[2] Queda en claro que se trata de un libro que interesa, que la gente parece estar cada vez más fascinada por leer.

«La Biblia también es un libro que hace grandes declaraciones y promesas», prosigue Mark. Dice ser un mensaje de Dios, una revelación... que nos habla de sí mismo y de sus propósitos para nosotros. Además, declara que su valor y su relevancia perdurarán, como lo explica Isaías 40:8: «Sécase la hierba, marchítase la flor; mas la palabra del Dios nuestro permanece para siempre».

«Se le llama manual de instrucciones para las personas, un libro escrito por inspiración de nuestro Creador como guía para ayudarnos a vivir de manera que le honre y que funcione también para beneficio nuestro. 2 Timoteo 3:16 explica: "Toda la Escritura es inspirada por Dios, y útil para enseñar, para redargüir, para corregir, para instruir en justicia"».

¿Qué es lo que ubica a la Biblia en una categoría aparte y nos da confianza en que en realidad es lo que afirma ser —la revelación de Dios— y que solo ella puede enseñar, reprender, corregir e instruir en la justicia?

Podemos decir mucho en respuesta a esa pregunta. En las lecturas que siguen hablaré de la *congruencia, la fecha, la línea viva, la superioridad textual* y la *verificación arqueológica* de la Biblia.

Sin embargo, quiero decir algo primero: en mi experiencia, la Biblia es un libro que no se parece a ningún otro. Es, de hecho, un libro vivo y activo; y muchas veces me sorprende que los pasajes de la Biblia, escritos hace tanto tiempo, parecieran decirme una verdad que salta a la vista, que me dan certeza, aliento y, en ocasiones, ese reto o desafío que tanto necesito en la vida.

La verdad para este día

«Gustad, y ved que es bueno Jehová» dice el Salmo 34:8. Yo diría lo mismo de su Palabra, la Biblia. Pero necesitas leerla con regularidad para hacer más que probar y alimentarte en serio.

COHERENCIA DE LA BIBLIA

> *Los profetas que profetizaron de la gracia destinada a vosotros, inquirieron y diligentemente indagaron acerca de esta salvación, escudriñando qué persona y qué tiempo indicaba el Espíritu de Cristo que estaba en ellos, el cual anunciaba de antemano los sufrimientos de Cristo, y las glorias que vendrían tras ellos.*
>
> 1 Pedro 1:10-11

SI PIENSAS EN LA BIBLIA COMO UN ÚNICO LIBRO, NO PODRÁS PERcibir la potencia del ejemplo que voy a mencionar. Pero si crees que es, en realidad, una colección de libros —sesenta y seis, para ser precisos—, entonces se hace claro el poder de este argumento. Aquí verás la explicación de los apologistas cristianos Norman Geisler y William Nix respecto de la coherencia de la Palabra de Dios.

La Biblia está compuesta por sesenta y seis libros, escritos a lo largo de unos mil quinientos años por casi cuarenta autores, en distintos idiomas, y sobre cientos de temas. Sin embargo, hay en ella un asombroso hilo conductor: Jesucristo; un problema: el pecado; y una solución: el Salvador. Es un hilo conductor que va desde Génesis hasta Apocalipsis.

«Fue tan solo por reflexiones posteriores, de los profetas mismos (p. ej. 1 Pedro 1:10-11) y de generaciones, que se descubrió que la Biblia es, en realidad, un libro cuyos "capítulos" son obra de hombres que no tenían conocimiento explícito de la estructura total. Su papel podría compararse con el de distintos hombres que escribieran los capítulos de una novela sin que ninguno de ellos conociera el argumento principal. Si el libro tiene unidad, no es algo que proviniera de sus autores sino de más allá de ellos».[1]

En *Confident faith* [Fe con confianza] Mark Mittelberg añade: «Ya sería difícil lograr tal grado de coherencia en un libro único y escrito por un solo autor. Pero si le sumas a eso la complejidad de los múltiples autores de diversos países, los numerosos idiomas y los múltiples siglos, junto a los diversos problemas y situaciones que se tratan, entonces la asombrosa cohesión de la Biblia con su mensaje unificado solo puede considerarse un milagro».

«La mejor forma de percibirlo es pasar algo de tiempo leyendo tu Biblia. A medida que avanzas en la lectura, vas notando la integridad de la lógica, la relevancia congruente, la precisión práctica del mundo real, ese "sonido a verdad" que aunque es subjetivo es real, según afirman innumerable cantidad de lectores a lo largo de los años».[2]

Yo quiero dar fe de ese «sonido a verdad». A veces quedo sin aliento cuando percibo que lo que acabo de leer y que nos llega de Pablo, de Juan, de David, tuvo su origen en la mente de Dios, que a través de ellos habla directamente a mi corazón y a mi vida.

La verdad para este día

La Biblia contiene muchos libros de diversos autores. Y, sin embargo, cuanto más avanzas en su lectura más reconoces la voz de un único Autor, que te habla como no podría hacerlo nadie más.

FECHAS DE LA ANTIGÜEDAD

Me ha parecido también a mí, después de haber investigado con diligencia todas las cosas desde su origen, escribírtelas por orden, oh excelentísimo Teófilo, para que conozcas bien la verdad de las cosas en las cuales has sido instruido.

Lucas 1:3-4

«LOS TEÓLOGOS ERUDITOS HAN TERMINADO UN ARGUMENTO abrumador de que los evangelios no son relatos confiables de lo que sucedió en la historia del mundo real. Todos se escribieron mucho después de la muerte de Jesús», afirma Richard Dawkins.[1] Son muchos los que lo dicen, pero también son muchas las veces que se ha refutado ese argumento. A pesar de que los eruditos en general ubican la fecha de los evangelios entre los años 70 y 90 D.C., abarcando tres décadas, el Dr. Craig Blomberg explica que puede hallarse respaldo de fechas anteriores también si se toma el libro de los Hechos que escribió Lucas, médico, historiador y compañero muy cercano del apóstol Pablo.

«Hechos termina aparentemente incompleto. Pablo es una figura central en el libro y se encuentra bajo arresto domiciliario en Roma. El libro parece interrumpirse abruptamente en ese punto», afirmó Blomberg, autor de *The Historical Reliability of the Gospels* [La fiabilidad histórica de los evangelios]. «¿Qué sucede con Pablo? Hechos no nos lo informa, tal vez porque el libro se escribió antes de que lo mataran».

«Eso significa que Hechos no puede haber sido escrito después del año 62 D.C. Habiendo establecido eso podemos retroceder desde allí. Como Hechos es la segunda parte de una obra de dos volúmenes, sabemos que la primera parte —el Evangelio de Lucas— tiene que haber sido anterior. Y como Lucas incorpora partes del Evangelio de Marcos, eso significa que Marcos es anterior aun».

«Ahora bien, si concedes tal vez un año de tiempo para cada uno de esos libros, el cálculo es que Marcos no puede haberse escrito después del año 60, tal vez hacia fines de la década de los años 50; y si a Jesús lo mataron en el año 30 o el 33 D.C., estaríamos hablando de una brecha de un máximo de treinta años».

«En términos de la historia», concluye Blomberg, «¡treinta años sería "de último momento"!».[2]

«Pongamos esto en nuestro contexto», explica Mark Mittelberg. «Casi todo el Nuevo Testamento debería haberse completado en un período similar al que transcurrió entre ahora y el año en que se estrenó *La guerra de las galaxias*, en que Apple lanzó la computadora Apple II y Jimmy Carter fue electo presidente y murió Elvis Presley, todo eso sucedió en 1977. Y son hechos que muchos recordamos de manera vívida en nuestros días».[3]

Yo añadiría que si hoy alguien intentara reescribir la historia acerca de cualquiera de esos hechos modernos, pronto se detectaría y refutaría cualquier falsedad. Sin embargo, no hay registro de que nadie en ese momento haya refutado o rebatido la información que registra el evangelio.

La verdad para este día

El Nuevo Testamento ha demostrado varias veces que es un registro confiable del ministerio, la muerte y la resurrección de Jesús. Esta es otra razón por la que podemos tener una fe confiada en Él.

LA LÍNEA VIVA

Bienaventurados los que no vieron, y creyeron.

JUAN 20:29

«FECHA ANTIGUA, LÍNEA VIVA, A ERICK NELSON LE VA BIEN». ESTA era una cita memorable del debate entre Nelson, cristiano, y un opositor escéptico. El debate se realizó en el aula de una pequeña universidad de California del sur.

Era el primer debate que había visto Mark Mittelberg. Jamás olvidó lo que dijo Nelson en cuanto a la autenticidad del Nuevo Testamento, respaldada por estos dos argumentos (entre otros): *fechas antiguas*, que acabamos de ver en la lectura anterior, y *línea viva*, que apunta a los padres apostólicos, a los que capacitaron y comisionaron algunos de los apóstoles en persona.

«Piensa en Clemente, por ejemplo», decía el historiador Michael Licona en una entrevista que le hice. «Ireneo, uno de los padres de la iglesia primitiva, informa que Clemente había conversado con los apóstoles y, en efecto, Ireneo comentaba que "tal vez podía decirse que el eco de la predicación de los apóstoles seguía resonando en sus oídos, y sus tradiciones todavía estaban frescas en sus retinas". Tertuliano, padre de la iglesia de África, dijo que había sido Pedro mismo quien ordenó a Clemente.

En su carta a la iglesia de Corinto, escrita en el siglo I [escribió Clemente]: «así, habiendo recibido órdenes y con la completa certeza que causaba la resurrección de nuestro Señor Jesucristo y creyendo en la Palabra de Dios, [los discípulos] iban con la certeza del Espíritu Santo, predicando la buena nueva de que el reino de Dios está por venir».

Y también está Policarpo. Ireneo dice que a Policarpo «lo instruyeron los apóstoles, y conversó con muchos de los que habían visto a Cristo», incluido Juan, y que «recordaba sus palabras exactas» y «siempre enseñaba las cosas que había aprendido de los apóstoles».

Tertuliano confirma que Juan designó a Policarpo como obispo de la iglesia de Esmirna.

«Cerca del año 110 D.C.», añadió Licona, «Policarpo le escribió una carta a la iglesia de Filipo en la que menciona la resurrección de Jesús no menos de cinco veces. Se refería a Pablo y los otros apóstoles al decir: "Porque ya no aman el tiempo presente sino a aquel que murió por nosotros, y por nosotros fue resucitado por Dios"».[1]

Estos «padres apostólicos» fueron los que escribieron la epístola de Clemente de Roma, las epístolas de Ignacio, la epístola de Policarpo, la epístola de Bernabé y otras más. En muchos lugares, esos escritos dan testimonio de los datos básicos acerca de Jesús, en particular de sus enseñanzas, su crucifixión, su resurrección y su divina naturaleza.

«Lo importante de Ignacio», me dijo el historiador Edwin Yamauchi, «es que puso énfasis tanto en la deidad como en la humanidad de Jesús. Y destacó también los datos históricos del cristianismo. En una carta, cuando iban a ejecutarlo, escribió que Jesús había sido verdaderamente perseguido bajo Pilato, que fue verdaderamente crucificado, que verdaderamente resucitó de entre los muertos y que quienes creen en Él resucitarán también».[2]

La verdad para este día

Fechas antiguas, línea viva... ¡al Nuevo Testamento le va bien!

«VERGÜENZA DE RIQUEZA»

El cielo y la tierra pasarán, pero mis palabras no pasarán.

MARCOS 13:31

«NO SE PUEDE CONFIAR EN LA BIBLIA», DICE LA CREENCIA POPULAR. «Se tradujo y retradujo tantas veces… Además, tiene mil años. ¿Quién sabe lo que decían los escritos originales?».

Mark Mittelberg brinda una buena respuesta a esto en su libro *Confident Faith* [Fe con confianza]: «La Biblia que tenemos hoy no es el último eslabón en una larga cadena de traducciones de un idioma a otro, digamos del griego al latín, luego del latín al alemán, luego del alemán al inglés y así sucesivamente. Es más bien traducción directa de los manuscritos históricos en los idiomas originales: el hebreo del Antiguo Testamento y el griego del Nuevo Testamento. Toda buena versión volverá a esos documentos antiguos y, basándose en muchos años de estudios lingüísticos y culturales, pone lo que estaba escrito allí en idioma contemporáneo, preciso, con lenguaje adecuado. Como resultado podemos leer y entender sin dificultad lo que originalmente registraron los autores bíblicos en hebreo y griego».

«Además, tenemos del Nuevo Testamento más de 5.800 copias de antiguos manuscritos en griego, totales o parciales[1] y unos 20.000 más en otros idiomas.[2] Así como sucede con todos los escritos antiguos, no tenemos los documentos manuscritos originales (llamados *autógrafos*) aunque sí una asombrosa cantidad de copias confiables».

«Lo que realmente destaca al Nuevo Testamento es que tenemos muchas copias *más* de las que hay de cualquier otra obra antigua, y que son *mucho más antiguas* (es decir, de fecha cercana a la del escrito original)».[3]

De acuerdo al erudito neotestamentario Daniel B. Wallace, tenemos:

> una riqueza casi vergonzosa en comparación con los datos con los que deben trabajar los estudiosos de las obras clásicas en griego y latín. La cantidad promedio de copias de autores clásicos de la

literatura no es de más de veinte. Pero para el Nuevo Testamento tenemos los datos manuscritos más de 1.000 veces más que para el autor grecorromano promedio. Y no solo eso, sino que los manuscritos existentes del autor clásico promedio son de no menos de 500 años después de la época en que escribió su obra. En cambio, para el Nuevo Testamento las copias con que contamos solo superan a los originales en décadas.[4]

A esos otros trabajos históricos se los considera confiables. Siendo este el caso, cuando uno considera los miles de manuscritos del Nuevo Testamento y el breve período transcurrido a partir del momento en que ocurrieron los hechos, en realidad no se puede cuestionar la confiabilidad histórica del Nuevo Testamento.

La verdad para este día

Si hay escritos antiguos que puedan considerarse confiables por su autenticidad, con la Biblia sucede esto y en mayor medida. Porque Dios se ha ocupado de que nos llegaran réplicas altamente precisas de los escritos originales de las Escrituras. ¡Cuenta con ello!

LA ARQUEOLOGÍA Y LA BIBLIA, PRIMERA PARTE

> *Si os he dicho cosas terrenales, y no creéis, ¿cómo creeréis si os dijere las celestiales?*
>
> Juan 3:12

CUALQUIERA PUEDE INVENTAR UNA HISTORIA. PERO COMO PERIOdista con capacitación jurídica, y por ser naturalmente escéptico, siempre necesité evidencia confiable que respaldara los relatos de lo que se dice sobrenatural. Es decir, ese tipo de afirmaciones que leemos a lo largo de la Biblia. Por eso le pregunté al erudito bíblico Norman Geisler sobre los hallazgos de la arqueología y qué es lo que pueden establecer.[1]

«Ha habido miles de hallazgos arqueológicos en Medio Oriente que respaldan la imagen que presenta el registro bíblico», dijo Geisler.

«No hace mucho hubo un descubrimiento que confirmó [detalles sobre] el rey David. Los patriarcas —los relatos sobre Abraham, Isaac, y Jacob— se consideraban leyendas en el pasado pero, a medida que se va conociendo más, esas historias se ven corroboradas cada vez en mayor medida. La destrucción de Sodoma y Gomorra se pensaba que era un mito hasta que se halló evidencia de que cinco de las ciudades que se mencionan en Génesis estaban ubicadas donde las sitúa el Antiguo Testamento y en cuanto a su destrucción, el arqueólogo Clifford Wilson dijo que hay "evidencia permanente de la gran conflagración que ocurrió en el pasado lejano"».[2]

«Además», añadió Geisler, «se han confirmado diversos aspectos del cautiverio judío. Y toda referencia del Antiguo Testamento a un rey asirio se confirmó como cierta. En la década de 1960, una excavación comprobó que los israelitas —de hecho— podrían haber entrado a Jerusalén por un túnel durante el reinado de David. Hay evidencia de que en un momento el mundo sí hablaba una única lengua, como dice la Biblia. Actualmente se está excavando el sitio del templo de Salomón. Y de esos ejemplos, hay muchos más. En muchas ocasiones los arqueólogos sintieron escepticismo respecto del Antiguo Testamento, pero los nuevos descubrimientos corroboraron el relato de la Biblia».

«¿Cómo cuál?», le pregunté.

«La Biblia hace más de treinta referencias a los hititas, pero los críticos solían acusar que no había evidencia de que hubiera existido ese pueblo. Hoy los arqueólogos que realizan excavaciones en lo que ahora es Turquía han descubierto registros de los hititas. El gran arqueólogo William F. Albright afirmó: "No puede haber dudas de que la arqueología ha confirmado la historicidad sustancial de la tradición del Antiguo Testamento"».[3]

Si bien no todo lo que hay en la Biblia puede ponerse a prueba mediante la arqueología, los descubrimientos ratifican muchas veces las afirmaciones de las Escrituras del Antiguo Testamento.

La verdad para este día

Es fácil dudar de las afirmaciones extraordinarias, en especial si son en torno a una civilización que existió hace tanto tiempo. Pero anímate porque el tiempo y los descubrimientos arqueológicos han confirmado la veracidad de esas afirmaciones, unas veces en forma muy amplia y otras, con mayor especificidad. ¡Tenemos grandes razones para confiar en la Biblia!

LA ARQUEOLOGÍA Y LA BIBLIA, SEGUNDA PARTE

> *Estas son las palabras que os hablé, estando aún con vosotros: que era necesario que se cumpliese todo lo que está escrito de mí en la ley de Moisés, en los profetas y en los salmos.*
>
> Lucas 24:44

EN MI ENTREVISTA CON EL DR. NORMAN GEISLER, ÉL BRINDÓ BUEnos ejemplos de cómo la arqueología respalda al Antiguo Testamento, como vimos en la lectura anterior. Así que le pedí que resumiera la evidencia similar para el Nuevo Testamento.[1]

«El afamado historiador de la cultura romana Colin J. Hemer, en *The Book of Acts in the Setting of Hellenistic History* [El libro de los Hechos en el contexto de la historia helena] muestra que la arqueología ha confirmado centenares de detalles lo que la Biblia nos cuenta sobre la iglesia primitiva», empezó diciendo Geisler.[2] «Incluso se han corroborado detalles menores, como el rumbo en que sopla el viento, la profundidad del agua a determinada distancia de la costa, qué tipo de enfermedad se daba en tal o cual isla en particular, los nombres de funcionarios locales y mucho más».

«Ahora, Hechos es obra del historiador Lucas. Hemer nos da más de una docena de razones por las que Hechos tuvo que haberse escrito antes del año 62 D.C., o sea treinta años después de la crucifixión de Cristo. Porque antes de eso Lucas escribió su evangelio, que en esencia dice lo mismo que los otros relatos bíblicos sobre la vida de Jesús».

«Tienes entonces a un historiador impecable, a quien se muestra como veraz en cientos de detalles sin que nadie pudiera refutarlo. Ese hombre escribió toda la historia de Jesús y de la iglesia primitiva. Y el relato se escribió dentro de una misma generación, cuando todavía estaban con vida los testigos oculares, que podrían haberlo desmentido si hubiera exagerado o escrito algo falso. No hay nada como eso respecto a ningún otro libro religioso de la antigüedad».

«¿Es Hemer el único que dice eso?», quise saber.

«No», me respondió. «El importante historiador Sir William Ramsay comenzó siendo escéptico, pero después de estudiar Hechos concluyó que "en muchos detalles el relato muestra una maravillosa verdad".[3] Además, A. N. Sherwin-White, historiador clásico de la Universidad de Oxford, expresó: "En cuanto al libro de los Hechos, la confirmación de su historicidad es abrumadora y todo intento por rechazar su historicidad básica hoy tiene que parecer absurdo"».[4]

Yo añadiría que para los que dudan del grado en que las investigaciones arqueológicas respaldan lo que dice la Biblia, hay una publicación bimestral que se llama *Biblical Archaeological Review* que cubre los hallazgos más recientes.[5] Además, editorial Zondervan publicó la *Biblia de estudio arqueológica*, un excelente recurso de estudio repleto de ejemplos e imágenes de este tipo de descubrimientos. Las publicaciones como esas ilustran la fuerza de la evidencia que respalda a las Escrituras.

La verdad para este día

A lo largo de estas lecturas destaqué la importancia de amar la verdad. Quiero que sepas que el peso de la investigación arqueológica respalda de manera abrumadora las afirmaciones del Antiguo y el Nuevo Testamentos. Esto tiene que animarte.

LA ARQUEOLOGÍA Y EL LIBRO DEL MORMÓN

Entonces, si alguno os dijere: Mirad, aquí está el Cristo, o mirad, allí está, no lo creáis. Porque se levantarán falsos Cristos, y falsos profetas, y harán grandes señales y prodigios, de tal manera que engañarán, si fuere posible, aun a los escogidos. Ya os lo he dicho antes.

Mateo 24:23-25

COMO HEMOS VISTO EN LAS DOS LECTURAS ANTERIORES, LAS reiteradas afirmaciones que la arqueología pronuncia acerca del relato de la Biblia —tanto del Antiguo como del Nuevo Testamentos—, nos brindan una importante corroboración de su confiabilidad.

John McRay, que fuera profesor de arqueología y autor de *Archaeology and the New Testament* [La arqueología y el Nuevo Testamento], afirma que no hay dudas de que los hallazgos arqueológicos destacan la credibilidad del Nuevo Testamento, y me aseguró: «La arqueología no ha producido nada que inequívocamente contradiga a la Biblia».[1]

Sin embargo, esto contrasta de manera radical con la forma en que la arqueología refuta de modo devastador lo que afirma el mormonismo. Aunque Joseph Smith, fundador de la Iglesia de los Santos de los Últimos Días, afirmó que su Libro del Mormón es «el más exacto de todos los libros de la tierra»,[2] la arqueología no ha logrado jamás sustanciar sus afirmaciones sobre hechos que supuestamente ocurrieron en las Américas en la antigüedad, incluidas las supuestas apariciones de Jesús allí.

En efecto, le escribí al Instituto Smithsoniano para preguntar si hay evidencia alguna que respalde las afirmaciones del mormonismo, pero me respondieron que «no ven conexión directa alguna entre la arqueología del Nuevo Mundo y el tema del libro».

Los escritores John Ankerberg y John Weldon concluyen: «No se han encontrado las ciudades del Libro del Mormón, ni testimonios de personas, nación, lugar ni nombres del Libro del Mormón, ni artefactos del Libro del Mormón, ni escrituras del Libro del Mormón, ni inscripciones del Libro del Mormón… nada que demuestre que el Libro del Mormón no es más que un mito o invención. Nada de eso se encontró».[3]

Bill McKeever y Eric Johnson dicen en su libro *Mormonism 101*: «Cada año surgen nuevos descubrimientos arqueológicos que confirman lo que dice la Biblia. Si no fuera por la falta de financiamiento y personas que trabajen en ello, hay muchísimo más por descubrir… Pero, cuando se trata del Libro del Mormón, no hay nada que pueda identificarse de manera positiva como para que respalde los nombres, lugares y sucesos que hubieran escrito los antiguos americanos… Hasta el Libro del Mormón la evidencia va más allá del plano de la fe, y puede clasificarse adecuadamente como mito, leyenda o cuento sin base alguna en los datos históricos».[4]

Entiendo que para muchos mormones sinceros es difícil oír algo así. Tendrán que considerarlo, sin embargo, porque hay muchas cosas que enseña la iglesia de los mormones que contradicen las Escrituras y las enseñanzas de Cristo.

La verdad para este día

Alienta saber que no tenemos que aceptar la Biblia con una fe ciega. Los hallazgos arqueológicos la respaldan, una y otra vez, de formas en que no se han podido respaldar los «libros santos» de otras religiones.

¿UNA RELIGIÓN DE IMITACIÓN?

Porque no os hemos dado a conocer el poder y la venida de nuestro Señor Jesucristo siguiendo fábulas artificiosas, sino como habiendo visto con nuestros propios ojos su majestad.

2 PEDRO 1:16

«NO HAY NADA ORIGINAL EN EL CRISTIANISMO», AFIRMABA LA novela *El código Da Vinci* añadiendo que cualquier cosa importante del cristianismo —desde la Santa cena al nacimiento de Jesús y la adoración dominical— era «directamente tomada de antiguas religiones paganas de misterio».[1] El argumento es sencillo: hay cantidad de personajes de la mitología antigua que nacieron de vírgenes, murieron de manera violenta y resucitaron. Pero nadie los toma en serio. Así que, ¿por qué habría que confiar en afirmaciones similares sobre Jesús, que obviamente están copiadas de estas religiones paganas de misterio, más antiguas?

Es una crítica que popularizaron los historiadores europeos hace ya un siglo. Y que volvió con sed de venganza para convertirse en una de las objeciones más populares contra el entendimiento histórico de Jesús. Se ha difundido por Internet como un virus informático, presentado además de manera casi obligatoria en cantidad de libros que son éxito de ventas. Los «paralelos» parecen asombrosos. Según los que proponen esta teoría de la «imitación», el dios Mitras anterior a la era cristiana, por ejemplo, nació de una virgen en una cueva el 25 de diciembre y lo consideraron un gran maestro itinerante que tuvo doce discípulos, se sacrificó por la paz mundial, lo sepultaron en una tumba y tres días después volvió a la vida.[2] ¿Qué posible explicación tendrán los cristianos para demostrar que no plagiaron todo eso?

Las cualidades sobrenaturales de Jesús, ¿no fueron más que meras ideas tomadas de la mitología antigua y atribuidas al nazareno por sus celosos seguidores, una vez muerto este? ¿Acaso Jesús no es más divino que Zeus? ¿Y los informes de su resurrección no son más creíbles que las fantásticas narraciones de Osiris o Baal? El respetado autor y profesor Ronald H. Nash, explica en *The Gospel and the Greeks* [El evangelio y los griegos] que esas teorías se difundieron mucho entre 1890 y 1940, pero que los eruditos las respondieron y demostraron su falsedad. Sin embargo, lamentó que aunque estén desacreditadas hoy hayan resurgido. Dijo que las publicaciones populares están «repitiendo afirmaciones y argumentos que ya hace décadas se han derribado, las que habría que olvidar», y que están circulando «argumentos desinformados e intencionados», al tiempo que se ignora «la opinión académica de peso» que ya se ha publicado para refutar tales afirmaciones.[3] Y añadió: «Los esfuerzos por minar la singularidad de la revelación cristiana mediante afirmaciones de influencia religiosa pagana caen enseguida cuando se dispone de la información pertinente».[4] Como ilustración de lo que dice Nash, vamos a desempacar el ejemplo de Mitras en la próxima lectura. Por ahora solo quiero que recuerdes el viejo refrán: «La mentira podrá dar media vuelta al mundo mientras la verdad se está poniendo los zapatos».

La verdad para este día

A la luz de este tipo de ataques contra nuestra fe recordemos lo que dijo Pedro: «No estábamos siguiendo sutiles cuentos supersticiosos sino dando testimonio...que vimos con nuestros propios ojos» (2 Pedro 1:16, NVI).

MITOS SOBRE MITRAS

Tenemos también la palabra profética más segura, a la cual hacéis bien en estar atentos como a una antorcha que alumbra en lugar oscuro.

2 Pedro 1:19

EN LA LECTURA ANTERIOR VIMOS QUE LOS CRÍTICOS ACUSAN A los autores del Nuevo Testamento de copiar muchas de sus afirmaciones sobre Jesús en base a religiones antiguas. Uno de sus ejemplos preferidos es el del dios mitológico llamado Mitras, cuya historia circulaba mucho antes de que Jesús naciera. Afirman que Mitras nació de una virgen, en una cueva, el 25 de diciembre, que era un gran maestro itinerante, que tenía doce discípulos, que se sacrificó por la paz mundial, que lo sepultaron en una tumba y que resucitó tres días después.

Esto pretende probar que el cristianismo le robó sus ideas sobre Jesús a la religión de misterio del mitraísmo. Pero, ¿qué pasa si miramos un poco más profundo? Me senté con un historiador que ha dedicado su vida a estudiar y responder este tipo de argumentos, el Dr. Edwin Yamauchi. Veamos un resumen de nuestra conversación sobre las afirmaciones del mitraísmo.[1]

Mitras nació de una virgen en una cueva.

Los historiadores concuerdan en que el mito en realidad dice que Mitras surgió ya adulto ¡de una roca! Sin vírgenes y sin cuevas. La Biblia no dice en ninguna parte que Jesús haya nacido en una cueva.

Mitras nació el 25 de diciembre.

¿Y qué? La Biblia no nos dice cuándo nació Jesús. Algunos piensan que fue en la primavera y otros que fue en enero. No fue sino hasta siglos después que los cristianos eligieron el 25 de diciembre para celebrar su nacimiento, probablemente en parte para convertir una fiesta pagana en una fecha para Cristo.

Mitras era un maestro itinerante con doce discípulos.
No. Supuestamente era un dios, no un maestro. En una versión de la historia tiene un solo seguidor y en otra versión, dos. Nunca doce.

Mitras se sacrificó por la paz mundial.
En realidad, se le conocía por haber matado a un toro. No se sacrificó por nada.

Mitras fue sepultado en una tumba y resucitó a los tres días.
No hay registro de la creencia sobre la muerte de Mitras, así que tampoco hay nada sobre su resurrección.

Como verás, los supuestos paralelos entre Mitras y Jesús se esfuman apenas se estudia un poco. Le pregunté a Yamauchi sobre los que efectúan esas afirmaciones y respondió que en general: «No tienen los idiomas, no estudian las fuentes originales, no prestan atención a las fechas y, con frecuencia, citan ideas que eran populares en el siglo diecinueve y el veinte, pero que ya han sido refutadas».[2] ¡Y esperan que les creamos!

La verdad para este día

El apóstol Pablo nos advirtió que pongamos a prueba todo, y añadió «retened lo bueno» (1 Tesalonicenses 5:21). Las afirmaciones de que el cristianismo es una religión de imitación han sido puestas a prueba y defenestradas por la evidencia, así que podemos retener confiadamente lo bueno: Cristo.

RECURSOS LITERARIOS DE LA BIBLIA

> *Todo esto habló Jesús por parábolas a la gente, y sin parábolas no les hablaba.*
>
> MATEO 13:34

HEMOS VISTO QUE EL USO DE UN TIPO DE GÉNERO LITERARIO EN Proverbios, el estilo poético de los dichos sapienciales y las verdades, afectan la forma en que debiéramos entenderlos y aplicarlos en el mundo real (ver «La naturaleza de Proverbios»). Pero hay muchos otros géneros y recursos literarios en la Biblia. Norman Geisler y William Nix explican lo siguiente:

> No hay razón para suponer que Dios usara solo un estilo o género literario en su comunicación con el hombre. La Biblia revela cantidad de recursos literarios. Hay libros enteros escritos en *estilo poético* (p. ej.: Job, Salmos, Proverbios). Los evangelios sinópticos (Mateo, Marcos y Lucas) están llenos de *parábolas*. En Gálatas 4 Pablo usa un ejemplo de *alegoría*. En el Nuevo Testamento abundan las *metáforas* (p. ej.: 2 Corintios 3:2-3; Santiago 3:6) y *símiles* (cf. Mateo 20:1; Santiago 1:6), y podemos encontrar también *hipérboles* (p. ej.: Colosenses 1:23; Juan 21:25; 2 Corintios 3:2). Y el mismo Jesús utilizó la *sátira* (Mateo 19:24 con 23:24)... La «inspiración» no debe verse como proceso mecánico, rígido. Más bien es un proceso dinámico y personal que da como resultado un producto de autoridad divina e inerrante: la Palabra escrita de Dios.[1]

En el versículo de hoy, Mateo 13:34, se nos dice que Jesús usaba parábolas para hablarle a la multitud. Las parábolas son historias que se usan para enseñar lecciones a partir de diversas situaciones de la vida. Pero sería un error forzar el sentido literal al exigir, por ejemplo, que Jesús diera el nombre y domicilio del verdadero hijo pródigo antes de que estuviéramos dispuestos a aprender las lecciones del relato. Más bien tenemos que aceptar las parábolas como lo que son y aceptar la verdad que Jesús estaba transmitiendo por medio de ellas.

O cuando Marcos informa: «Y salían a él [Juan el Bautista] toda la provincia de Judea, y todos los de Jerusalén; y eran bautizados por él en el río Jordán» (Marcos 1:5) tenemos que reconocer que es el uso intencional de la hipérbole (una exageración intencionada). No se requiere de nosotros que creamos que todas las personas de toda la ciudad, en sentido literal, incluyendo los niños, los enfermos, los ciegos, los mendigos cojos, los escribas y fariseos, fueran a escuchar a Juan. Más bien tenemos que entender que Marcos usa esta figura de la hipérbole para que podamos entender que una enorme cantidad de personas acudía a oír a Juan.

El desafío está en estudiar para interpretar adecuadamente cada género literario del modo en que el autor quiso que se entendiera.[2] Entonces podemos reconocer y aprovechar mejor el mensaje que quiso transmitir.

La verdad para este día

El desafío es este: da un paso adelante, más que leer la Biblia en forma casual estudia en serio la Palabra de Dios. También consulta estudios y comentarios bíblicos respetados para aprender de qué manera interpretan los eruditos evangélicos los pasajes que estés investigando.

DISTORSIÓN DE LAS ESCRITURAS

> [Pablo] casi en todas sus epístolas, hablando en ellas de estas cosas; entre las cuales hay algunas difíciles de entender, las cuales los indoctos e inconstantes tuercen, como también las otras Escrituras, para su propia perdición.
>
> 2 Pedro 3:16

LO CREAS O NO, MARK MITTELBERG Y YO SOLÍAMOS REPRESENTAR una obra de teatro en las iglesias. La primera vez fue en la Iglesia Willow Creek Community de Chicago, pero luego lo hicimos en otras iglesias de la Unión Americana y Europa. La llamábamos «Encuentro en un café» y yo representaba a un escéptico espiritual (no me costaba en absoluto) y Mark era el cristiano (tampoco le costaba nada).

No ganamos ningún premio al mejor actor, pero logramos transmitir algunos mensajes contundentes. Después de idas y venidas en cuanto a algunas de mis objeciones respecto a la Biblia, con Mark ofreciendo algunas muy buenas respuestas, yo sacaba esta de la galera. Tal vez la conozcas, de alguna de tus conversaciones:

LEE: Bueno, Mark, aunque *se pueda* defender a la Biblia, eso no importa porque es solo una interpretación tuya y puedes hacer que la Biblia diga lo que quieras.

MARK: ¿De veras, Lee? Las palabras no tienen significado alguno en sí mismas… ¿eso dices? ¿Qué el lector decide lo que significan?

LEE: Por supuesto. ¡La gente hace eso todo el tiempo!

MARK: [Pausa] Lee… ¡eso es genial!

LEE: ¿Qué es genial?

MARK: Me encanta oír que finalmente entendiste lo que he estado diciendo, que estás de acuerdo conmigo y que quieres convertirte ahora mismo, ser cristiano. ¡Qué fantástico!

LEE: ¿De qué estás hablando? ¡Yo no dije nada de eso!

MARK: Bueno, tal vez no con las palabras exactas, pero es la forma en que *interpreto* lo que has estado diciendo.

LEE: Espera… ¿qué? ¡No puedes hacer eso! *No soy* cristiano y ¡*no estoy* de acuerdo contigo! Tienes que escuchar con más atención para entender lo que estoy diciendo en realidad.

MARK: Sabes, Lee… tienes razón. Y lo único que *estoy diciendo*, en realidad, es que lo que quieres que haga contigo, yo quiero que lo hagas con *la Biblia*.

LEE: Está bien…

MARK: Como lo hace cualquier buen maestro, los autores de las Escrituras tenían ideas específicas que querían transmitir y las comunicaron eficazmente con palabras que cualquier persona con mediano entendimiento puede asimilar. El hecho de que algunas personas intenten torcer la Biblia para hacer que diga cosas que en realidad no dice, no le quita nada al hecho de que el mensaje principal de la Biblia es bien claro. Solo tenemos que leerla con atención y, como sucede con la buena literatura, tratar de entender lo que los autores quisieron transmitir. Si lo haces, estoy seguro de que verás que su mensaje no es difícil de entender y que es un mensaje potente.

Siguiendo la línea de lo que dijo Mark, quiero incluir una cita que se atribuye a otro Mark, de apellido Twain: «No son las partes de la Biblia que no entiendo lo que me molesta… sino las partes que sí logro entender».

La verdad para este día

El apóstol Pablo escribió: «Así que la fe es por el oír, y el oír, por la palabra de Dios» (Romanos 10:17). Si bajamos nuestras defensas y leemos esa Palabra, nos informará y guiará nuestras vidas.

CÓMO INTERPRETAR LAS ESCRITURAS

Procura con diligencia presentarte a Dios aprobado, como obrero que no tiene de qué avergonzarse, que usa bien la palabra de verdad.

2 Timoteo 2:15

«MUCHAS DE LAS ENSEÑANZAS DE JESÚS, ¿NO ESTÁN ABIERTAS A interpretaciones encontradas?», le pregunté al filósofo cristiano Paul Copan.[1]

«La regla de oro para la interpretación es que debes tratar las enseñanzas de otro como querrías que interpreten las tuyas», contestó Copan. «No podemos leer lo que nosotros queremos en lo que dijo Jesús. Tenemos que tratar de entender con precisión lo que estaba comunicando. Eso implica algo de estudio para poder comprender lo que estaba diciendo. Pero tomar versículos fuera de contexto y torcerlos para que digan lo que queremos, eso no es ser un académico responsable».

«La pregunta es si queremos tomar en serio a Jesús aunque sus enseñanzas no nos resulten cómodas ni convenientes. Tal vez nos presenten desafíos, o nos obliguen a poner patas para arriba muchas de nuestras más preciadas creencias respecto de nosotros mismos, pero ¿estamos dispuestos a enfrentar lo que nos enseña, sin distorsionarlo?».

«Aun así, hay gente muy sincera que interpreta a Jesús de manera diferente a la tradicional de la iglesia», señalé.

«Acepto que son sinceros», admitió Copan. «Pablo habla de la importancia de la sinceridad y la sencillez al urgirnos a la pura devoción a Cristo. La sinceridad es importante Lee, pero no podemos dejar de lado esto: con la sinceridad no basta».

«¿No eran sinceros en sus creencias Hitler y Stalin, comprometidos y sinceros? Estoy seguro que sí. La idea de que Dios pudiera aplaudir su sinceridad es realmente absurda. A veces la gente puede estar muy comprometida con algo y parecer sincera, pero a expensas de acallar su conciencia. Han rechazado y resistido la verdad, o suprimieron sus impulsos morales. La sinceridad no hace que estés en lo correcto. La sinceridad no convierte algo en verdad. Yo podría creer con toda la sinceridad del mundo que la tierra es plana, pero no por eso lo será. Y puedo creer sinceramente que soy tan divino como Jesús, pero eso no cambia el hecho de que soy una criatura, no el Creador».

En realidad, tenemos que tomar las palabras de Jesús, y la Biblia en general, con espíritu de humildad, con un deseo de aprender. Necesitamos permitir que la revelación de Dios nos cambie, y asegurarlos de que no intentamos alterar su revelación. Jesús respondió esto cuando el diablo intentaba retorcer y usar mal las Escrituras: «Escrito está: "No sólo de pan vive el hombre, sino de toda palabra que sale de la boca de Dios"» (Mateo 4:4, citando Deuteronomio 8:3).

La verdad para este día

La humildad y la voluntad de aprender son dos características que tenemos que cultivar ante la Palabra de Dios, la Biblia. Solamente así podremos oír y aplicar todo lo que Él nos quiere decir.

LOS NACIDOS DE NUEVO

Siendo renacidos, no de simiente corruptible, sino de incorruptible, por la palabra de Dios que vive y permanece para siempre.

1 Pedro 1:23

«NO SOMOS UNA DE ESAS IGLESIAS DE LOS NACIDOS DE NUEVO, ¿verdad?», le preguntó por teléfono Mark Mittelberg una persona que visitó nuestra congregación.

Con cautela, Mark le respondió: «Bueno ¿a qué se refiere con eso de iglesias de los nacidos de nuevo?».

«Ya sabe», dijo el hombre, «esos lugares tipo secta, fanáticos, que intentan obligar a todos a que se les unan y después empiezan a lavarles el cerebro».

«¡Ah!», contestó Mark. «No ¡no somos uno de esos lugares!».

El hombre sintió alivio al oír la respuesta y dijo que había disfrutado mucho de los pocos servicios que había presenciado hasta entonces. Mark le dijo que se alegraba y le hizo unas preguntas para tratar de entender mejor dónde se encontraba espiritualmente. Parecía un cristiano nuevo, que malinterpretaba definitivamente lo que significa ser «nacido de nuevo».

«Me gustaría volver a su pregunta original», continuó Mark. «Quiero explicarle que a pesar de que la idea sufrió abusos y malas interpretaciones, Jesús sí dijo en Juan 3 que aunque todos hemos nacido *físicamente* necesitamos nacer también *espiritualmente*. Describió eso como nacimiento espiritual y es de *Él* que proviene el término *nacido de nuevo*. Cuando entendemos qué quiso decir Jesús, empezamos a ver que se trata de un concepto realmente importante. De hecho, cada uno de nosotros necesita nacer espiritualmente, como lo explicó Jesús».

El hombre escuchó con atención y estuvo de acuerdo con lo que Mark decía, pero también sintió alivio porque vio que su nueva iglesia no era uno de esos lugares manipuladores de los que le habían advertido.

Esa conversación le recordó a Mark algo que hemos visto durante mucho tiempo en nuestra cultura: la masiva confusión sobre el término *nacido de nuevo*. He hablado sobre esto con distintas personas y he visto que algunos piensan que nacer de nuevo es algo así como una experiencia de éxtasis en la que te da vueltas la cabeza, te sale espuma por la boca y tu cuerpo levita, algo parecido a lo que ves en las películas de terror.

Así que nuestro desafío es hacer lo que hizo Mark: ayudarles a ver la diferencia entre la realidad y la ficción en cuanto a lo que significa nacer de nuevo. La gente necesita conocer el verdadero significado de lo que Jesús dijo, según Juan 3:3: «De cierto, de cierto te digo, que el que no naciere de nuevo, no puede ver el reino de Dios».

La verdad para este día

Hoy son importantes dos verdades: Primero, no estoy seguro de que hayamos nacido de nuevo espiritualmente como dijo Jesús que debemos nacer. Hace falta que oremos sinceramente para que eso suceda. Y en segundo lugar, como seguidores de Cristo nacidos de nuevo, tenemos que contarles a los demás cómo pueden ellos también nacer a la vida en Él.

¿EVANGELIOS PERDIDOS?

Como antes hemos dicho, también ahora lo repito: Si alguno os predica diferente evangelio del que habéis recibido, sea anatema.

GÁLATAS 1:9

«LA BIBLIA NO LLEGÓ POR FAX DESDE EL CIELO».
Es lo que dice en la ficción el Dr. Teabing.

La Biblia es producto del *hombre* mi querido. No de Dios. La Biblia no cayó por arte de magia desde las nubes. El hombre la creó como registro histórico de una época tumultuosa, y evolucionó con innumerables traducciones, añadiduras y revisiones. La historia jamás ha tenido la versión definitiva del libro... Hay más de ochenta evangelios que se tomaron en cuenta para el Nuevo Testamento y, sin embargo, solo se decidió incluir a unos pocos: Mateo, Marcos, Lucas y Juan.[1]

Algunos comentaristas afirman que el Nuevo Testamento debería incluir otros escritos como los «evangelios gnósticos». El Seminario Jesús, teológicamente liberal, publicó una obra titulada *The Complete Gospels* [Los evangelios completos] que presentan dieciséis textos así llamados y que se supone que son igualmente válidos como los bíblicos.

Pero, ¿son correctas estas declaraciones? El eminente erudito Bruce Metzger lo refuta diciendo que «fueron escritos con posterioridad a los cuatro evangelios, en los siglos II, III, IV, V y VI incluso, mucho después de Jesús y, en general, son bastante banales. Les han puesto nombres como Evangelio de Pedro y Evangelio de María, que nada tienen que ver con sus verdaderos autores».[2]

Incluso los evangelios de Tomás y Judas, tal vez los ejemplos más antiguos entre estos, datan de entre 175 y 200 D.C. Más de 140 años después de la vida de Jesús. ¿Qué relato de la Guerra Civil te parecería más confiable? ¿El de un historiador que vivió en la época de esa guerra? ¿O el de alguien que hoy se fía de historias y rumores transmitidos a lo largo de un siglo y medio? Yo sé a cuál le apostaría. También, tomando en cuenta las enseñanzas de estos «evangelios», N. T. Wright dice que los gnósticos se aferraban a cuatro ideas principales: «Un mundo malvado; un dios malvado que lo creó; la salvación que consiste en ser rescatados de ese mundo malvado; y el rescate que viene por impartir el conocimiento secreto, en especial el conocimiento de que uno tiene dentro de sí la chispa divina».[3] Con una mirada somera a los evangelios de la Biblia vemos que son ideas ajenas a las enseñanzas de Jesús. Los verdaderos evangelios dicen, por ejemplo, que Dios es bueno (Lucas 18:19); que nosotros hemos de influir en el mundo, no que busquemos que nos den una vía de escape (Juan 17:15) y que la salvación viene de conocer al verdadero Dios, no del conocimiento secreto (Juan 17:3).

Podemos confiar en los escritos de Mateo, Marcos, Lucas y Juan porque escribieron poco después de la época en que Jesús vivió, porque arraigan sus escritos en testimonios de testigos oculares, porque los corrobora la historia y la arqueología; y porque concuerdan con otras enseñanzas bíblicas. Nada de eso sucede con los que han escrito los impostores posteriores.

La verdad para este día

El Salmo 119:160 nos asegura en cuanto a la revelación de Dios que: «La suma de tus palabras es la verdad». Yo me quedo con lo que ha demostrado ser la verdadera Palabra de Dios: la Biblia.

DUDAS SOBRE (EL EVANGELIO DE) TOMÁS

> *Luego dijo a Tomás: Pon aquí tu dedo, y mira mis manos; y acerca tu mano, y métela en mi costado; y no seas incrédulo, sino creyente. Entonces Tomás respondió y le dijo: ¡Señor mío, y Dios mío!*
>
> JUAN 20:27-28

TOMÁS ERA UN DISCÍPULO DE JESÚS QUE SUFRIÓ UN MOMENTO DE duda. Pero cuando Jesús mismo lo convenció de que había resucitado de entre los muertos, eso llevó a que afirmara con firmeza la fe en el Salvador resucitado, lo que dio lugar a su posterior ministerio de comunicar la buena nueva acerca de Cristo. La tradición de la iglesia nos cuenta que Tomás llevó el evangelio hasta la India.

Sin embargo, el «Evangelio de Tomás» es un evangelio gnóstico que se escribió mucho después, hacia fines del siglo II, unos cien años después de los auténticos evangelios bíblicos de Mateo, Marcos, Lucas y Juan. Eso significa que no tenía relación con el verdadero Tomás, y que es un relato muy alejado de la vida de Jesús.

Lo peor es que sus enseñanzas van desde lo contrario a la Biblia hasta lo totalmente irracional. Afirma, por ejemplo, que la salvación se produce al entendernos auténticamente a nosotros mismos, un mensaje diametralmente opuesto al de la Biblia. Y también afirma que Jesús dijo: «Si ayunan, traen el pecado sobre sí mismos y si oran serán condenados y si dan a la caridad, dañarán sus espíritus».[1]

Las cosas se ponen peor. También brinda una supuesta cita de Jesús que dice: «Afortunado el león que comerá al humano para que el león se convierta en humano. Y desdichado el humano que el león comerá, y el león igual se convertirá en humano».[2]

¿Qué cosa dice...?

Además, el Evangelio de Tomás pinta a Jesús como misógino. En un momento Simón Pedro le dice a Jesús: «Haz que María nos deje porque las mujeres no merecen la vida», y Jesús supuestamente responde:

«Mira, yo la guiaré para convertirla en varón de modo que ella también pueda convertirse en espíritu vivo, que se parezca a ustedes los varones. Porque toda mujer que se hace varón entrará en el dominio del cielo».[3]

Esto constituye una afrenta a las enseñanzas del verdadero Jesús, que elevó a las mujeres a una posición muy contraria a la de la cultura de la época.

Por estas razones y otras más tengo enormes dudas acerca del Evangelio de Tomás. Cuando le pregunté al erudito de la Biblia Craig Evans qué valor tiene Tomás para nosotros, no escatimó palabras: «No conozco valor alguno de Tomás para los cristianos comunes y corrientes. Si estás buscando al verdadero Jesús, hay escenarios muchísimo mejores, como los evangelios canónicos».[4]

Es decir: Mateo, Marcos, Lucas y Juan.

La verdad para este día

¿Por qué hay gente tan enamorada del Evangelio de Tomás y otros evangelios gnósticos? Tal vez porque dan una sensación de espiritualidad pero sin las fuertes enseñanzas morales y espirituales del Jesús verdadero en los evangelios auténticos. Los que siguen a Cristo con sinceridad quieren conocer y seguir al verdadero Cristo de la Biblia.

GENTE QUE JAMÁS OYÓ, PRIMERA PARTE

Pedid, y se os dará; buscad, y hallaréis; llamad, y se os abrirá.

MATEO 7:7

HAY UNA PREGUNTA COMÚN: «¿QUÉ PASA CON LA GENTE QUE HA crecido en lugares en donde no hay oportunidad de oír sobre Jesús? ¿Cómo los juzgará Dios?». Es probable que hayas oído esa pregunta e incluso que te hayas cuestionado eso también.

En *The Questions Christians Hope No One Will Ask (With Answers)* [Preguntas que los cristianos esperan que nadie formule (y sus respuestas)] Mark Mittelberg ofrece cinco respuestas o pensamientos, que resumiré en esta lectura y las siguientes.[1]

Primero, la idea de que el Occidente cristiano intenta llegar al resto del mundo, es muy anticuada. En muchos aspectos sucede lo opuesto. Veamos este asombroso informe misionero:

> Una de cada ocho personas en este planeta es cristiana y practicante, activa en su fe. La cantidad de creyentes en lo que solía conocerse como «campos misioneros» ahora excede a la cantidad de creyentes de los países de donde originalmente provenían los misioneros. De hecho, ahora se envían más misioneros desde iglesias no occidentales que de las tradicionales bases misioneras de Occidente.[2]

Eso significa que muchas de las personas de quienes pensábamos que no tendrían casi oportunidad de oír el evangelio ya son cristianas. ¡Y algunas se movilizan para venir y llegar a nosotros en este Occidente cada vez más secular!

Segundo, Jesús habló de esto cuando prometió: «*Pedid, y se os dará; buscad, y hallaréis; llamad, y se os abrirá*» (Mateo 7:7). Notemos que no lo limitó a grupos o épocas. Quienquiera que busque a Dios con sinceridad, lo encontrará. ¿Cómo? En diversas formas. Por ejemplo, muchos musulmanes que antes parecían inalcanzables están teniendo sueños y visiones con Jesús y creen en Él. También está el ejemplo de un exhindú ya fallecido, Mahendra Singhal, a quien conocí hace años. La familia de Mahendra era hindú y vivía en India, ofreciendo alimentos a los ídolos en el templo hindú, y más tarde con gurúes tutores que sus padres contrataban para enseñarle su religión. El único problema estaba en que Mahendra preguntaba demasiado y poco a poco fue viendo que su religión no le brindaba respuestas reales; así que siguió buscando la verdad hasta que un día vio un aviso en el periódico sobre un curso de la Biblia por correspondencia. Así empezó a estudiar la Biblia. Poco después conoció a unos cristianos, oyó el evangelio y entregó su vida a Cristo.[3]

La verdad para este día

Estos ejemplos nos recuerdan que el Espíritu Santo se está moviendo en todo el mundo, convenciendo a la gente «de pecado, de justicia y de juicio» (Juan 16:8) y los está acercando a Cristo.

GENTE QUE JAMÁS OYÓ, SEGUNDA PARTE

Porque todo aquel que pide, recibe; y el que busca, halla; y al que llama, se le abrirá.

MATEO 7:8

EN ESTA LECTURA COMPLETAREMOS LAS CINCO PROPOSICIONES sobre la pregunta de cómo juzgará Dios a quienes no han oído el evangelio.[1]

Tercero, aunque no todos tienen igual acceso al evangelio seguimos siendo responsables de seguir la luz que Dios nos haya dado. En el caso de Mahendra, a quien mencioné en la lectura anterior, tuvo preguntar más y más cuando las cosas parecían sin sentido y buscar activamente la verdad donde pudiera hallarla, incluyendo un aviso de un curso sobre la Biblia.

Para otros podrá ser el descubrir a Dios por medio de sus obras en la naturaleza. Romanos 1:20 dice: «Porque las cosas invisibles de él, su eterno poder y deidad, se hacen claramente visibles desde la creación del mundo, siendo entendidas por medio de las cosas hechas, de modo que no tienen excusa». Si la gente busca al Dios que tiene conocimiento, poder y creatividad suficientes como para producir un universo como este, entonces tienen oportunidad de encontrarlo. Él puede guiarlos a sus verdades y a la salvación por medio de Cristo.

Cuarto, Dios será justo en su juicio. Dios se ocupará de quienes le rechacen, según cuánta luz hayan recibido y lo que hicieron con ella. Así que la persona que tiene mínima información y poca oportunidad (y rechaza ambas cosas) será juzgada con menos severidad que aquel a quien se le dio más (y lo rechaza), aunque todos tenemos cierta medida de luz y por ello, cierta medida de responsabilidad (hablaremos de esto en la próxima lectura).

Por último, los que preguntan esto tal vez hayan oído el mensaje demasiadas veces. Así que tras haber leído estos pensamientos, podrás recordarles que han recibido la información y la oportunidad; y que, por tanto, son más responsables de lo que harán con ello que cualquiera de las personas que les preocupan.

Esto te brinda la oportunidad de preguntarles, si todavía no son cristianos, qué es lo que les impide recibir la gracia de Dios que tan clara y libremente se les ha ofrecido.

La verdad para este día

Es, evidentemente, más que una pregunta académica. Jesús nos envió al mundo para comunicar su buena nueva, pero dos mil años después todavía hay muchos que no la han oído. Esto debiera movernos a orar, a apoyar y participar en los esfuerzos que se hagan para llegar a tantos como sea posible, en nombre de Él.

¿SON TODOS LOS PECADOS IGUALES?

Porque a todo aquel a quien se haya dado mucho, mucho se le demandará; y al que mucho se le haya confiado, más se le pedirá.

Lucas 12:48

CUANDO ERA PEQUEÑO, A MARK MITTELBERG LE PERTURBABA OÍR a los maestros de la escuela dominical que decían que todos los pecados son igualmente malos, y que por eso Dios los considera a todos por igual. De hecho, recuerda que le dijeron que a la dulce ancianita que vivía al lado, si rechazaba a Jesús, Dios la juzgaría exactamente igual que a gente como Adolfo Hitler. Su joven mente le indicaba que eso no era correcto. Las enseñanzas de Jesús luego se lo afirmaron.[1]

Jesús dijo en Lucas 12:47-48a: «Aquel siervo que conociendo la voluntad de su señor, no se preparó, ni hizo conforme a su voluntad, recibirá muchos azotes. Mas el que sin conocerla hizo cosas dignas de azotes, será azotado poco». Luego añadió lo que se ha convertido en un versículo muy conocido: «A todo aquel a quien se haya dado mucho, mucho se le demandará; y al que mucho se le haya confiado, más se le pedirá» (v. 48b). La paráfrasis a menudo dice: «a quien mucho se le da, mucho se le pide». Y es obvio que también valdría la inversa.

Jesús también dijo varias veces que el juicio sería mayor para quienes hayan oído y le rechazaron que para los grupos del pasado que hubiera ignorado revelaciones de Dios menos obvias (ver, por ejemplo, Mateo 10:15; 11:21-24; 12:41-42 y los pasajes que se les corresponden en los otros evangelios).

¿Por qué importa tanto esto? Porque nos asegura, a nosotros y a nuestros amigos espiritualmente curiosos, que Dios es lógico y justo en sus juicios.

Para Mark esa información no solo fue liberadora sino que, además, encontró que liberaba a esos buscadores espirituales con quienes la ha compartido a lo largo de los años. Incluido el padre de un amigo para quien esto se había convertido en un embrollo espiritual. Después que Mark le mostrara esa lógica bíblica en cuanto al juicio de Dios, se levantó la última barrera y estuvo dispuesto a recibir a Cristo. Mark le acompañó en su oración de consagración a Dios.

Es importante añadir, sin embargo, que tanto Mark como yo nos aseguramos de que la gente entienda que todo el que ha recibido al menos *algo de información* o luz espiritual (Romanos 1:18-20) —y, por ende, todos, incluida la viejecita que vive al lado—, tenemos al menos cierto grado de responsabilidad ante Dios. Por eso, todos necesitan oír y responder al mensaje del evangelio.

La verdad para este día

Las enseñanzas de Jesús sobre el juicio de Dios nos aseguran lo que afirmó Abraham en Génesis 18:25: «El Juez de toda la tierra, ¿no ha de hacer lo que es justo?».

¿ES MALO JUZGAR SIEMPRE?

No juzguéis, para que no seáis juzgados.

MATEO 7:1

POCAS COSAS HAY MÁS POLÍTICAMENTE INCORRECTAS EN NUEStros días que decirle a alguien que sus creencias religiosas son erradas. Es algo que huele a *crítica y juicio;* algo que hay que evitar a toda costa, parece.

«¿No estás juzgando cuando dices que se equivocan? Y, ¿no dijo Jesús en Mateo 7:1: "No juzguéis, para que no seáis juzgados?"», le pregunté al apologista y autor cristiano Paul Copan.[1]

No pareció incomodarle mi pregunta. Es más, la sola mención de ese versículo le hizo sonreír. «Ese pasaje ha reemplazado a Juan 3:16 como versículo preferido que cita la gente», me dijo. «Por desdicha, muchos malinterpretan lo que Jesús estaba diciendo. No decía que jamás tenemos que emitir juicio acerca de las personas».

«¿Cómo lo sabes?», alegué yo.

Porque en Juan 7:24 Jesús dijo: «No juzguéis según las apariencias, sino juzgad con justo juicio». Estaba aclarando que está bien, y que de hecho es algo bueno, efectuar juicios adecuados sobre las personas. Lo que Jesús criticaba era la actitud de superioridad moral, ese sentido que nada tiene que ver con lo sacro.

«La Biblia dice en Gálatas 6:1 que si un hermano cristiano es hallado en pecado, entonces los que son espirituales tienen que tratar de restaurarlo "con una actitud humilde. Pero cuídese cada uno, porque también puede ser tentado". Dios quiere que nos examinemos a nosotros mismos, primero para ver los problemas que con tanta rapidez detectamos en los demás. Solo, entonces, podemos tratar de quitar la astilla del ojo ajeno (Mateo 7:1-5). Así que, andar juzgando es negarnos a reconocer que vivimos por la gracia de Dios».

«Entonces, ¿es nuestra actitud lo principal?», pregunté.

«Así es. Podemos defender con firmeza nuestras convicciones y tratar de todos modos a los demás con dignidad y respeto, aunque estén en desacuerdo con nosotros. Podemos tener un espíritu de humildad al tiempo que explicamos por qué creemos que alguien se equivoca. Efesios 4:15 habla de "vivir la verdad con amor". Ese debiera ser nuestro objetivo».

Al reflexionar en eso también me di cuenta de que Jesús dijo: «Guardaos de los falsos profetas» (Mateo 7:15). Lamentablemente, esa gente no anda por allí anunciándose como falsos profetas, así que ¿cómo saber quiénes son? Jesús continuó: «Vienen a vosotros con vestidos de ovejas, pero por dentro son lobos rapaces. *Por sus frutos los conoceréis*» (Mateo 7:15-16, énfasis añadido por mí). Así que, sin usar la palabra de manera explícita Jesús nos estaba diciendo que juzguemos a los profetas por sus frutos.

La verdad para este día

Como cristianos tenemos que juzgar con la sabiduría y el discernimiento que Dios nos da. Pero siempre evitando el arrogante espíritu de crítica, el que se cree superior a los demás.

AMAR AUN EN DESACUERDO

Pero yo os digo: Amad a vuestros enemigos, bendecid a los que os... persiguen... Porque si amáis a los que os aman, ¿qué recompensa tendréis? ¿No hacen también lo mismo los publicanos?

MATEO 5:44, 46

HE TENIDO, JUNTO A MARK MITTELBERG, EL PRIVILEGIO DE ESTAblecer amistad con un conocido musulmán dispuesto a hablar del cristianismo al tiempo que se mantenía firme en sus creencias islámicas. Él, su novia, Mark, su esposa, Leslie y yo nos reunimos en casa para comer carne asada a la vez que conversábamos sobre teología e historia. Estábamos en desacuerdo sobre algunos temas espirituales fundamentales, pero ninguno fue beligerante ni se sintió ofendido en ningún momento. Más bien, nos hablamos con respeto y educación, sin fingir que estábamos de acuerdo en todo.

Le conté la historia de esa amistad y de ese encuentro al filósofo cristiano Paul Copan. «De eso trata justamente la verdadera tolerancia», dijo. «El diálogo no debiera comenzar con el supuesto de igualar todas las afirmaciones de lo que creemos como verdad, lo cual es una postura ridícula. Más bien, el diálogo debe comenzar bajo el supuesto de la igualdad de todas las *personas*».

«Cada uno de nosotros ha sido creado a imagen de Dios y por ello tiene dignidad y valor como persona. Podrás decir: "Te acepto como persona, pero eso no significa que adopto tus creencias". Puedes conversar y discutir con tu amigo musulmán y respetarlo totalmente aunque creas —por razonamiento— que está equivocado».[1]

Son ideas y pensamientos muy grandes. Pero quiero ir un poco más allá. No es que Mark y yo solo respetamos o toleramos a nuestro amigo. Lo amamos y ardemos en deseos de que conozca y viva a Cristo como lo conocemos y vivimos nosotros.

Tengo un ejemplo más cercano. El de un pariente mío que es ateo. A lo largo de décadas de seguir a Cristo he intentado innumerables veces hablarle de mi fe. Le he hablado en ciertas comidas familiares. He entrado en argumentos y discusiones bien intencionadas, aunque tal vez contraproducentes. Le he enviado cartas urgiéndole a reconsiderar su postura y libros para hacerlo pensar. Cada sermón evangelístico que he escrito, lo he compuesto pensando en él.

Pero jamás ha mostrado una pizca de interés en saber más. A pesar de eso, no solo lo respeto y lo tolero. Lo amo con todo mi corazón, no puedo imaginarme el cielo sin él.

La verdad para este día

Tenemos que amar la verdad, pero la verdad sola no nos mueve para llegar a otros. También tenemos que amar a las personas. ¿A quién quiere Dios que ames en su nombre y que alcances con su palabra?

HABLAR LA VERDAD EN AMOR

Hermanos, si alguno fuere sorprendido en alguna falta, vosotros que sois espirituales, restauradle con espíritu de mansedumbre.

Gálatas 6:1

LO QUE SIGUE LO TOMÉ DE UNA CARTA QUE NOS ENVIÓ HACE POCO un amigo cristiano que tenemos Mark y yo, y que le escribía a un creyente más joven.

Te ruego que respires hondo y encuentres un lugar tranquilo donde puedas leer esto sin que nadie te interrumpa… ¿Estás listo?

Me enteré de tu anuncio reciente, de un estilo de vida que sabes que es contrario a la voluntad de Dios. La noticia me ha entristecido profundamente. ¿Cómo responder y por dónde empezar? ¿Qué podría decir, que no suene demasiado duro, demasiado sentimental, o demasiado «cristiano»?

Eres una persona brillante. Pero a lo largo de los años he visto cambios que me causaron preocupación, influencias que te apartaban de Cristo. Y ahora desearía haberte hablado en esos momentos. Te amo tanto. Pero tengo que decirte la verdad. Y, por favor, óyeme, amigo.

El enemigo de tu alma te ha debilitado a lo largo del tiempo, mintiéndote, hundiéndote, convenciéndote de que arriesgaras o negociaras, insensibilizándote a la convicción del Espíritu Santo. Ese enemigo te está permitiendo los placeres del pecado por una temporada, haciendo que compres creencias falsificadas y, finalmente, venciéndote. Todo esto con el aplauso del mundo.

No es de extrañar que los que se burlan del cristianismo se alegren tanto cuando te parezcas más a ellos, ¿verdad?

Estás en un lugar peligroso. Literalmente, Satanás te tiene agarrado. «No se engañen: de Dios nadie se burla. Cada uno cosecha lo que siembra. El que siembra para agradar a su naturaleza pecaminosa, de esa misma naturaleza cosechará destrucción; el que siembra para agradar al Espíritu, del Espíritu cosechará vida eterna» (Gálatas 6:7-8, NVI).

Ya conoces los versículos de la Biblia. Dios dice que lo que estás haciendo está mal y que en última instancia te hará daño. Él dice: «Así que, arrepentíos y convertíos, para que sean borrados vuestros pecados; para que vengan de la presencia del Señor tiempos de refrigerio» (Hechos 3:19). Y también dice: «Buscad a Jehová mientras puede ser hallado, llamadle en tanto que está cercano. Deje el impío su camino, y el hombre inicuo sus pensamientos, y vuélvase a Jehová, el cual tendrá de él misericordia, y al Dios nuestro, el cual será amplio en perdonar» (Isaías 55:6-7).

Escapar de esto requerirá de un paso drástico. Se está librando la batalla por tu alma. Tienes que abandonar las influencias contrarias a Dios y el entorno en el que te has atrincherado. No hay empleo, carrera, fama, amistad, amor, riqueza ¡ni nada de lo que pueda ofrecerte este mundo caído que valga la pena si pierdes a Jesús!

«Venid luego, dice Jehová, y estemos a cuenta: si vuestros pecados fueren como la grana, como la nieve serán emblanquecidos; si fueren rojos como el carmesí, vendrán a ser como blanca lana» (Isaías 1:18).

Estoy aquí para ayudarte en lo que pueda, cuandoquiera que estés listo. Que tu corazón reciba esto, en el nombre de Jesús.

Más allá de cuáles fueran los pecados del joven creyente, nuestro amigo estaba decidido a hablar la verdad en amor. Este es un poderoso ejemplo del tipo de forma directa en que podemos hacer que cambie una vida, guiando a alguien de regreso para que deje un camino potencialmente mortal.

La verdad para este día

Pablo, como nuestro amigo, era conocido por «vivir [y hablar] la verdad en amor» (Efesios 4:15). Que tu objetivo sea decir la verdad con una actitud sincera de amor. ¡Dios te usará!

¿HAY ALGUIEN QUE BUSQUE A DIOS EN VERDAD?

> *Como está escrito: No hay justo, ni aun uno; no hay quien entienda, no hay quien busque a Dios.*
>
> ROMANOS 3:10-11

CUANDO VEN QUE EL APÓSTOL PABLO DIJO: «NO HAY QUIEN BUS-que a Dios» algunos sienten que se trata de algo definitivo, por lo que pregonan: *No hay buscadores espirituales.*

Pero quizá tengamos que reabrir el caso y ver *qué más* dijo Pablo. En su discurso ante los filósofos de Atenas, por ejemplo, explicó que Dios creó al ser humano «*para que busquen a Dios, si en alguna manera, palpando, puedan hallarle,* aunque ciertamente no está lejos de cada uno de nosotros» (Hechos 17:27, énfasis añadido por mí).

Y por supuesto que Jesús dijo: «Pedid, y se os dará; *buscad, y hallaréis*; llamad, y se os abrirá. Porque todo aquel que pide, recibe; y *el que busca, halla*; y al que llama, se le abrirá» (Mateo 7:7-8, énfasis añadido por mí).

¿Cómo conciliamos estas dos ideas? Mark Mittelberg escribe lo siguiente:

> Seamos claros: por nuestro propio poder y voluntad ninguno de nosotros buscamos a Dios. Romanos 3:11 elimina cualquier ambigüedad respecto a esto. El que realmente está buscando a Dios lo hace porque el Espíritu Santo ya está obrando en su vida (ver Juan 16:8). La búsqueda auténtica es siempre en respuesta a la actividad de Dios.
>
> Eso nos lleva muchas veces a preguntarnos hasta dónde está atrayendo a las personas el Espíritu de Dios. Si la invitación en realidad está abierta a todos, con algunos aceptándola y otros rechazándola, o si efectivamente solo está abierta a los que Dios elige. Bueno, yo respeto a los que abogan por una u otra parte en ese debate, pero me parece que las Escrituras nos dicen con

claridad que «Dios *amó de tal manera al mundo,* que dio a su Hijo Unigénito, para que *todo aquel que* en él *cree* no se pierda, mas tenga vida eterna» (Juan 3:16, énfasis añadido por mí), y que la invitación de Jesús en Mateo 7:7-8 es para todos los que quieran buscar, llamar o pedir.

La clave de esta cuestión yace en que cada uno de nosotros tiene que hacer su parte para que el mensaje sea claro y accesible a tantos como sea posible, confiando en que Dios hará la *suya,* al atraer a las personas hacia sí y cambiar sus corazones. Cuando eso sucede, el calvinista y el arminiano pueden sentarse juntos a la mesa y conversar amigablemente sobre sus teorías, mientras celebran gozosos junto con los ángeles del cielo (Lucas 15:10) por cada nuevo hermano o hermana en Cristo.[1]

Yo simplemente agregaría que, para mí, no se trata de una cuestión teórica. Yo mismo fui un buscador espiritual durante casi dos años antes de entregar mi vida a Cristo, por la gracia de Dios y por el poder que me otorgó el Espíritu Santo para que así lo hiciera.

La verdad para este día

Tenemos un gran recordatorio para todos los que conozcas y que estén buscando a Dios: «Me buscaréis y me hallaréis, porque me buscaréis de todo vuestro corazón» (Jeremías 29:13).

RESPUESTA A LA REENCARNACIÓN, PRIMERA PARTE

Y de la manera que está establecido para los hombres que mueran una sola vez, y después de esto el juicio, así también Cristo fue ofrecido una sola vez para llevar los pecados de muchos.

HEBREOS 9:27-28

LA REENCARNACIÓN ES UNA IDEA QUE SE ESTÁ VOLVIENDO CADA vez más popular en Occidente pero en realidad es oriental. Es una enseñanza que hallamos tanto en el hinduismo como en el budismo y que afirma que vivimos muchas vidas, cada una de ellas como posibilidad de tratar de ser mejores y deshacernos del mal karma que acumulamos con las cosas malas que hicimos en vidas anteriores.

La Biblia, sin embargo, no respalda esa idea. En realidad, dice todo lo contrario. El autor de Hebreos, por ejemplo, enseñó que «está establecido que los seres humanos mueran una sola vez y después venga el juicio». No hay reediciones ni segundos intentos. También, cuando Jesús contó la historia del hombre rico y Lázaro, en Lucas 16:19-31, dijo que cuando murieron sus destinos estaban sellados según lo que habían hecho durante su única vida.

Le pregunté al filósofo cristiano Paul Copan por el auge de la reencarnación.

«Hay personas de Occidente que ven la reencarnación como una segunda oportunidad de vida para hacer las cosas bien», dijo Copan. «Algo así como lo que sucede en la película *El día de la marmota*. Resulta atractivo decir que tenemos muchas oportunidades, no solo una. En verdad, la realidad es muy diferente». Hizo un gesto hacia mí: «Estuviste en India, ¿verdad?».

«Sí, pasé un tiempo allí», respondí.

«También yo. Y estoy seguro de que notaste que la reencarnación es una carga muy opresiva en esa cultura hindú, como lo es en el mundo budista», dijo. «Por ejemplo, si como hindú eres de casta baja, o no perteneces a ninguna, estás atrapado en ese nivel inferior porque es lo que mereces por tu vida anterior. Y la gente no debe ayudarte porque podrían arriesgar su propio karma al interferir con la miserable vida que mereces».[1]

Supe que tenía razón. Lo que en la superficie parece ser una creencia magnánima que les brinda las personas múltiples oportunidades de tener una vida mejor, resulta que crea una situación devastadora para millones de personas, hundidas en la más abyecta pobreza día tras día.

Por tanto, la Biblia refuta la idea de la reencarnación y la realidad del mundo demuestra que el fruto de ella es destructivo. ¿Cuál es la buena noticia? Que Jesús ya murió por nuestros pecados para que no tuviéramos que tratar de pagarlos nosotros.

La verdad para este día

«Pero cuando se manifestó la bondad de Dios nuestro Salvador, y su amor para con los hombres, nos salvó, no por obras de justicia que nosotros hubiéramos hecho, sino por su misericordia» (Tito 3:4-5). Esa es una promesa para atesorar hoy y siempre.

RESPUESTA A LA REENCARNACIÓN, SEGUNDA PARTE

Y no hay cosa creada que no sea manifiesta en su presencia; antes bien todas las cosas están desnudas y abiertas a los ojos de aquel a quien tenemos que dar cuenta.

HEBREOS 4:13

ADEMÁS DE LOS PROBLEMAS BÍBLICOS QUE TIENE LA REENCARNACIÓN, también hay graves problemas lógicos. Mark Mittelberg tuvo oportunidad de conversar sobre algunos de ellos con una mujer durante un vuelo:

> Estaba yo en un largo vuelo, sentado junto a una mujer asiática de modales delicados. Conversamos un rato, luego surgió el tema de la religión. Ella era budista y yo mencioné que soy cristiano.
>
> —Tengo curiosidad en cuanto a algunas cosas que tienen que ver con la fe budista —le dije— ¿Le importaría conversar de ello conmigo?
>
> La mujer se mostró gratamente sorprendida ante mi pregunta.
>
> —Ante todo, entiendo que el budista no cree en un Dios personal, con mente y personalidad, alguien a quien se le puede hablar como a un amigo, ¿es así?
>
> La mujer dijo que así era y que lo que ella entiende como «dios» es una fuerza impersonal, y que todo lo que existe forma parte de esa fuerza.
>
> —También creen en la reencarnación, ¿verdad? Que pasamos por muchas vidas, esforzándonos por librarnos del mal karma que nos ganamos con las malas acciones de las vidas pasadas, ¿es así?
>
> De nuevo, me dijo que así era.
>
> —Pero uno no recuerda las malas acciones que le hicieron merecer ese mal karma, ni nada de sus vidas pasadas, ¿es así?
>
> La mujer asintió.

—Bueno, le diré mis dos preguntas entonces —le dije—. Primero, si uno no recuerda lo que hizo en vidas pasadas y si no hay un Dios personal que pueda llevar cuenta de ello, ¿*quién es el que administra el karma*?

La mujer me miró, confundida, y pidió que se lo explicara mejor.

—Digo, ¿quién lleva el registro de cuánto mal karma tiene uno en su cuenta, y quién es el que tabula y rastrea cómo va uno pagando esa deuda para que algún día pueda llegar al nirvana?

—No lo sé —admitió—. En realidad, nunca pensé en eso.

—Ya que hablamos de ello —proseguí, pensando una oración en silencio—, le diré mi segunda pregunta. ¿Dónde está la justicia si tenemos que pagar por los pecados que no recordamos y ni siquiera estamos seguros de que los hemos cometido? ¿Es justo eso en realidad?

Mi nueva amiga reconoció que no tenía ni idea de cómo responder a mis preguntas y que nunca había contemplado en realidad ese tipo de cuestiones.

Con toda la delicadeza posible le expliqué que hacía tiempo que yo había estado contemplando esas preguntas y que estaba bastante seguro de que el budismo no tenía buenas respuestas.

Luego sugerí que los conceptos del pecado, el perdón y la salvación que se encuentran en las enseñanzas cristianas son mucho más coherentes y satisfactorias, y le sugerí que leyera los evangelios del Nuevo Testamento —Mateo, Marcos, Lucas y Juan— para que pudiera ver directamente lo que Jesús enseñó sobre estas cosas.

Espero que este diálogo te ayude a ver que las matemáticas de la reencarnación no funcionan. Y, en contraste con ello, la lógica del evangelio resulta atractiva y convincente.

La verdad para este día

Esa verdad del evangelio es: «Porque por gracia sois salvos por medio de la fe; y esto no de vosotros, pues es don de Dios; no por obras, para que nadie se gloríe» (Efesios 2:8-9). ¡Esa sí es una verdad que vale la pena celebrar y compartir!

ATEOS ENOJADOS

Pues habiendo conocido a Dios, no le glorificaron como a Dios, ni le dieron gracias, sino que se envanecieron en sus razonamientos, y su necio corazón fue entenebrecido.

ROMANOS 1:21

«NO CREO EN LOS UNICORNIOS», LE DICE MARK MITTELBERG AL público que acude a oírlo. «¡Pero tampoco me enojo con ellos!».

Luego explica que si bien no todos los ateos están enojados, el enojo sí parece ser una característica común de muchos escépticos. «Esa pasión por parte de los ateos resulta extraña cuando la dirigen a algo que, según ellos, no existe».[1]

¿Por qué tanta pasión? Porque tal vez «creer en Dios obliga a la persona a enfrentar el hecho de que tendrá que rendir cuentas ante Él. Y a muchas personas no les gusta la idea de rendir cuentas ante nadie, y menos ante Dios. Romanos 1:18-19 dice que "lo que se puede conocer acerca de Dios es evidente para ellos, pues él mismo se lo ha revelado» pero ellos «obstruyen la verdad». Por eso pienso que muchos se refugian en el ateísmo o el agnosticismo porque resulta un escape conveniente de la realidad de que han de rendir cuentas ante su Creador, lo cual es un desafío. Lo que se presenta como «me cuesta creer» en realidad suele ser «no quiero creer».[2]

El filósofo ateo Thomas Nagel reconoció en *La última palabra* que «quiero que el ateísmo sea verdad, y me incomoda el hecho de que algunas de las personas más inteligentes e informadas que conozco son creyentes religiosos. No es solo que no creo en Dios y que naturalmente espero estar en lo correcto con lo que pienso. Es que ¡tengo la esperanza de que Dios no exista! No quiero que haya Dios. No quiero que el universo sea así».[3]

Esto quizá sirva para explicar también por qué el ya fallecido Christopher Hitchens, autor de *Dios no es bueno, alegato contra la religión* se describió, no como ateo sino como antiteísta en un artículo titulado: «Nada sagrado, el provocador periodista Christopher Hitchens busca pelea con Dios».[4]

Yo sentía lo mismo cuando era ateo. *No quería* que existiera Dios ni que el cristianismo fuera verdad. Por eso me esforzaba tanto por encontrar algún escándalo en la iglesia de Leslie, no solo para poder desinflar ese bote sino el de su fe en general. Suponía que así podría lograr que saliera de esa secta en la que estaba y podríamos volver a vivir como queríamos, de acuerdo a nuestros propios deseos egocéntricos. Pero como ese plan no funcionó, me enojé.

Agradezco a Dios que haya ayudado a que ese enojo se aplacara lo suficiente como para que yo entreabriera la puerta a la verdad.

La verdad para este día

La incredulidad no siempre es una cuestión intelectual sino un problema de la voluntad. Por eso la humildad suele ser el prerrequisito para el descubrimiento espiritual.

SEPARACIÓN LENTA DE DIOS

Pero cuando venga el Hijo del Hombre, ¿hallará fe en la tierra?

Lucas 18:8

SE DICE POR ALLÍ QUE «LA GENTE ES BÁSICAMENTE BUENA, QUE tiene intenciones nobles, pero a veces no llegan a cumplir con sus elevadas aspiraciones. De todas maneras, en cada uno de nosotros hay una chispa de lo divino».

¿*En serio*? Los que dicen eso, ¿nunca ven los programas de noticias?

Además *están los que nos dicen*: «En el fondo, en realidad, soy buena persona y Dios me aceptará porque lo merezco, por lo que hice». ¿Nunca se miran en el espejo? ¿Han perdido todo contacto con la conciencia que Dios les dio? ¿Con la convicción del pecado que nos da el Espíritu Santo?

No pienses que hago estas preguntas porque me siento superior. Yo también estaba perdido como ellos o quizá más todavía. Vivía en ceguera espiritual, me autoengañaba para que pensara que si existía Dios, muy probablemente estaba bastante impresionado conmigo. Pero ahora que vivo al otro lado de la redención me cuesta entender el engaño en que vivía antes. Es el mismo engaño que acosa a nuestra cultura en general.

En vez de tratar de explicarlo con mis palabras voy a dejar que la Biblia nos hable directamente. Lee estas palabras con atención, y medita mientras tanto en lo que sucede alrededor de ti día tras día:

> Ahora bien, ten en cuenta que en los últimos días vendrán tiempos difíciles. La gente estará llena de egoísmo y avaricia; serán jactanciosos, arrogantes, blasfemos, desobedientes a los padres, ingratos, impíos, insensibles, implacables, calumniadores, libertinos, despiadados, enemigos de todo lo bueno, traicioneros, impetuosos, vanidosos y más amigos del placer que de Dios. Aparentarán ser piadosos, pero su conducta desmentirá el poder de la piedad. ¡Con esa gente ni te metas! (2 Timoteo 3:1-5, NVI).

No sé si estamos en «los últimos días» de los que hablaba Pablo, aunque seguro estamos dos mil años más cerca que él. De una forma u otra, esta es una descripción del mundo en que vivimos. Y hace que abramos los ojos. Como lo haría un buen médico, Pablo diagnosticó la enfermedad y señaló con precisión una lista reveladora de los síntomas que muestra nuestra sociedad.

¿Cómo responder ante un pronóstico tan grave? ¡Corriendo hacia el que tiene la cura! Y tomando el remedio de Dios para compartirlo con tanta gente como sea posible, lo más rápido que podamos.

El mensaje del evangelio es no solo buenas noticias, es cuestión de vida o muerte, para un mundo infectado por la enfermedad mortal del pecado.

La verdad para este día

El antiguo himno dice: «¿Qué lavará mis pecados? Solo la sangre de Jesús». Este mundo enfermo de pecado está cada vez peor. Y sin embargo Jesús nos dice: «Los que están sanos no tienen necesidad de médico, sino los enfermos. No he venido a llamar a justos, sino a pecadores al arrepentimiento» (Lucas 5:31-32).

NUNCA ESTAMOS SOLOS

Mas el Consolador, el Espíritu Santo, a quien el Padre enviará en mi nombre, él os enseñará todas las cosas, y os recordará todo lo que yo os he dicho.

JUAN 14:26

MARK Y YO PRESIDIMOS UNA CONFERENCIA SOBRE LA «INESPERAda aventura» en la que puede entrar el cristiano al comunicar nuestra fe a los demás. La actividad estuvo muy buena, pero acabamos exhaustos. Al fin estábamos en el avión de regreso a casa, esperando ver a nuestras familias.

Teníamos fatiga relacional. Nos ajustamos los cinturones y pensamos en lo bueno que sería relajarnos y descansar un poco.

Pero nuestro amigo Andy, que estaba en la fila de adelante, se encontró con un desconocido que tenía muchas ganas de conversar. El hombre era ateo y presentaba sus objeciones a la fe cristiana. Andy, con paciencia, iba respondiendo a cada cosa.

¡Bien por ti, Andy! Mark y yo estábamos orgullosos de que tuviera energías para conversar con el hombre, ¡energías que evidentemente nos faltaban a nosotros!

Mientras conversaban, nos dijo luego Andy, él se sintió aliviado porque no estaba solo. *Tengo a Lee Strobel y Mark Mittelberg de apoyo*, se dijo. *Si este hombre me presenta alguna objeción que yo no conozca, estos muchachos que probablemente estén escuchando arrobados y con tanta atención, van a inclinarse hacia adelante y me darán la información que preciso.*

No estoy seguro de que Andy mirara por sobre el hombro, esperando ver si hacíamos algún gesto de asentimiento. O si solo oía nuestros ronquidos. En algún punto de la conversación se dio cuenta de que sus camaradas espirituales dormían como bebés.

Ah… ¡qué gran ayuda!, pensó Andy. *Ni siquiera pueden mantenerse despiertos lo suficiente como para apoyar a su compañero.*

Entonces vio que había contestado las preguntas del hombre, y presentado el evangelio, sin ayuda de parte nuestra. Probablemente no lo hiciera como podría haberlo hecho Lee o Mark, pero ¿eso qué importa? ¡Tal vez lo hizo mejor!

Y quizá, ese respaldo evangelístico que esperaba, había venido de Dios de manera más directa y potente. Es probable que Andy no necesitara la ayuda de sus amigos sino la guía y la confirmación de aquel que conocía el corazón y la mente de ese ateo y que le amaba más que nosotros.

Me alegro que Andy estuviese allí sin contar con nosotros. Me alegra que todos tengamos la promesa del poder, la guía y la sabiduría del Espíritu Santo para ayudarnos a aprovechar «al máximo cada momento oportuno» (Colosenses 4:5, NVI).

La verdad para este día

«Y les aseguro que estaré con ustedes siempre, hasta el fin del mundo», dijo Jesús (Mateo 28:20, NVI). Así que, cuando quieras hacer la obra de Dios, jamás la harás solo. Su poder y su presencia siempre están contigo.

MATRIMONIO BÍBLICO

Por tanto, dejará el hombre a su padre y a su madre, y se unirá a su mujer, y serán una sola carne.

Génesis 2:24

«EMPECEMOS DESDE EL PRINCIPIO. ESTO ES UN BALÓN DE FUTBOL».

Es lo que decía uno de los entrenadores más exitosos de toda la historia, Vince Lombardi.[1] Su equipo, los Green Bay Packers, había pasado por una larga serie de derrotas, por lo que este nuevo entrenador buscaba hacerlos regresar a lo básico del juego para llevarlos al éxito. Cuando terminó esa temporada los Packers vencieron a los New York Giants 37 a 0 y ganaron el campeonato de la Liga Nacional de Futbol.

Para quienes observamos lo que sucede en la cultura en relación con el matrimonio, la familia y la moral, hay que decir que pasamos por una temporada dura, con una larga serie de derrotas. Son muchos los que luchan contra los cambios en la sociedad, poco a poco, ganando cada tanto pero perdiendo mucho más a menudo. Quizá haya llegado la hora de volver a lo básico.

«Empecemos por el principio», parece decirnos Dios en Génesis 2:4. «*Esto es el matrimonio*».

En realidad no es nada complicado. Según el versículo, el hombre deja a sus padres, lo mismo hace la mujer, y ella se convierte en su esposa y los dos serán «una sola carne». La fórmula sería: un hombre + una mujer = una carne.

Esa es la ética sexual bíblica. Cualquier cosa que esté fuera de eso, como el sexo prematrimonial, el sexo fuera del matrimonio, el sexo entre dos hombres o dos mujeres o el sexo grupal, es completamente malo y se considera pecado grave.

«Sí, pero eso dice el Antiguo Testamento», protestarán algunos. «Cuando había muchas leyes y un Dios más duro, y el castigo era más severo por las infracciones pequeñas. Seguramente el Dios más bondadoso y gentil del Nuevo Testamento suavizó esas reglas tan estrictas».

«Empecemos desde el principio», parecía decir Jesús en Mateo 19 (NVI). «Sigue siendo que esto es el matrimonio».

«—¿No han leído —replicó Jesús— que en el principio el Creador "los hizo hombre y mujer", y dijo: "Por eso dejará el hombre a su padre y a su madre, y se unirá a su esposa, y los dos llegarán a ser un solo cuerpo"? Así que ya no son dos, sino uno solo. Por tanto, lo que Dios ha unido, que no lo separe el hombre» (Mateo 19:4-6, NVI).

Dirán que soy anticuado, pero pienso que el Creador sabía lo que hacía cuando nos creó varón y mujer, y cuando instituyó el matrimonio bíblico. Él nos ama y quiere que seamos personas triunfantes, parejas y familias exitosas, una sociedad victoriosa. Si nos apartamos de ese mapa, lo haremos a riesgo propio.

La verdad para este día

Jesús dejó claro lo referente al matrimonio: que es designio de Dios y que las relaciones fuera de la unión permanente entre un hombre y una mujer son pecado. Tengamos el valor de defender y vivir este entendimiento bíblico, enseñándolo a otros con amor.

SUPUESTAS CONTRADICCIONES, PRIMERA PARTE

> *La ley de Jehová es perfecta, que convierte el alma; el testimonio de Jehová es fiel, que hace sabio al sencillo.*
>
> Salmos 19:7

CUANDO ERA ATEO, SOLÍA MOLESTAR A LOS CRISTIANOS POCO preparados con cantidad de supuestas contradicciones y discrepancias en la Biblia. Solían inquietarse porque no lograban darme respuestas, y yo salía feliz y contento, sintiéndome vencedor.

Luego, durante mi búsqueda espiritual, tuve que tratar de resolver justamente esas mismas cuestiones que antes usaba y agradezco haber encontrado respuestas que satisficieran mi corazón y mi mente. Años después, mientras trabajaba en *El caso de la fe*, tuve oportunidad de conversar sobre algunas de esas cuestiones con el erudito de la Biblia Norman Geisler.[1]

—Para mí era como un hobby coleccionar supuestas discrepancias de la Biblia, y lo que parecieran ser imprecisiones y afirmaciones en conflicto —me dijo Geisler con una sonrisa—. Tengo una lista de unas ochocientas. Hace unos años escribí con otro autor, un libro titulado *When critics ask* [Cuando los críticos preguntan], que dedica casi seiscientas páginas a la corrección de algunas cosas que se dicen por allí.[2] Solo puedo decirte que en mi experiencia, cuando los críticos formulan este tipo de objeciones, invariablemente violan uno de los diecisiete principios para la interpretación de las Escrituras.

—¿Cuáles son? —quise saber.

— Por ejemplo, supongamos que no hay explicación para lo inexplicable. Estoy seguro de que algún crítico con agudeza me diría: «¿Qué dices de esto?» y, aunque he estudiado estas cosas durante cuarenta años, no podría responderle. ¿Qué nos prueba eso? ¿Qué la Biblia tiene un error? ¿O que Geisler es ignorante? Yo le daría el beneficio de la duda a la Biblia porque, de las ochocientas objeciones que estudié, jamás encontré un solo error en la Biblia pero sí muchos errores por parte de los críticos.

— ¿Es razonable eso en realidad? —le pregunté a Geisler—, ¿lo de darle el beneficio de la duda a la Biblia?

— Sí lo es —insistió—. Cuando un científico se topa con una anomalía en la naturaleza, ¿abandona su estudio de ella? Cuando nuestra sonda espacial encontró anillos entrelazados alrededor de Júpiter, eso iba en contra de toda explicación científica. ¿Recuerdas haber oído que todos los científicos de la NASA renunciaran porque no lograban explicarlo?

—Claro que no —dije riendo.

— Exactamente. No se rindieron. Dijeron: «Ah, tiene que haber una explicación» y siguieron estudiando. Yo hago lo mismo con la Biblia. Ha demostrado ser precisa una y otra vez, incluso cuando pensaba que no lo era, en un principio. ¿Por qué no voy a darle yo el beneficio de la duda ahora? Tenemos que ver la Biblia como vemos a cualquier estadounidense que comparece ante un tribunal: se presume inocente hasta que se demuestre que es culpable.

La verdad para este día

Para los cristianos la Biblia es una guía fiel en las buenas y en las malas. Como lo haríamos con cualquier amigo querido, tenemos que confiar en ella hasta tanto demuestre que no es confiable.

SUPUESTAS CONTRADICCIONES, SEGUNDA PARTE

> *Los mandamientos de Jehová son rectos, que alegran el corazón;*
> *El precepto de Jehová es puro, que alumbra los ojos.*
>
> SALMOS 19:8

APRENDIMOS DE NORMAN GEISLER QUE TENEMOS QUE TRATAR A la Biblia como a un amigo: dándole el beneficio de la duda cuando surjan cuestionamientos.

«Los críticos hacen lo contrario», explicó Geisler. «Negaron la existencia de los hititas que aparecen en el Antiguo Testamento. Ahora los arqueólogos han encontrado la biblioteca hitita. Y los críticos dicen: "Bueno, supongo que la Biblia tenía razón en ese versículo pero yo no acepto el resto". ¡Espera un momento! Cuando se ha demostrado que la Biblia es precisa, una y otra vez, en cientos de detalles, es el crítico quien debe presentar las pruebas, no la Biblia».

Le pedí a Geisler que describiera otros principios para la resolución de conflictos aparentes.

«No entender el contexto del pasaje», dijo. «Es el error más común de los críticos. Tomas palabras fuera de contexto y hasta podrías hacer que la Biblia demuestra que Dios no existe. Si después de todo el Salmo 14:1 dice: "No hay Dios". Aunque por supuesto, en contexto verás que dice: *"Dice el necio en su corazón, no hay Dios"*. Por eso el contexto es tan importante; casi siempre los críticos sacan los versículos de contexto para forzar la situación de una supuesta discrepancia que no existe».

«Otro de los errores es suponer que porque un informe es parcial tiene que ser falso. Mateo informó que Pedro le dijo a Jesús: "Tú eres el Cristo, el hijo del Dios viviente". Marcos lo dice así: "Tú eres el Cristo", y Lucas informa: "El Cristo de Dios" [Mateo 16:16; Marcos 8:29; Lucas 9:20]. Los críticos dicen entonces: "¿Ves? ¡Error!" y yo digo: "¿Dónde está el error?". Mateo no dijo: "Tú *no eres* el Cristo", y Marcos dijo: "Tú eres". Mateo da más detalles. Eso no es un error. Es complementario».

«Otro de los errores incluye obviar la interpretación de pasajes difíciles, a la luz de otros que son claros. Basar una enseñanza en un pasaje poco explícito, olvidar que la Biblia usa lenguaje cotidiano, no técnico; no recordar que la Biblia usa diferentes recursos literarios y olvidar que es un libro humano con características humanas».

«Pero si es un libro humano, ¿no son inevitables los errores?», dije.

«Con excepción de, digamos los Diez Mandamientos, la Biblia no fue dictada», contestó Geisler. «Los escritores no eran secretarios del Espíritu Santo. A veces usaban fuentes humanas, o distintos estilos literarios, o escribían desde perspectivas distintas, o ponían énfasis en diferentes intereses, o revelaban patrones de pensamiento y emociones humanas. No hay problema con eso. Pero como Cristo, la Biblia es totalmente humana y sin embargo, no tiene errores».[1]

La verdad para este día

La Biblia es un milagro, una maravilla: Dios comunica su mensaje por medio de las coloridas personalidades de los autores humanos. De Él aprendemos la perfecta verdad, por medio de vasijas imperfectas como nosotros.

SUPUESTAS CONTRADICCIONES, TERCERA PARTE

El temor de Jehová es limpio, que permanece para siempre; los juicios de Jehová son verdad, todos justos.

SALMOS 19:9

NORMAN GEISLER EFECTUÓ UNA SÓLIDA DEFENSA DE LA CONFIA-bilidad de la Biblia pero había muchas cosas más de las que podíamos hablar. En el poco tiempo que me quedaba de la entrevista quise mencionar algunas cuestiones específicas.[1]

—Sin embargo, son muchos los que alegan supuestas contradicciones todo el tiempo —dije.

—¿Como cuáles, por ejemplo? —dijo con calma, aunque mostrando que quería el desafío—. ¿Cuáles son las más comunes que oyes?

Pensé un momento.

— Mateo dijo que había un ángel junto a la tumba de Jesús y Juan dice que había dos. Los evangelios dicen que Judas se ahorcó y Hechos dice que se le salieron las tripas.

—Tienes razón. Son citadas con frecuencia —replicó—. Pero se concilian fácilmente. En cuanto a los ángeles, ¿notaste que cuando hay dos de lo que sea, también hay uno? Eso no falla nunca. Mateo no dijo que había *solamente* uno. Juan brinda más detalles al decir que hay dos.

Y en cuanto al suicidio de Judas, puedes ahorcarte colgándote de un árbol o del borde de un precipicio. Era contra la ley tocar un cadáver en esa época. Así que alguien pasó, encontró su cuerpo, cortó la soga y el cuerpo hinchado cayó sobre las rocas y ¿qué sucedió? Se le salieron las tripas, como dice la Biblia. No son relatos contradictorios, sino complementarios.

Me asombró la facilidad con la que salió de su boca esa respuesta. Tantos se han sentido tan perturbados a lo largo de los años, justamente por esa sola pregunta, y Geisler la contestaba sin parpadear, mientras le daba sorbos a su gaseosa. Francamente, fue como una inyección de fe para mí, espero que también lo sea para ti.

No es que todas las supuestas contradicciones tengan respuestas fáciles. De hecho, como lo explicó Geisler, a veces no sabes una respuesta y tienes que decidir que confiarás en el libro de todos modos a la luz de las otras respuestas que *sí encontraste*.

Pero nada parecía intimidar al hombre. Me consolaba el hecho de que *The Big Book of Bible Difficulties* [El gran libro de las dificultades bíblicas], que él y Howe escribieron, se ocupa de más de ochocientas cuestiones similares.[2]

Salí de esa entrevista con un fortalecido sentimiento de confianza en que, a pesar de que enfrente frecuentes preguntas y objeciones, *sí se puede* confiar en la Biblia.

Y de hecho, apuesto mi vida por ella.

La verdad para este día

La Biblia ha demostrado ser un libro por el que podemos apostar la vida. Piensa en esto: si la ignoramos, perdemos la apuesta. Como dije, recomiendo apostar por la Biblia.

¿ALTERACIONES IRREMEDIABLES?

> *Este es el discípulo que da testimonio de estas cosas, y escribió estas cosas; y sabemos que su testimonio es verdadero.*
>
> JUAN 21:24

«PERO SABES QUE EL TEXTO DE LA BIBLIA TIENE ALTERACIONES, ¿verdad?», le preguntó Nabeel a su nuevo amigo David, que estaba leyendo las Escrituras.

«¿Ah, sí?».

«Sí», prosiguió Nabeel. «Ha ido cambiando con el tiempo. Todo el mundo lo sabe».

David no se dejó convencer, quería saber más. Con eso comenzó un diálogo de años entre ese devoto musulmán Nabeel Qureshi y el nuevo converso cristiano David Wood.[1]

Lo que dijo Nabeel ese día expresa creencias usuales en el islam. Los musulmanes ven a Jesús como un profeta de Alá, y los escritos originales del evangelio sobre él como el santo Inyil, inspirado por Dios. Pero, te dirán, el problema está en que el Inyil ha sufrido muchísimas alteraciones a lo largo del tiempo y por eso ya no es una fuente de información confiable.

Es una postura que presenta varios problemas, incluso desde la perspectiva islámica. Porque por ejemplo el Corán, texto sagrado de los musulmanes, explícitamente respalda al Inyil y a la Biblia en general como revelación de Alá: «Ha hecho que descienda sobre ti el Libro con la Verdad confirmando lo que ya había, al igual que hizo descender la Torá y el Inyil anteriormente como guía para los hombres» (Corán 3:3-4).[2]

Los musulmanes afirman que esos son los escritos que se han alterado y que por eso no se puede confiar en ellos. Pero tal afirmación pierde su valor por el hecho de que la Biblia del siglo VII (que el Corán respalda como revelación de Alá) es la misma que la del siglo XXI. No tuvo alteraciones ni cambios.

Además, la acusación de que la Biblia se ha alterado contradice la enseñanza del Corán, que dice: «Y recita lo que del Libro de tu Señor te ha sido inspirado, no hay quien pueda sustituir sus palabras y aparte de Él no encontrarás ningún refugio» (Corán 18:27;[3] ver también Corán 6:114-115). Es decir que Alá promete proteger sus revelaciones escritas, incluida la Biblia, y «no hay quien pueda sustituir sus palabras».

Por eso nuestro relato bíblico de Jesús (1) es respaldado por el Corán; (2) no ha cambiado desde los tiempos de Mahoma; y (3) no puede cambiarse porque nadie tiene el poder de alterar las palabras de Dios (según el Corán).[4]

En síntesis: el santo Inyil, relato del evangelio sobre Jesús, es verdad para los cristianos, para los musulmanes y para todo el que tenga la valentía de leerlo. Esto forma parte de la razón por la que, tras años de diálogo con David y de estudio por interés propio, Nabeel acabó siendo seguidor de Jesús.[5]

La verdad para este día

Dios, en realidad, ha preservado la Biblia para que no sufra alteraciones; podemos compartir confiados sus verdades con los demás, incluyendo a nuestros amigos musulmanes.

ARGUMENTO A FAVOR DE LA BIBLIA

Mas el Consolador, el Espíritu Santo, a quien el Padre enviará en mi nombre, él os enseñará todas las cosas, y os recordará todo lo que yo os he dicho.

Juan 14:26

HEMOS VISTO YA UNA CANTIDAD DE OBJECIONES A LA BIBLIA. HOY presentaremos un argumento de tres partes *a favor* de ella.[1]

El Nuevo Testamento, como mínimo, es un registro histórico confiable

Creo que es mucho más que eso. Estoy convencido de que es la Palabra de Dios, inspirada y con autoridad, pero la gente no tiene por qué comenzar por allí. Solo necesitamos ayudarles a ver que, como mínimo, es un relato confiable sobre la vida y el ministerio de Jesucristo.

¿Cómo hacerlo? Ya vimos que se escribió basado en los relatos de testigos oculares y que se ha preservado en gran cantidad de manuscritos históricos. Además, la historia secular y la arqueología han confirmado muchos de sus detalles.

El notable académico Craig Evans lo resume así, en especial con referencia a las biografías de Jesús: «Hay grandes razones que nos llevan a la conclusión de que los evangelios informan con justeza y precisión los elementos esenciales de las enseñanzas de Jesús, de su vida, muerte y resurrección. Son lo suficientemente antiguos, con raíces en fuentes adecuadas que llegan a Jesús y a los protagonistas originales, además de que presenta continuidad, proximidad, y que la arqueología y otros documentos verifican varios de los detalles. Y tiene lógica interna. Eso es lo que lo convierte en un todo».[2]

El registro histórico presenta a Jesús como único Hijo de Dios

Jesús fue claro en cuanto a su identidad divina y lo demostró por medio de su vida sin pecado, su conocimiento sobrenatural, el cumplimiento de las profecías antiguas, sus maravillas, sus milagros y, en especial, al resucitar de entre los muertos. Sus credenciales eran únicas y no hubo otro líder espiritual que pudiera comparársele. Son credenciales que demuestran que Jesús es quien afirmó ser: el único Hijo de Dios.

Jesús el Hijo de Dios enseñó que la Biblia es la Palabra inspirada de Dios

Jesús tenía mucho que decir sobre la Biblia de su época, el Antiguo Testamento. Lo citaba a menudo y siempre defendió su precisión y divina autoridad. Si hubiera habido partes que necesitaran correcciones seguramente Él, como Hijo de Dios, las habría hecho. Sin embargo, Jesús basó su ministerio y sus enseñanzas en el fundamento seguro del Antiguo Testamento y consideró a las partes históricas como historia, a los libros proféticos como profecía, y a las enseñanzas como verdad que hay que obedecer. También les dio a sus discípulos la capacidad y el poder para recordar y escribir bajo la guía del Espíritu Santo, lo que sería luego el Nuevo Testamento (Juan 14:26).

Podemos confiar en la Biblia, porque Jesús también confió.

La verdad para este día

Jesús dijo: «La Escritura no puede ser quebrantada» (Juan 10:35), y «El cielo y la tierra pasarán, pero mis palabras jamás pasarán» (Mateo 24:35). Si sigues a Jesús entonces puedes confiar en lo que Él confía.

¿PROYECCIÓN DE DIOS?

Cantad a Dios, cantad salmos a su nombre... Jehová es su nombre... Padre de huérfanos y defensor de viudas es Dios en su santa morada.

SALMOS 68:4-5

EL FILÓSOFO ALEMÁN LUDWIG FEUERBACH DECLARÓ: «DIOS NO hizo al hombre a su imagen, como dice la Biblia. Por el contrario, tal como lo he demostrado en *La esencia del cristianismo* es el hombre quien hizo a Dios a su imagen».[1] Y afirmó que inconscientemente, el hombre proyecta sus mejores cualidades en un ser imaginario que llama Dios.

Gran parte de lo que vemos en las religiones del mundo consiste en lo que describió Feuerbach, en gente que proyecta al cielo los atributos que han observado en la humanidad, creando un «Dios» que se les parece mucho. Pensemos, por ejemplo, en los dioses y diosas de la antigua Grecia.

Sigmund Freud llevó ese argumento un paso más allá. El teólogo Alister McGranth explica: «De hecho, probablemente sea justo decir que la teoría de la proyección o el deseo concretado se conoce más hoy en su variante freudiana que en su versión original de Feuerbach... Freud exploró los orígenes de esta proyección de una figura paterna ideal... "Mi padre me protegerá. Él tiene el control"... La creencia en un Dios personal entonces es poco más que un engaño infantil. La religión no es más que buenos deseos».[2]

Pero esa afirmación no prueba nada en cuanto a la existencia del verdadero Dios. Quienes la proponen suelen ignorar la abrumadora evidencia a favor del Creador que hizo a los seres humanos a su imagen. Además, ese argumento tiene doble filo. Quizá, el *rechazo a sus padres humanos* sea lo que motiva a la gente a proyectar ese mismo sentimiento al cielo, negando así al Dios que los creó. Pienso que eso es lo que me sucedió tras una serie de problemas relacionales con mi padre.

No sabía yo que muchos de los famosos ateos de la historia, como Friedrich Nietzsche, David Hume, Bertrand Russell, John-Paul Sartre,

Albert Camus, Arthur Schopenhauer, Ludwig Feuerbach, Voltaire, H. G. Wells, Madalyn Murray O'Hair y otros más, se habían sentido abandonados por sus padres o profundamente desilusionados, con lo cual se reducían mucho sus probabilidades de ser receptivos a un Padre celestial.[3]

Siendo chico las dudas que tenía me carcomían cuando mis maestros insistían en que la ciencia había eclipsado a la necesidad de Dios; yo me sentía cada vez más atraído al escepticismo. Algo faltaba, en mi familia y en mi alma, y esa falta creaba una necesidad acuciante que en ese momento yo no podía describir siquiera. Doy gracias porque al fin Dios abrió esa puerta con su verdad, para darme convicción y con su amor, suavizarme y acercarme a Él.[4]

La verdad para este día

Dios es el Padre que muchos no tuvimos. Nos ama lo suficiente como para decirnos la verdad, corregirnos si nos desviamos, y perdonarnos si volvemos a casa y a sus brazos. Lo mejor es que nos ama a lo largo de todo ese proceso.

EL CANON DEL NUEVO TESTAMENTO

Toda palabra de Dios es limpia; él es escudo a los que en él esperan. No añadas a sus palabras, para que no te reprenda, y seas hallado mentiroso.

PROVERBIOS 30:5-6

«DURANTE MUCHO TIEMPO HUBO UN DEBATE CANDENTE EN CUANto a cuál de los evangelios debía considerarse inspirado divinamente», escribió el autor ateo Christopher Hitchens. «Algunos afirmaban una cosa y otros otra, y en medio de la pelea se perdieron varias vidas».[1]

A pesar del típico cinismo de Hitchens, es cierto que ha habido gran discusión y debate en cuanto a qué debía incluirse en el canon del Nuevo Testamento. *Canon* es el término que describe la colección de libros y epístolas oficialmente aceptados como parte de la Biblia. Hablé sobre este tema con el eminente erudito neotestamentario Bruce Metzger.[2]

«¿Cómo fue que los primeros líderes de la iglesia determinaron qué libros se considerarían con autoridad y cuáles había que descartar?», quise saber. «¿Y qué criterios usaron para determinar qué documentos se incluirían en el Nuevo Testamento?».

«Básicamente, la iglesia aplicó tres criterios», me explicó. «Primero, los libros debían tener *autoridad apostólica*, es decir, haber sido escritos por los apóstoles que fueron testigos oculares o por seguidores de los apóstoles».

«En segundo lugar, estaba el criterio de *conformidad con lo que se llamaba la regla de fe*. Es decir, que el documento debía ser congruente con la tradición cristiana básica que reconocía a la iglesia como normativa».

«Y tercero, el criterio de si el documento gozaba de *aceptación y uso continuo por parte de la iglesia en general*».

«Lo notable es que aunque los bordes de este canon no se definieron sino hasta pasado un tiempo, había gran unanimidad en los primeros dos siglos respecto a la mayor parte del Nuevo Testamento, y era unánime la opinión de diversas congregaciones dispersas en un área muy grande», prosiguió Metzger.

F. F. Bruce es otro de los más respetados eruditos y autor de *The New Testament Documents: Are they reliable?* [Los documentos del NT, ¿son confiables?]. Él escribió lo siguiente: «La creencia cristiana histórica es que el Espíritu Santo, que controló la escritura de los libros, también controló su selección y su colección, cumpliendo así la promesa del Señor de que guiará a sus discípulos "a toda la verdad"» (Juan 16:13).[3]

Como puedes ver, hubo cuidado y atención por parte de las personas y de Dios, al compilar el canon de los libros que hoy conocemos como Nuevo Testamento.

La verdad para este día

Pablo nos aseguró que «Toda la Escritura es inspirada por Dios y útil para enseñar, para reprender, para corregir y para instruir en la justicia, a fin de que el siervo de Dios esté enteramente capacitado para toda buena obra» (2 Timoteo 3:16-17, NVI). Así que sujetémonos a la autoridad de *toda* la Biblia.

EL VERDADERO JESÚS

> *Y aquel Verbo fue hecho carne, y habitó entre nosotros (y vimos su gloria, gloria como del unigénito del Padre), lleno de gracia y de verdad.*
>
> JUAN 1:14

«¿HAY UNA TENDENCIA QUE HACE QUE LA GENTE DIGA QUE JESÚS no fue más que un personaje de fantasía?», preguntaba Natalie en mi publicación de noticias por Internet. «Mi sobrino, que está en primer año de la universidad, dice que duda de que Jesús haya existido».

Mi respuesta a Natalie es la siguiente: Si se trata de una tendencia, es solo porque Internet es muy eficiente para propagar teorías tontas y sin fundamentos. La gran mayoría de los eruditos incluso se ríe ante las afirmaciones de los supuestos místicos que afirman que Jesús nunca existió; que surgió de la leyenda y la mitología.

Según Bart Ehrman, profesor de estudios religiosos y crítico de muchas de las enseñanzas del cristianismo, los escépticos empezaron a efectuar esas acusaciones en el siglo diecinueve y la postura del mito ahora se ha difundido en los círculos agnósticos y ateos de los Estados Unidos.

Sin embargo, hasta el propio Ehrman, que es agnóstico, cree que «Jesús existió, nos guste o no».[1] Ehrman escribió su libro *Did Jesus exist?* [¿Existió Jesús?] porque quería dejar claro que los que abogan por la teoría del mito están equivocados. En una entrevista reciente, declaró: «No logran defenestrar a la religión. Más bien son ellos los que quedan como tontos».[2]

En el libro *Jesus and His world: the archaeological evidence* [Jesús y su mundo: la evidencia arqueológica], el profesor de Nuevo Testamento Craig Evans documenta la evidencia y critica los escritos de Tom Harpur que dice que no hay «ni una pizca» de evidencia de que Jesús haya existido, y al participante del Seminario Jesús Robert Price, que «rechaza casi todos los argumentos o evidencias de que hubo un Jesús en la historia».[3]

«No sorprende que el marcado escepticismo de Harpur y Price no cuente con seguidores académicos. La extraña teoría de Harpur... ha sido refutada de plano y no hay historiador o egiptólogo de reputación que la considere creíble. Tampoco Price tuvo adhesión de ningún historiador importante o erudito del Nuevo Testamento», concluye Evans.[4]

El eminente académico James D. G. Dunn, de la Universidad de Durham, expresa su asombro ante quien sigue apoyando la opinión de Price de que «es muy probable que jamás haya habido un Jesús histórico». En respuesta a un ensayo de Price, Dunn usó adjetivos como «triste en realidad», «una desilusión», «ridículo», «huele a desesperación», «rasca el fondo de la lata» y «realmente desequilibrado», al analizar las afirmaciones de Price que, dicho sea de paso, no presentan respaldo alguno.[5]

Por desdicha, Internet puede funcionar como sistema virtual de soporte de vida y continúa manteniendo vivas teorías locas como estas, a pesar de la avalancha de evidencia que hay en contra.

La verdad para este día

El hecho de que se niegue la existencia de Jesús nos recuerda una vez más que tenemos que tener cuidado al obtener información de Internet, sopesando si los que propagan las locas teorías pueden ofrecer evidencia real que respalde sus afirmaciones.

FALSIFICACIONES DEL NUEVO TESTAMENTO

> *Pablo, siervo de Jesucristo, llamado a ser apóstol, apartado para el evangelio de Dios... Yo Tercio, que escribí la epístola, os saludo en el Señor.*
>
> ROMANOS 1:1; 16:22

EN SU LIBRO *FORGED* [FALSIFICADO] EL PROFESOR AGNÓSTICO Bart Ehrman dice que casi un setenta por ciento de los escritos del Nuevo Testamento no provienen de los autores a quienes se les atribuyen. ¡Vaya afirmación!

Lo que sigue aquí es el resumen de lo que me dijo en respuesta a esto Michael Licona, erudito de Nuevo Testamento, que ya debatió dos veces con Ehrman.[1]

La mayoría de los argumentos, aunque no todos, que niegan la autoría tradicional, caben en dos categorías: el estilo y el contenido. Pero si un autor usaba un secretario que anotara lo que él dictaba, y que además pudiera editar, tendríamos la explicación a por qué algunas de las cartas del Nuevo Testamento —de las que se cuestiona la autoría—, tienen diferencias de vocabulario, gramática, parte del contenido y el estilo general de escritura cuando se las compara con cartas cuyos autores no se cuestionan. Ehrman reconoce esto: «Virtualmente todos los problemas con lo que llamamos falsificaciones, se resuelven si piensas que los secretarios tuvieron mucho que ver en la composición de los escritos cristianos primitivos».[2]

¿Usaba Pablo un secretario ocasionalmente? Podemos responder que sí, y no nos equivocaremos. Ehrman admite: «No hay dudas de que el apóstol Pablo usa ocasionalmente un secretario».[3] Y, sin embargo, declara que no hay evidencia de que usara secretarios —más que para editar, corregir gramática o mejorar el estilo—, como coautores para aportar contenido o para componer la carta que llevaría en el final la aprobación del autor nombrado en ella.[4]

Ehrman afirmó que no hay evidencia de que fuera costumbre el uso de un secretario para edición, con excepción de la gente muy rica.[5] A pesar de eso, vemos que Pablo nos dice que las iglesias le enviaban ayuda, y sabemos que tenía compañeros de trabajo porque los menciona en sus cartas. Naturalmente, ellos serían sus secretarios y mensajeros, de modo que para Pablo no habrían representado gastos.

Licona concluye que por este, y otros motivos: El argumento de Ehrman no tiene sustento porque para Pablo el uso de un secretario no habría representado costo alguno. Las ocasiones de importancia en que Pablo escribía habrían justificado que las dictara y Pablo dice con claridad que hubo quienes participaban en la escritura de las cartas... Un viejo amigo mío dice algo que se ajustará a Ehrman: «Se aferra con fuerzas a un saco que está vacío».[6]

La verdad para este día

Los críticos han usado una cantidad de argumentos para tratar de desacreditar a la Biblia. Sin embargo, cuanto más profundo miras, más razones encuentras para confiar en «las Sagradas Escrituras, las cuales te pueden hacer sabio para la salvación por la fe que es en Cristo Jesús» (2 Timoteo 3:15).

VARIACIONES EN LOS MANUSCRITOS BÍBLICOS

¡He aquí, vengo pronto! Bienaventurado el que guarda las palabras de la profecía de este libro.

APOCALIPSIS 22:7

SE SUELE DECIR QUE LA BIBLIA NO ES CONFIABLE PORQUE HAY variaciones entre los distintos manuscritos del Nuevo Testamento. No es un argumento nuevo, pero hoy se está haciendo popular gracias al erudito agnóstico Bart Ehrman y su bestseller *Jesús no dijo eso.*

Ehrman señala que no tenemos las copias originales del Nuevo Testamento.[1] Es verdad, aunque no tenemos los originales de *ningún* escrito antiguo, sea sagrado o secular. Pero lo que tenemos son copias manuscritas.

Ehrman también establece correctamente que hay entre doscientas mil y cuatrocientas mil variantes o diferencias entre las copias que tenemos.[2] Así que lo que esto implica queda claro: ¿Cómo podemos confiar en la Biblia si está tan llena de errores? ¿Cómo sabemos en realidad qué decían los documentos originales si en verdad no los tenemos?

Esto ha debilitado la fe de algunos, aunque no tiene por qué ser así. Tenemos buenas razones para creer que el Nuevo Testamento se ha preservado como para ser confiable.

Primero, cuantas más copias tengas de cualquier documento, más diferencias encontrarás. Así, por ejemplo, si tienes solamente un puñado de copias manuscritas como sucede con la mayor parte de la literatura antigua, entonces habrá muy pocas diferencias. Pero cuando tienes más de 5.800 copias manuscritas del Nuevo Testamento, entonces también tienes muchas más variaciones. Esa gran cantidad es más bien subproducto de la abrumadora cantidad de copias, lo que constituye en sí mismo una marca de solidez.

En segundo lugar, cuantas más copias tengas más fácil será determinar lo que decía el original. Hay mucho más para comparar con el fin de ir eliminando errores.

También quiero destacar que ochenta por ciento de las variaciones de los documentos del Nuevo Testamento son en realidad errores menores de ortografía. Solo uno por ciento tiene el potencial de afectar el significado, en un aspecto u otro. E incluso esas variaciones tienen que ver con temas que no son tan importantes, por lo que nunca está en juego ni una de las principales doctrinas de la iglesia.[3]

Hace años entrevisté al importante erudito Bruce M. Metzger, mentor de Ehrman en Princeton. Le pregunté hasta qué punto habían afectado su fe las muchas décadas de estudio del Nuevo Testamento.

Respondió: «Oh, ha aumentado la base de mi fe el ver la solidez con que nos han llegado estos materiales, con múltiples copias, algunas muy antiguas… Sé con certeza que mi confianza en Jesús está en el lugar correcto».[4]

La verdad para este día

La evidencia es contundente: la Biblia que lees hoy es una versión confiable de los escritos originales de las Escrituras.

IMPACTO DE JESÚS EN EL MUNDO

> *Y hay también otras muchas cosas que hizo Jesús, las cuales si se escribieran una por una, pienso que ni aun en el mundo cabrían los libros que se habrían de escribir.*
>
> JUAN 21:25

SE HA ESCRITO MUCHO SOBRE EL IMPACTO ESPIRITUAL DE JESÚS en las personas. Mi amigo y excolega, pastor John Ortberg, resumió algunos de los aspectos en los que Jesús influyó en el mundo.[1]

Los niños

En el mundo antiguo, era común la práctica de dejar morir a los niños a la intemperie o venderlos como esclavos. La forma en que Jesús trató a los niños y sus enseñanzas sobre ellos, hizo que se prohibieran esas prácticas. Además, motivó la institución de los orfanatos y los padrinazgos.

La educación

El amor por el saber hizo que se formaran los monasterios, cunas de los gremios académicos. Las universidades como Cambridge, Oxford y Harvard comenzaron como ideas que buscaban estudiar y amar a Dios con todas nuestras mentes, ideas que inspiró Jesús. El mundo antiguo valoraba el saber pero solía reservarlo para una elite. La idea de que cada pequeño llevaba en sí la imagen de Dios contribuyó a que hubiera interés por la alfabetización universal.

La compasión

Jesús tenía interés por todos los que sufrían, trascendiendo las reglas del mundo antiguo. Su compasión por los pobres y los enfermos llevó a la creación de instituciones para leprosos, el comienzo de los hospitales de los tiempos modernos que fueron las primeras organizaciones de caridad, dirigidas por voluntarios.

La humildad

El mundo antiguo honraba muchas virtudes como la valentía y la sabiduría, pero no la humildad. «Debe preservarse el rango», decía Cicerón. La vida de Jesús como sirviente que lavó los pies a los demás, al fin llevaría a que se adoptara la humildad como virtud muy admirada. El historiador John Dickson escribió: «Es poco probable que alguno de nosotros aspirara a esta virtud si no fuera por el impacto histórico de su crucifixión».[2]

El perdón

En el mundo antiguo la virtud significaba recompensar a tus amigos y castigar a tus enemigos. Conan el Bárbaro parafraseaba a Genghis Khan cuando le preguntaron: «¿Qué es lo mejor en la vida?». Conan dijo: «Aplastar a tus enemigos, verlos derrotados delante de ti y oír los lamentos de sus mujeres». De Galilea provino la alternativa: lo mejor de la vida es amar a tus enemigos y reconciliarte con ellos.

La reforma humanitaria

La inclusión de las mujeres que hacía Jesús hizo que su número aumentara en la comunidad. Los esclavos, que constituían casi un tercio de la población en la antigüedad, podían entrar en una iglesia donde les lavarían los pies los esclavistas. Un texto antiguo mandaba a los obispos a no interrumpir el servicio de adoración para saludar a un rico, y a sentarse en el piso para dar la bienvenida al pobre. Pablo dijo: «Ya no hay judío ni griego; no hay esclavo ni libre; no hay varón ni mujer; porque todos vosotros sois uno en Cristo Jesús» (Gálatas 3:28). Thomas Cahill escribió que fue esta la primera declaración del igualitarismo en la literatura humana.

La impredecible influencia de un carpintero a quien nadie eligió, sigue difundiéndose aun hoy en todo el mundo.

La verdad para este día

Jesús ha tenido influencia en nuestra cultura en formas en que pocos logran entender o apreciar. Eso nos da aun más razones para confiar en Él y seguirle.

ESPECULACIONES SOBRE EL MULTIVERSÍCULO

¡Oh profundidad de las riquezas de la sabiduría y de la ciencia de Dios! ¡Cuán insondables son sus juicios, e inescrutables sus caminos!

ROMANOS 11:33

—¿SI HUBIERA UNA CANTIDAD INFINITA DE UNIVERSOS APARTE del nuestro? —le pregunté al apologista William Lane Craig, expresando una teoría naturalista común.[1]

—Entonces habría probabilidades de que uno de ellos tuviera condiciones adecuadas para la vida —contestó—. Y es justamente el universo en el que resulta que estamos.

Craig ya había oído esa teoría.

—Se llama: hipótesis de los muchos mundos —expresó—. Pero hay un problema: esos otros universos teóricos son inaccesibles para nosotros y por eso no hay forma posible de probar que podría ser así. No es más que un concepto, una idea, sin prueba científica. John Polkinghorn, importante científico y teólogo británico, dijo que no es más que seudociencia, algo así como una aventurada teoría metafísica.[2] Ahora, piensa en esto: si fuera cierto sería imposible la existencia de la vida lógica tal como la conocemos, porque podrías descartarlo todo por improbable que fuera, postulando una cantidad infinita de otros universos.

—¿Cómo es eso? —quise saber.

—Por ejemplo, si estuvieras dando las cartas en un juego de póquer y te repartieras a ti mismo cuatro ases todas las veces, no se te podría acusar de hacer trampa por improbable que fuera tal situación. Simplemente podrías señalar que en la cantidad infinita de universos habrá uno en el que cada vez que una persona reparte las cartas le tocarán cuatro ases y *¡ah, qué suerte la mía!*, resulta que tú estás en ese universo.

«Es pura metafísica. No hay razón real como para creer que existen esos mundos paralelos. El hecho mismo de que los escépticos hayan ingeniado una teoría tan extraña es porque la fina sintonía del universo apunta con mucha fuerza a la existencia de un Diseñador inteligente, y hay gente que buscaría cualquier hipótesis con tal de evitar esa conclusión».

Yo sabía que el equilibrio extraordinariamente preciso del universo era uno de los factores principales que hizo que Patrick Glynn, que estudió en Harvard, pasara del ateísmo al cristianismo, como lo cuenta en su libro *God: the evidence* [Dios, la evidencia].[3]

El filósofo de la ciencia Robin Collins añadió que para que la teoría de los muchos universos fuera realidad haría falta algo así como «un generador de múltiples universos». Y explicó: «Es altamente improbable que un sistema generador de universos tuviera todos los ingredientes y componentes necesarios solo por azar, así como el azar tampoco puede explicar cómo el horno produce hogazas de pan. Entonces, si existe un sistema generador de muchos universos, la mejor explicación de su existencia sería el *diseño*».[4]

La verdad para este día
Es interesante que los científicos pudieran aceptar una teoría tan especulativa sin evidencia científica, en su esfuerzo aparente por evitar el hecho de que ¡Dios sintonizó con amor el universo para que existiera la vida!

EL ARGUMENTO A PARTIR DE LA MORALIDAD

Mostrando la obra de la ley escrita en sus corazones, dando testimonio su conciencia, y acusándoles o defendiéndoles sus razonamientos.

ROMANOS 2:15

EN MI CONVERSACIÓN CON EL ERUDITO Y APOLOGISTA WILLIAM Lane Craig, él me explicó lo siguiente: «Otro de los factores que apuntan a Dios es la existencia de valores morales objetivos en el universo. Si Dios no existe, entonces no existen los valores morales objetivos».[1]

«Los valores morales objetivos son válidos y vinculantes, independientemente de que alguien crea en ellos o no», explicó Craig. «Por ejemplo, decir que el Holocausto fue algo objetivamente malo es afirmar que fue malo incluso si los nazis pensaban que era lo correcto, y que seguiría siendo malo incluso si los nazis hubieran ganado la Segunda Guerra Mundial. Ahora, si Dios no existe, entonces no hay valores morales objetivos como estos».

Le pedí a Craig que me explicara por qué.

«Bueno, porque si Dios no existe, entonces los valores morales no son más que productos de la evolución sociobiológica. De hecho, eso es lo que piensan muchos ateos. Según el filósofo Michael Ruse, "la moral es una adaptación biológica como lo son las manos, los pies y los dientes" y "es solo una ayuda para la supervivencia y la reproducción... es ilusorio creer que significa algo más profundo que eso"».[2]

«Y si no hay Dios, entonces la moral es solo cuestión de preferencias personales, algo así como si dijeras: "El brócoli es sabroso". Bueno, puede resultarle sabroso a unos, pero no a otros. No hay verdad objetiva sobre ello. Se trata de una cuestión de gustos, subjetiva. Y decir que matar niños inocentes es malo sería solo una expresión de preferencias, como si dijeras: "No me gusta que maten niños inocentes"».

«Al igual que Ruse y el ateo Bertrand Russell, no veo razón para pensar que en ausencia de Dios la moral evolucionada por *homo sapiens* sea objetiva. Después de todo, si no hay Dios entonces, ¿qué hay de especial en los seres humanos? Son subproductos accidentales de la naturaleza que solo hace poco evolucionaron a partir de una mota de polvo perdida en un universo al que nada le importa, destinados a perecer por siempre en un tiempo relativamente corto».

«Pero todos sabemos, en el fondo, que los valores morales objetivos sí existen. Para ver que es así, solo tendríamos que preguntarnos: ¿Torturar a un niño por diversión es un acto moralmente neutral? Estoy seguro de que dirás que no, que no es moralmente neutral y que realmente es algo que está mal».

«Y como estos valores morales objetivos no pueden existir sin Dios, y es incuestionable que sí existen, se deduce por lógica y de manera ineludible que Dios sí existe».

La verdad para este día

Las Escrituras y nuestras conciencias apuntan hacia lo mismo: existen el bien y el mal, lo cual es real. Nuestro entendimiento de lo bueno y lo malo fluye de la naturaleza del Dios santo.

HISTORIA DE DOS PRÓDIGOS

Y levantándose, vino a su padre. Y cuando aún estaba lejos, lo vio su padre, y fue movido a misericordia, y corrió, y se echó sobre su cuello, y le besó.

Lucas 15:20

—¿CUÁL DE LAS ENSEÑANZAS DE JESÚS ES LA QUE EN TU OPInión muestra la gracia de manera más concreta? —le pregunté al profesor de apologética Craig Hazen.[1]

Hazen respondió enseguida:

—La historia del hijo pródigo. ¡Sin duda! Realmente nos muestra que no solo hablamos de misericordia sino de un Dios que tiene un único propósito, un solo enfoque: el de una relación de amor con nosotros, y que está dispuesto a hacer lo que sea por eso.

«En esta parábola el hijo toma su herencia y dice: "Me voy, elijo mi camino". Tal vez el padre haya respirado hondo, diciendo: "Ah, espero que algún día regrese". Y tras una vida desastrosa que le permite entonces ver la enormidad de su pecado el hijo *regresa*. Al mirar el horizonte el padre lo ve y, sin dudarlo un momento, corre hacia él con un anillo, sandalias, le hace un banquete. El padre no solo le permite a su hijo regresar, con reproches como si fuera un sirviente que se portó mal. No, manda que se haga una fiesta en su honor y le devuelve su lugar como hijo suyo».

«¡Es una historia de favor inmerecido! No encontrarás nada como eso en las demás religiones del mundo», exclamó Hazen.[2]

— ¿Está seguro? —pregunté—. Pensé que en la literatura budista había una historia paralela a la parábola del hijo pródigo.

— Bueno, se parecen en cuanto a que en las dos hay hijos que se rebelaron y dejaron su hogar, y que luego vieron su error y regresaron. Pero la historia budista tiene un final muy diferente: el hijo tiene que trabajar para compensar su error.

— ¿Cómo es eso? —pregunté.

— Termina trabajando duro durante veinticinco años apaleando estiércol. Así que allí tienes un marcado contraste entre el Dios de gracia y una religión en la que uno tiene que trabajar y esforzarse para llegar al nirvana.

El banquete con el ternero engordado, o las pilas de estiércol. Sí, una gran diferencia, pensé.

—El hijo pródigo es producto de la teología cristiana, manantial de gracia, perdón y esperanza —concluyó Hazen—. Encontrarás la historia del hijo pródigo solo de labios de Jesús, y de nadie más.

La verdad para este día

«Porque este mi hijo muerto era, y ha revivido; se había perdido, y es hallado. Y comenzaron a regocijarse» (Lucas 15:24). Esta es una impactante imagen que pintó Jesús del amor y la gracia de Dios por un pecador, por cualquiera de nosotros, que esté dispuesto a regresar a casa junto a Él.

GRACIA PARA LA GENTE «BUENA»

> *Por cuanto todos pecaron, y están destituidos de la gloria de Dios, siendo justificados gratuitamente por su gracia, mediante la redención que es en Cristo Jesús.*
>
> Romanos 3:23-24

HAY PERSONAS CON LA OBVIA NECESIDAD DEL PERDÓN DE DIOS, pero también están los Craig Hazens del mundo, esos hijos que nunca fueron pródigos, esa gente buena que parece moralmente superior. Hazen escogió el camino estrecho, pero también fue escéptico.[1]

—Ningún cristiano me había brindado buenas razones para creer —me explicó—, por lo que básicamente llegué a la conclusión de que era probable que el mundo tuviera que ver principalmente conmigo mismo. Luego, una chica me invitó a ir a la iglesia. Recuerdo el mensaje, basado en el cuarto capítulo de Juan, en el que Jesús le ofrece «agua viva» a la samaritana, el agua que lleva a la vida eterna. Y me pregunté: *¿Qué tengo que perder?* Así que pasé al frente, al altar. Pero francamente, todo eso no fue más que un experimento en aquel momento.»

— ¿Y qué pasó?

— Me llevaron a una habitación contigua con los consejeros. Yo pensé: *Uhhh, viene la parte del lavado de cerebro.* Poco después tenía a todos los consejeros conmigo porque yo disparaba una pregunta tras otra y no sabían las respuestas.

— Y ¿te fuiste de allí sin estar convencido?

— Bueno, algo así. Pero había dado el primer paso. Me fueron dando libros, grabaciones y me llamaban por teléfono. Así que estudié las cuestiones durante varios meses y al fin Dios selló eso. Me convencí de que el cristianismo es verdad.

«Unos años después vinieron unos evangelistas a la universidad a la que yo asistía y trajeron a unos tipos con testimonios muy dramáticos. Y yo pensaba: *Ah, yo también querría ser como ellos, pero mi testimonio sería muy distinto.* Verás, yo no estaba en la alcantarilla y no era uno de los últimos orejones del tarro. Mi vida era promisoria, pero aun así necesitaba a Dios desesperadamente».

«Luego entendí lo siguiente: tener buenos modales cuando comemos, obtener excelentes calificaciones en la escuela, decir por favor, gracias y ser educado... todo eso es bastante trivial. Es verdad, pero me rebelaba contra un Dios santo tan potente que podía hablar y dar existencia a miles de millones de galaxias. Ahora, ¡eso sí que es importante! Y yo lo estaba ignorando, dándole la espalda, pecando con mi orgullo, mi complejo de superioridad, mi egocentrismo, mis engaños y deseos secretos e ilícitos, con lo cual surgió una brecha enorme entre nosotros».

«Romanos 3:23 dice: "por cuanto todos pecaron, y están destituidos de la gloria de Dios". Y con el tiempo llegué a darme cuenta de que yo estaba incluido en eso. Necesitaba el perdón y encontré la gracia por medio de Jesús».

La verdad para este día

Todos necesitamos de la gracia de Dios, más allá de que nuestros pecados sean sutiles o espectaculares. Por dicha, esa gracia está disponible en Cristo para cada uno de nosotros.

EL CODIFICADOR DIVINO

Te alabaré; porque formidables, maravillosas son tus obras; estoy maravillado, y mi alma lo sabe muy bien.

Salmos 139:14

TENEMOS UN ELOCUENTE EJEMPLO DEL DISEÑO DEL UNIVERSO EN la evidencia de la información biológica, específicamente en esa información increíblemente compleja que está codificada en el ADN. Los casi dos metros de ADN enrollados dentro de cada una de las entre 50 y 75 billones de células de nuestros cuerpos contienen un alfabeto químico de cuatro letras que emite instrucciones precisas de armado de todas las proteínas de las que está compuesto el cuerpo.

El Dr. Francis Collins, ex jefe del proyecto internacional Genoma Humano, que trabajó en el mapa de toda la secuencia del ADN humano, lo explica así:

> Este texto que se acababa de revelar tenía tres mil millones de letras de largo y estaba escrito en un código extraño y encriptado de cuatro letras. Es tal la asombrosa complejidad de la información que carga cada una de las células del cuerpo humano que si leyeras ese código a la velocidad de una letra por segundo te llevaría treinta y un años, aun cuando leas día y noche sin interrupción. La impresión de esas letras en tamaño de fuente normal en papel común, para formar un libro, daría como resultado una pila de papeles tan alta como el monumento a Washington.[1]

El filósofo de la ciencia Stephen Meyer, que estudió en Cambridge, fue a quien entrevisté para mi libro *El caso del Creador*. Me demostró que ninguna hipótesis ha podido acercarse siquiera a la explicación de cómo puede haberse metido la información en la materia biológica por medios naturalistas.

Por el contrario, dijo que cuando encontramos un arreglo secuencial complejo que se corresponde con un patrón o función independiente, ese tipo de información *siempre* es producto de la inteligencia.

«Los libros, los códigos de computadora y el ADN tienen esas dos propiedades. Sabemos que los libros y los códigos de computadora son diseños de la inteligencia, y la presencia de este tipo de información en el ADN también implica un origen inteligente».[2]

Además, Meyer dijo que la impactante cantidad de nuevas formas de vida que de repente aparecen completamente formadas en el registro fósil, sin transiciones anteriores, habría requerido de la infusión de cantidades masivas de nueva información biológica. «La información es lo que distingue a la mente», afirmó Meyer. «Y basándonos solo en la evidencia de la genética y la biología, podemos inferir que existe una mente muchísimo más grande que la nuestra, un Diseñador con conciencia, propósito y raciocinio, inteligente y asombrosamente creativo».[3]

Eso se me parece mucho a una mente que, según Génesis 2:7, «formó al hombre del polvo de la tierra, y sopló en su nariz aliento de vida».

La verdad para este día

Fuimos creados de manera «admirable» y «maravillosa», en formas que escapan a nuestra comprensión. Que esto nos haga adorar a nuestro incomprensible Dios.

EVIDENCIA DESDE LA CONCIENCIA

Pero confiamos, y más quisiéramos estar ausentes del cuerpo, y presentes al Señor.

2 Corintios 5:8

DURANTE SIGLOS EL ALMA HUMANA HA ENCANTADO A LOS POE-tas, intrigado a los teólogos, desafiado a los filósofos y confundido a los científicos. Teresa de Ávila, mística del siglo dieciséis, la describió de manera elocuente: Empecé a pensar en el alma como si fuera un castillo hecho de un único diamante, o de cristal muy claro, en el que hay muchas habitaciones así como en el cielo hay muchas mansiones.[1]

Hoy son muchos los científicos que llegan a la conclusión de que las leyes de la química y la física no pueden explicar lo que es la conciencia. En mi entrevista con el profesor J. P. Moreland para *El caso del Creador*, él definió la conciencia como nuestra introspección, nuestras sensaciones, pensamientos, emociones, deseos, creencias y decisiones, todo lo que nos hace estar al tanto de lo que sucede, lo que nos hace estar vivos. El alma contiene esa conciencia y anima nuestro cuerpo.

—¿Qué le hace pensar que el alma es algo real? —le pregunté a Moreland.[2]

—Primero, que estamos al tanto de que no somos solo conciencia y cuerpo. Sabemos que somos seres con conciencia y cuerpo, pero no solo somos vida consciente o vida física.

«Yo soy alma y tengo cuerpo. No conocemos a la gente estudiando sus cuerpos. Conocemos a la gente al saber qué sienten, qué piensan, qué les apasiona, qué piensan del mundo y los demás. Mirar sus cuerpos tal vez podría decirnos si les gusta el ejercicio, pero ello no es muy útil. Por eso tenemos que llegar al "interior" de las personas para conocerlas».

Según un investigador que mostró que la conciencia puede continuar después de que haya dejado de funcionar el cerebro, los hallazgos científicos actuales «respaldarían la postura de que "mente", "conciencia" y "alma" son cosas que no dependen del cerebro».[3]

Moreland añade: «No puedes obtener algo de la nada». Si el universo comenzó con materia muerta sin conciencia, «¿cómo es entonces que llegar a obtener algo totalmente diferente, criaturas conscientes, vivas, pensantes, con sentimientos, con creencias, a partir de materiales que no tienen nada den eso?».

Pero si todo comenzó con la mente de Dios, dijo que: «no tendremos problema alguno para explicar el origen de nuestra mente humana».

El filósofo darwinista Michael Ruse admitió: «Nadie, y por cierto no el darwiniano, parece tener respuesta alguna» a la cuestión de la conciencia.[4]

El neurofisiólogo ganador del premio Nobel John C. Eccles llegó a la conclusión, a partir de la evidencia, de que «existe lo que podríamos llamar un origen sobrenatural de mi mente consciente, de mi singular condición de ser, o mi alma».[5]

Básicamente, hay poderosa evidencia de la existencia del alma humana, y eso conforma evidencia convincente de la existencia de Dios, al mismo tiempo.

La verdad para este día

J. P. Moreland ya lo explicó: eres alma y tienes cuerpo. Dios, amorosamente, creó cada parte de ti.

LA EVIDENCIA DEL DISEÑO

¿No has sabido, no has oído que el Dios eterno es Jehová, el cual creó los confines de la tierra? No desfallece, ni se fatiga con cansancio, y su entendimiento no hay quien lo alcance.

Isaías 40:28

«POCOS LUGARES HAY TAN BELLOS COMO LAS MONTAÑAS Beartooth de Montana», escribió Mark Mittelberg en nuestro libro *The Unexpected Adventure* [La aventura inesperada].[1] «El cielo es límpido, el aire es fresco y la fragancia de los pinos flota en todas partes. Luego están las flores de montaña con esas formas, colores y tamaños que no podrás encontrar si permaneces en la planicie».

Como soy de los que *aman estar adentro*, ¡tengo que creerle!

«Heidi y yo disfrutamos de un viaje a esa región», prosiguió Mark, «cuando conocimos a Dan, que había viajado solo. Le invitamos a unirse a nosotros para la excursión de un día a una montaña que permitía una vista panorámica. Era una mañana hermosa. Mientras caminábamos, estuvimos conversando, disfrutando del paisaje alpino, y cuanto más alto llegábamos más variadas eran las flores que hallábamos».

«Sabes», dije en un momento, «Dios tiene que ser bastante imaginativo como para crear esa belleza. Todo el tiempo estamos viendo esas formas y colores asombrosos en las flores. ¡El Creador sí tiene que ser creativo!».

Dan me miró y dijo:

«Bueno, supongo que sí, si es que crees en Dios. Pero no es mi caso».

Fin de la discusión. O al menos, eso creía Dan.

Dan no lo sabía, pero yo estaba pensando: *Por fin algo interesante para conversar. Ya basta de hablar de la vida de las flores. Hablemos de la vida eterna.*

«Ah, ¿de veras?», respondí. «¿No crees en Dios? ¿Por qué?».

Y mientras seguimos escalando la montaña Dan fue mencionando las razones por las que no había que creer en Dios, de por qué no existía, de cómo se puede vivir sin alguna deidad distante. Le escuchamos con paciencia y esperamos el momento adecuado para decir lo que pensábamos al respecto.

Nuestra oportunidad llegó cuando íbamos bajando por la ladera de la montaña. Traté de responder a las objeciones que Dan había mencionado y presentar evidencia convincente de la existencia de Dios. Hablamos de la ciencia, la lógica, la filosofía, la historia, la arqueología y le expliqué que todo eso, y el conocer a Cristo de manera personal, impactaron nuestras vidas.

«Seguimos hablando hasta llegar a la base donde acampábamos, encendimos un fuego y conversamos hasta que se consumió. Unas cuatro o cinco horas. Dan oyó cierta información que nunca antes había oído. Confío en que Dios usará esa conversación cada vez que Dan recuerde el tiempo que pasamos juntos ese día».

La verdad para este día

La evidencia del diseño no solo es importante para nosotros como cristianos, sino que constituye información convincente para nuestros amigos y conocidos. La obra del Espíritu Santo puede hacer de esa evidencia un eslabón más en la cadena de su camino a la fe en Cristo.

INCLUSO EN LOS MALOS TIEMPOS

> ¿Hasta cuándo, Jehová? ¿Me olvidarás para siempre? ¿Hasta cuándo esconderás tu rostro de mí?
>
> SALMOS 13:1

«SIEMPRE SOY OPTIMISTA, EXCEPTO CUANDO NO LO SOY. CASI todo el tiempo soy positivo, y a veces tanto que pienso que puedo hacer lo que sea, conquistar lo que quiera». Mi amigo Mark muchas veces dice, en broma, que tengo etapas de maniático.

«En esos momentos, todo puede ser divertido, pero a veces tengo momentos de tristeza. No, no se trata de que sea maníaco depresivo, gracias a Dios. Me refiero a que a veces todo parece confabularse en mi contra. Y tal vez por eso puedo entender al rey David».

«El tipo podía ser exuberante. En una ocasión, nos dice la Biblia, vestido con un efod de lino, se puso a bailar ante el Señor con gran entusiasmo (2 Samuel 6:14). Es una tentación a la que jamás sucumbí (y no sucederá tampoco porque no tengo un efod de lino)».

En otras ocasiones, David diría cosas como estas:

> ¿Hasta cuándo, Jehová? ¿Me olvidarás para siempre? ¿Hasta cuándo esconderás tu rostro de mí? ¿Hasta cuándo pondré consejos en mi alma, con tristezas en mi corazón cada día? ¿Hasta cuándo será enaltecido mi enemigo sobre mí? Mira, respóndeme, oh Jehová Dios mío; alumbra mis ojos, para que no duerma de muerte; para que no diga mi enemigo: Lo vencí. Mis enemigos se alegrarían, si yo resbalara (Salmos 13:1-4).

¿Sientes que podría tratarse de ti? Yo sí, lamentablemente. Hay días en que siento que Dios se ha olvidado de mí o que oculta su rostro. Y cada tanto me siento angustiado, sufriendo en mi corazón. En ocasiones siento que mis enemigos me han derrotado, por invisibles que sean, y hasta tal vez porque son enemigos imaginarios.

Por dicha, hay buenas noticias. Ante todo, que como David podemos ser sinceros en cuanto a la manera en que nos sentimos. De hecho, Dios quiere que acudamos a Él tal como somos, con nuestros sentimientos, miedos y frustraciones, para volcar ante Él lo que hay en nuestros corazones. En segundo lugar, también como David podemos decidir que adoraremos a Dios incluso en medio del dolor. Observa lo que dijo en el final de este salmo:

Mas yo en tu misericordia he confiado; mi corazón se alegrará en tu salvación. Cantaré a Jehová, porque me ha hecho bien (13:5-6)

La verdad es que todavía estoy aprendiendo a confiar en Dios y a alabarle en medio de las dificultades. Pero sé que está allí, esperándome, incluso en los peores días.

La verdad para este día

El amor de Dios por nosotros no sufre altibajos, como sucede con nuestros sentimientos o emociones. Podemos presentar ante Dios nuestras frustraciones, pero seremos sabios si aprendemos de David y terminamos afirmando nuestra confianza en Dios y alabándole.

LA REALIDAD DEL CIELO

> *En la casa de mi Padre muchas moradas hay; si así no fuera, yo os lo hubiera dicho; voy, pues, a preparar lugar para vosotros.*
>
> JUAN 14:2

«SI REALMENTE ERES PRODUCTO DE UN UNIVERSO MATERIAL, ¿por qué no te sientes como en casa en ese lugar?», preguntó C. S. Lewis. «Aunque yo no creo... que mi anhelo en cuanto al paraíso demuestre que disfrutaré de él, pienso que es buena indicación de que existe tal cosa y que algunos seres humanos irán allí», añadió en otro pasaje. «Y si en mí encuentro un deseo que no pueda satisfacer ninguna experiencia de este mundo, la explicación más probable será que fui creado para otro mundo».[1]

Hay muchas razones para creer en el cielo. Mark Mittelberg repasa algunas de ellas en su obra *The Questions Christians Hope No Once Will Ask (With Answers)* [Preguntas que los cristianos esperan que nadie formule (con respuestas)] que incluyen la conciencia de la eternidad en nuestros corazones (Eclesiastés 3:11), la evidencia de las experiencias cercanas a la muerte,[2] nuestro sentido de la justicia suprema, y nuestro conocimiento intuitivo de que más allá del horizonte hay un hogar para nosotros.[3]

Concuerdo con Mark cuando añade: «De todas las razones por las que uno podría creer en la vida después de la muerte y específicamente en que hay un cielo y un infierno, el argumento más convincente es la enseñanza clara y directa de Jesús sobre este tema». Eso porque «en toda la historia nadie más tuvo las credenciales que tuvo Él y por ello la capacidad para decirnos con autoridad la verdad sobre esas realidades».[4]

Solamente Jesús cumplió las profecías del Antiguo Testamento acerca del Mesías que vendría. Solamente Él llevó una vida sin pecado. Solo Él hizo innumerables milagros, murió por nuestros pecados y resucitó de entre los muertos para probar que todo era verdad. Y solo Él podía decir: «Ustedes son de aquí... yo soy de allá arriba. Ustedes son de este mundo; yo no soy de este mundo» (Juan 8:23, NVI). Por eso solamente Cristo podía hablarnos de la vida después de la muerte, puesto que ya había estado allí, y ni hablar de que fue Él quien la creó.

Jesús, el único Hijo de Dios, nos aseguró que el cielo y el infierno son reales, y que a cada uno de esos lugares van personas reales, según sea su relación con Él. En el versículo de hoy nos afirma que está preparando un lugar para nosotros, y dice: «vendré otra vez, y os tomaré a mí mismo» (Juan 14:3).

La verdad para este día

El cielo existe y, en verdad, puedes ir allí si confías en Cristo y lo sigues. Cuenta con ello, porque puedes contar con Él.

RIQUEZAS NO RECLAMADAS

> ¿O menosprecias las riquezas de su benignidad, paciencia y longanimidad, ignorando que su benignidad te guía al arrepentimiento?
>
> ROMANOS 2:4

«USTED PODRÍA SER RICO» Y NO SABERLO SIQUIERA. ASÍ SE LLAmaba un programa de *Dateline NBC* de 2009, y lo mismo decían muchísimos sitios y anuncios de Internet. Según se informa, hay millones de dólares en fondos sin reclamar en Estados Unidos, y casi 42 mil millones a la espera de sus dueños.[1] ¿Quién sabe cuánto dinero más hay en otros países del mundo? ¿Puedes imaginarlo? Riquezas incontables, que solo esperan ¡que sus verdaderos dueños se levanten para ir a buscarlas![2]

Por genial que pueda parecer, eso no es nada en comparación con el valor de los tesoros espirituales que esperan a quienes nos levantemos para recibir el maravilloso don de la gracia de Dios. La Biblia lo describe así:

> Pero Dios, que *es rico en misericordia,* por su gran amor con que nos amó, aun estando nosotros muertos en pecados, nos dio vida juntamente con Cristo (por gracia sois salvos), y juntamente con él nos resucitó, y asimismo nos hizo sentar en los lugares celestiales con Cristo Jesús, para mostrar en los siglos venideros *las abundantes riquezas* de su gracia en su bondad para con nosotros en Cristo Jesús (Efesios 2:4-7, énfasis añadido por mí).

Así como sucede con el dinero que nadie reclama, muchos no recibirán esa riqueza a menos que sepan que esos recursos están disponibles, y que den los pasos necesarios para acceder a ellos. Por eso es tan importante esta idea. Cristo vino para comprar nuestra salvación en la cruz, vino para reemplazarnos y pagar el precio. El perdón de Dios y la vida eterna están allí, disponibles. ¿Qué tenemos que hacer entonces para acceder a este perdón y la vida eterna?

Nuestra respuesta instintiva dirá que tenemos que ganárnoslos. Es algo que tenemos impreso en nuestra naturaleza: *si vale es porque cuesta. Si lo quieres tienes que ganártelo.*

Nos esforzamos por pagar nuestras deudas y salir adelante. Y luego descubrimos que tenemos una deuda espiritual. Nos lo dice Romanos 3:23 y 6:23 (NVI): «pues todos han pecado y están privados de la gloria de Dios… Porque la paga del pecado es muerte». ¿Cómo reaccionamos entonces? Inútilmente intentamos pagar esa deuda y ganarnos la buena gracia de Dios. Pero eso es porque no entendemos el mensaje: *Dios nos está ofreciendo el mayor regalo que pueda existir, por medio de su Hijo Jesús.*

La verdad para este día

La segunda mitad de Romanos 6:23 nos dice lo que nos hace falta saber: «la dádiva de Dios es vida eterna en Cristo Jesús, Señor nuestro». Nosotros y nuestros amigos tenemos que recibir esa dádiva con humildad. Solo entonces serán nuestras esas riquezas espirituales sin reclamar.

LAS ARMAS CON QUE PELEAMOS, PRIMERA PARTE

> *Las armas de nuestra milicia no son carnales, sino poderosas en Dios para la destrucción de fortalezas.*
>
> 2 Corintios 10:4

«¿QUÉ ES LA VIDA SI NO UNA GRAN BATALLA QUE DURA DESDE nuestros primeros días hasta que enfundamos la espada al momento de morir?», preguntaba el pastor británico Charles Spurgeon.[1]

Si hace tiempo que sigues a Cristo sabrás que Spurgeon estaba en lo cierto: la vida del cristiano es una de conflicto. Tenemos un enemigo espiritual que es real y la cultura que nos rodea se opone cada vez más a lo que creemos. Eso sucede especialmente si intentamos defender las enseñanzas y la moral de la Biblia. Es, en verdad, una lucha.

Así que la pregunta de hoy es: ¿cómo luchar en esa guerra y cómo ganarla? Pablo nos lo dijo: «Las armas con que luchamos... tienen el poder divino para derribar fortalezas» (2 Corintios 10:4, NVI). Pero tenemos que acudir a Efesios 6:13-18 para descubrir cuáles son esas armas. Pablo enumera las siguientes herramientas para la batalla:

- **LA VERDAD (V. 14):** es un tema recurrente. Tenemos que amar la verdad (2 Tesalonicenses 2:10). Pero para amar la verdad tenemos que conocerla y para conocerla tenemos que estudiarla con diligencia. Eso significa que tenemos que estudiar la Biblia pero también leer grandes libros sobre apologética cristiana, filosofía cristiana, historia, ciencia y temas similares, con el objetivo de ir formando una visión del mundo sólida y cristiana. Entonces estaremos «preparados para responder» (1 Pedro 3:15, NVI) y «derribar argumentos» y «llevar cautivo todo pensamiento para que se someta a Cristo» (2 Corintios 10:5, NVI).
- **LA JUSTICIA (EFESIOS 6:14):** hay mucha gente llena de conocimiento pero que se descalifica y pierde influencia por la forma en que viven. No hay nada que resulte más repelente que

la hipocresía. Por eso Pablo puso énfasis en su propio ejemplo cuando le escribió a Timoteo, el joven que aprendía a su lado: «Tú, en cambio, has seguido paso a paso mis enseñanzas, mi manera de vivir, mi propósito, mi fe, mi paciencia, mi amor, mi constancia» (2 Timoteo 3:10, NVI). Y también por eso amonestó a los otros creyentes diciendo: «Pase lo que pase, compórtense de una manera digna del evangelio de Cristo» (Filipenses 1:27, NVI). Sabía que nuestro mensaje solo tendría poder si está respaldado por una vida de autenticidad.

Seguiremos viendo «las armas con que luchamos» en las lecturas que siguen. Pero al ver las dos que tratamos en este día resulta interesante que Pablo haya mandado a Timoteo lo siguiente: «Ten cuidado de *tu conducta y de tu enseñanza*» (1 Timoteo 4:16, NVI, énfasis añadido por mí).

La verdad para este día

El versículo completo dice: «Ten cuidado de tu conducta y de tu enseñanza. Persevera en todo ello, porque así te salvarás a ti mismo y a los que te escuchen». Nos muestra lo importantes que son la verdad y la justicia, para nosotros y para nuestros amigos.

LAS ARMAS CON QUE PELEAMOS, SEGUNDA PARTE

Estad, pues, firmes… y calzados los pies con el apresto del evangelio de la paz.

Efesios 6:14-15

HOY SEGUIREMOS APRENDIENDO SOBRE LAS ARMAS QUE DIOS nos ha dado para librar nuestras continuas batallas espirituales, basándonos en las enseñanzas del apóstol Pablo, de Efesios 6.

- **EL EVANGELIO DE LA PAZ (EFESIOS 6:15).** Es interesante que Pablo se refiriera a nuestro mensaje como el evangelio *de la paz*. En otros pasajes habla del *poder* del evangelio (Romanos 1:16) y del *misterio* del evangelio (Efesios 6:19), de la *exclusividad* del evangelio (Gálatas 1:6-9) y la *causa* del evangelio (Filipenses 4:3).

   Hay tal vez dos razones por las que en este pasaje enfatiza la paz. La primera es que aun cuando la gente está en guerra con Dios, buscan desesperadamente la paz en sus vidas. No saben cómo ni dónde buscarla, pero les gusta la idea. Así que cuando oyen «el evangelio de la paz» que les dice cómo conocer al Príncipe de Paz, hay algo en sus almas que dice: «¡Sí!». La segunda razón es que para luchar una guerra no hay arma como la que finalmente detiene la lucha y produce paz perdurable. Eso lo hace el evangelio.

- **LA FE (EFESIOS 6:16).** «Sobre todo, tomad el escudo de la fe, con que podáis apagar todos los dardos de fuego del maligno», dice Pablo (Efesios 6:16). No estaba hablando del paso inicial de poner tu fe en Cristo, sino de la vida diaria de fe o confianza en Cristo. Es la fe que «viene como resultado de oír el mensaje, y el mensaje que se oye es la palabra de Cristo» (Romanos 10:17, NVI). Y eso incluye estudiar la Biblia directamente, además de aprender todo lo que podamos sobre Cristo por medio de la lectura y la reflexión, tal como lo estás haciendo ahora.

- **LA SALVACIÓN Y LA PALABRA DE DIOS (EFESIOS 6:17).** Efesios 6:17 dice: «tomad el yelmo de la salvación, y la espada del Espíritu, que es la palabra de Dios». Hay momentos en que las batallas van mal. A veces los soldados quedan arrinconados, sin refuerzos ni artillería pesada de respaldo. Pero incluso en los peores días tenemos nuestra salvación en Cristo que nos asegura que no importa qué suceda somos amados, perdonados, con la certeza de la eternidad en el cielo. ¿Cómo lo sabemos? La palabra de Dios aquí nos lo garantiza (ver también Romanos 8:37-39).

La verdad para este día

«Estas cosas os he escrito a vosotros que creéis en el nombre del Hijo de Dios, para que sepáis que tenéis vida eterna» (1 Juan 5:13). El evangelio de la paz, la fe en Cristo, la salvación por medio de Él y la seguridad de la Palabra de Dios, son armas que te ayudan no solo a sobrevivir, sino a prosperar como mensajero de la verdad divina.

LAS ARMAS CON QUE PELEAMOS, TERCERA PARTE

«*Orando en todo tiempo con toda oración y súplica en el Espíritu, y velando en ello con toda perseverancia y súplica por todos los santos*».

EFESIOS 6:18

NO ES POR COINCIDENCIA QUE A ALGUNAS PERSONAS SE LAS LLAme «guerreros de oración». Ellos entienden que la oración no es una actividad somnolienta que los cristianos hacen para cumplir con el requisito de pasar tiempo a solas con Dios, o para pasar el tiempo con un grupo de aburridos creyentes en el sótano de una iglesia.

No. Entienden que la oración es un arma y, en muchos aspectos, *el arma* para contender con las fuerzas oscuras que se oponen a nosotros y, además, para acercarnos al Salvador y tener su protección, su fuerza, su sabiduría y su guía. Es la última de las armas de las que hablaremos en este arsenal que Dios nos dio, como lo describe Efesios 6.

- **LA ORACIÓN (EFESIOS 6:18).** El escritor E. M. Bounds resume muy bien el poder y potencial de la oración, el arma espiritual:

La oración es lo más fácil y lo más difícil de todo, lo más simple, lo más sublime, lo más débil y lo más potente. Sus resultados exceden el rango de las posibilidades humanas y sus únicos límites están en la omnipotencia de Dios.

Hay pocos cristianos que conocen el poder de la oración y menos todavía son los que lo experimentan. Los demás tienen tan solo una vaga idea. La iglesia parece casi desconocer el poder que Dios pone en sus manos, esta *carta blanca* espiritual con acceso a los infinitos recursos de la sabiduría y el poder de Dios que tan pocas veces usamos, nunca en la plena medida de honrar a Dios.

La oración es el arma más formidable con la que contamos, pero la que menos sabemos emplear. La que menos estamos dispuestos a usar.[1]

Vale la pena repetir esto último: «La oración es *el arma más formidable* con la que contamos, pero la que *menos sabemos emplear*. La que *menos estamos dispuestos* a usar» (énfasis añadido por mí). Como cristianos que amamos la verdad «preparados para presentar defensa» (1 Pedro 3:15) es fácil operar casi exclusivamente en nuestras mentes, viendo cada problema como intelectual que requiere una buena respuesta.

Sí, son importantes las respuestas. Pero si queremos *el poder* de Dios en nuestras vidas y queremos ganar nuestras batallas espirituales, entonces tenemos que comprometernos de todo corazón a usar esta, el arma más formidable que Dios nos haya dado: la oración.

La verdad para este día

La Palabra de Dios nos enseña: «Por lo demás, hermanos míos, fortaleceos en el Señor, y en el poder de su fuerza. Vestíos de toda la armadura de Dios, para que podáis estar firmes contra las asechanzas del diablo. Porque no tenemos lucha contra sangre y carne, sino contra principados, contra potestades, contra los gobernadores de las tinieblas de este siglo, contra huestes espirituales de maldad en las regiones celestes» (Efesios 6:10-12).

NOTAS

La ciencia se encuentra con las Escrituras
1. Steven Weinberg, *The first three minutes* [Los primeros tres minutos], edición actualizada (Basic Books, 1988), p. 5.
2. Ibid.
3. Ibid, p. 6.
4. Robert Jastrow, *God and the Astronomers* [Dios y los astrónomos], end. ed. (W. W. Norton, 1992), p. 13.
5. Ibid., p. 107.

Los orígenes de la vida
1. Paul Davies, «Are we alone in the universe?» [¿Estamos solos en el universo?], *New York Times*, 18 de noviembre de 2013, http://www.nytimes.com/2013/11/19/opinion/are-we-alone-in-the-universe.html?_r=1.
2. Lee Strobel, *El caso de la fe* (Editorial Vida).
3. Gregg Easterbrook, «The New Convergence» [La nueva convergencia], *Wired*, 1 de diciembre de 2001, http://www.wired.com/2002/12/convergence-3/.
4. Strobel, *El caso de la fe*.
5. Francis Crick, *La vida misma* (México: Fondo de cultura económica).
6. Strobel, *El caso de la fe*.

Hechos a imagen de Dios
1. Ian Tattersall, *Becoming Human: Evolution and Human Uniqueness* [Llegar a ser humanos: la evolución y la singularidad humana] (Harcourt Brace & Company, 1998), p. 188.

¿Podemos confiar en la historia de Jonás?
1. «Jesús a menudo comparó directamente los hechos del Antiguo Testamento con importantes verdades espirituales. Relacionó su muerte y su resurrección con la historia de Jonás y el gran pez (Mateo 12:40); su Segunda Venida con Noé y el diluvio (Mateo 24:37-39). La ocasión y la comparación dejaron en claro que Jesús afirmaba la historicidad de esos hechos del Antiguo Testamento. Jesús le dijo a Nicodemo: "Si les he hablado de las cosas terrenales, y no creen, ¿entonces cómo van a creer si les hablo de las celestiales?" (Juan 3:12). El corolario de esa declaración es que, si la Biblia no dice la verdad en cuanto al mundo físico, no se puede confiar en ella cuando habla del mundo espiritual. Las dos cosas están íntimamente relacionadas» (Norman L. Geisler, *Baker Encyclopedia of Christian Apologetics* [Baker Books, 1999], p. 75).
2. Hay una historia sobre un pescador de fines del siglo diecinueve, llamado James Bartley, a quien supuestamente se lo tragó una ballena. Lo encontraron vivo luego en el vientre del animal. Entonces se propagó la historia y se repitió muchas veces en la literatura cristiana como ejemplo de lo que le pasó a Jonás. Pero se descubrió que la historia era falsa. Ver la obra de Edward B. Davis, «A Modern Jonah», *Perspectives*, 1 de diciembre de 1991 en el sitio de Internet de *Reasons to Believe* [Razones para Creer], http://www.reasons.org/articles/a-modern-jonah.

Busca a Dios de todo corazón
1. Blas Pascal, *Pensamientos* (Editorial Valdemar, 2001).

Un científico descubre a Dios
1. John Noble Wilford, «Sizing Up the Cosmos: An Astronomer's Quest» [El tamaño del cosmos, la gesta de un astrónomo], *New York Times*, 12 de marzo de 1991, http://www.nytimes.com/1991/03/12/science/sizing-up-the-cosmos-an-astronomer-s-quest.html?pagewanted=all.
2. Sharon Begley, «Science Finds God» [La ciencia encuentra a Dios], *Newsweek*, 20 de julio de 1998, http://www.washingtonpost.com/wp-srv/newsweek/science_of_god/scienceofgod.htm.
3. Ibid.

Divina condescendencia
1. C. S. Lewis, *Mero cristianismo* (Rialp Ediciones, 2001).
2. Bruce A. Ware, *Bid Truths for young hearts* [Grandes verdades para corazones jóvenes] (Crossway Books, 2009), p. 109.

Los cielos cuentan
1. Según lo cita Mark Mittelberg en *Confident Faith* [Fe con confianza] (Tyndale, 2013), pp. 162-164.
2. Robert Jastrow, *God and the Astronomers* [Dios y los astrónomos] end. ed. (W. W. Norton, 1992), p. 103.
3. Ibid, p. 14.

¿Quién diseñó al Diseñador?
1. Richard Dawkins, *El espejismo de Dios* (Espasa Libros, 2009).
2. Ibid, p. 109.
3. Tomado de la conversación en el libro de Mark Mittelberg, *Confident Faith* [Fe con confianza] (Tyndale, 2013), pp. 162-164.
4. «Star Survey Reaches 70 Sextillion,» CNN.com, 23 de julio de 2003, http://www.cnn.com/2003/TECH/space/07/22/stars.survey.

Las personas importan
1. A. E. Samaan, From a «Race of Masters» to a «Master Race»: 1948 To 1848 [De una raza de maestros a la raza maestra] (www.CreateSpace.com and A. E. Samaan: 2013), 754. Disponible en inglés, en: https://books.google.com/ooks?id=JkXJZtI9DQoC&q=Society%27s+needs +come+before+the+individual%27s+needs#v=snippet&q=Society's%20needs%20come%20before%20 the%20individual's %20needs&f=false.

La tribu del Mesías
1. Más detalles sobre esto en: Josh and Sean McDowell's *The Bible Handbook of Difficult Verses* (Harvest House Publishers, 2013), pp. 182-183. Y, Norman Geisler and Thomas Howe, *The Big Book of Bible Difficulties* (Baker Books, 1992), pp. 385-386. [N. de T: En español hay una obra de Samuel Vila, *Enciclopedia explicativa de dificultades bíblicas* (Editorial CLIE)].

El universo ofrece pistas
1. Stephen Hawking; Roger Penrose, *La naturaleza del espacio y el tiempo* (Editorial Debolsillo, 2015).
2. Mi entrevista con William Lane Craig aparece en *El caso de la fe* (Editorial Vida, 2001).
3. David Hume in John Stewart, February 1754, en *The Letters of David Hume* [Las cartas de…] vol. 1, ed., J. Y. T. Greig (Clarendon Press, 1932), 187 [cita en la obra de Strobel, *El caso de la fe*].

¿Algo de la nada?
1. Del libro de Lee Strobel, *El caso del Creador* (Editorial Vida, 2005).
2. Bob and Gretchen Passantino, «Atheism vs. Christianity, A Response to Unanswered Questions,» [Ateísmo vs. Cristianismo, respuestas a preguntas sin contestar] Answers.org, 1993, http://answers.org/atheism/zindler.html.

¿Es eterno Dios?
1. George H. Smith, *Atheism* (Amherst, NY: Prometheus Books, 1989), p. 239.
2. David M. Brooks, *The Necessity of Atheism* [La necesidad del ateísmo] (Freethought Press, 1935), pp. 102-103.
3. De la entrevista con el Dr. William Lane Craig, Lee Strobel, *Santa Biblia de Estudio El caso de Cristo* (Editorial Vida, 2010).
4. Ibid.
5. James Oliver Buswell, *Teología sistemática*, disponible en línea: http://www.iglesiareformada.com/Buswell_Teologia_Sistematica.html [acceso 12-6-16].

Al filo de la navaja
1. La entrevista completa con Robin Collins está publicada en *El caso del Creador*, «La evidencia de la física», Lee Strobel (Editorial Vida, 2005).

Diseño en el nivel molecular
1. Mi entrevista con Michael Behe aparece en *El caso del Creador*, «La evidencia de la física», Lee Strobel (Editorial Vida, 2005).

Si tuviera que adivinar
1. Peter W. Stoner and Robert C. Newman, *Science Speaks: Scientific Proof of the Accuracy of Prophecy and the Bible* [La ciencia habla: prueba científica de la precisión de la profecía y la Biblia], edición en línea (en inglés) (Moody Press). En Internet: http://www.fbcduke.net/hp_wordpress/wp-content/uploads/2013/03/ScienceSpeaks.pdf.
2. Ibid.

El Mesías sufriente
1. La entrevista completa con Louis Lapides está en *El caso de Cristo*, Lee Strobel (Editorial Vida, 2000).

Probabilidades proféticas
1. Basado en la versión original de Peter W. Stoner, *Science Speaks* [La ciencia habla] (Moody Press, 1969).
2. La entrevista completa con Louis Lapides está en *El caso de Cristo*, Lee Strobel (Editorial Vida, 2000).

Traspasado
1. *Comentario Bíblico Moody* (Editorial Mundo Hispano, 2003).
2. Hay quienes argumentan que no es correcta la traducción del término hebreo *(ka-aruk)* pero el *Comentario Bíblico Moody* da cinco razones por las que resulta preferible esta traducción, incluyendo el hecho de que «lo respaldan tres de las cuatro traducciones antiguas (la Septuaginta, la Peshita y la Vulgata). También «hay testimonio en el más antiguo manuscrito de este salmo (5/6 HevPs) de los rollos del Mar Muerto, unos mil años más antiguos que los manuscritos medievales» (*Comentario Bíblico Moody).*
3. Según la *Enciclopædia Británica* la crucifixión se usó como forma de ejecución «entre el siglo 6 A.C. al siglo 4 D.C.» (Encyclopædia Britannica Online [en inglés] s.v. «Crucifixion», acceso 15 de noviembre de 2015, http://www.britannica.com/topic/crucifixion-capital-punishment). Otras fuentes indican que «los fenicios introdujeron la crucifixión en Roma en el siglo 3 A.C.» (F. P. Retief and L. Cilliers, «The history and pathology of crucifixion,» abstract, South African Medical Journal 93 [December 2003], 12:938–941, indexed by PubMed.gov, http://www.ncbi.nlm.nih.gov/pubmed/14750495).

En busca de Nazaret
1. Craig A. Evans, *Jesus and His World: The Archaeological Evidence* [Jesús y su mundo, evidencia arqueológica] (Westminster John Knox Press, 2012), p. 13.
2. Ken Dark, «Has Jesus' Nazareth House Been Found?» [¿Se ha encontrado la casa de Jesús en Nazaret? Biblical Archaeology Review 41.2 (marzo/abril 2015).

3. Ken Dark, «Early Roman-Period Nazareth and the Sisters of Nazareth Convent» [La Nazaret del primer período romano y el convento de las Hermanas de Nazaret] The Antiquaries Journal 92 (2012), pp. 37-64.
4. Yardenna Alexandre, «Mary's Well, Nazareth: The Late Hellenistic to the Ottoman Periods» [El pozo de María, Nazaret; del período heleno posterior al otomano] Israel Antiquities Authority Report 49.

¿Murió Jesús en realidad?
1. Citado de un artículo en el sitio de Internet de Shabir Ally, titulado: «A Rejoinder to James (Part 1)» [Respuesta a Santiago] 19 de octubre de 2007, http://www.shabirally.com/rejoinder_to_james.php.
2. Información brindada por el Dr. Alexander Metherell durante mi entrevista con él para *El caso de Cristo*, «Evidencia Médica», Lee Strobel (Editorial Vida, 2000).
3. William D. Edwards et al., «On the Physical Death of Jesus Christ» [Sobre la muerte física de Jesús] Journal of the American Medical Association (21 de marzo de 1986), pp. 1455-1463.
4. John Dominic Crossan, Who Killed Jesus? [¿Quién mató a Jesús?] (HarperSanFrancisco, 1996), p. 4.
5. Gerd Lüdemann, *The Resurrection of Christ: A Historical Inquiry* [La resurrección de Cristo, aspecto histórico] (Prometheus Books, 2004), p. 50.

¿Estaba vacía la tumba?
1. Bart D. Ehrman, *How Jesus Became God: The Exaltation of a Jewish Preacher from Galilee* [De cómo Jesús se hizo Dios: la exaltación de un predicador judío de Galilea] (HarperCollins, 2014), p. 153.
2. Craig A. Evans, *How God Became Jesus: The Real Origins of Belief in Jesus' Divine Nature* [De cómo Dios se hizo Jesús: verdaderos orígenes de la creencia en la naturaleza divina de Jesús] (Zondervan, 2014), p. 73.
3. Ibid.
4. Ibid.
5. Ibid.

¡Último momento! ¡Resucitó!
1. Ver el devocional sobre Fechas Antiguas.
2. James D. G. Dunn, *Jesus Remembered* [Recuerdos de Jesús] (Eerdmans, 2003), pp. 355, 366 énfasis en el original.

Aparición del Jesús resucitado
1. De mi entrevista con el Dr. Licona. Ver Lee Strobel, *El caso del Jesús verdadero* (Editorial Vida, 2010).
2. Gerd Lüdemann, *What Really Happened to Jesus?* [¿Qué le pasó en realidad a Jesús?] trans. John Bowden (Westminster John Knox, 1995), p. 80.

¿Discípulos soñadores?
1. Lee Strobel, *El caso de Cristo*, (Editorial Vida, 2000).
2. Ibid.

El factor Jerusalén
1. Lee Strobel, *El caso del Jesús verdadero*, Editorial Vida, 2010.
2. Mark Mittelberg, *Confident Faith* [Fe con confianza] (Tyndale, 2014), p. 208.

Evidencia más allá de la Biblia
1. Lee Strobel, *El caso de Cristo*, Editorial Vida, 2000.
2. Gary Habermas, *The Historical Jesus* (College Press Publishing Company, 1996), p. 251, y hay una transcripción gratuita de su entrevista en español disponible en: http://www.garyhabermas.com/books/EvidenceBook/Habermas_Evidence-Spanish_E-Book_Final_1point0.pdf, acceso 12 de mayo de 2016.
3. Ibid.

Argumento a favor de la resurrección
1. Tiene gran peso en mi postura la influencia de mi amigo Gary Habermas y su libro, *The Historical Jesus* (College Press Publishing Company, 1996).
2. Lee Strobel, *El caso de Cristo*, Editorial Vida, Miami, 2000.
3. Habermas, *The Historical Jesus*, p. 251.

La esperanza de la Pascua
1. Rick Warren, «The Answer Is Easter: Find Hope This Easter with Pastor Rick Warren», extracto de un video promocional de la Iglesia Saddleback antes de sus servicios de Pascua en 2014. Posteado en YouTube por Saddleback Church, 12 de abril de 2014, https://www.youtube.com/watch?v=SHcfq1Hf1hE.

Nos conocerán por nuestro... ¿qué?
1. Leland Ryken, *Words of Delight: A Literary Introduction to the Bible* [Palabras deleitosas: Introducción literaria a la Biblia] (Baker, 1992), p. 445.
2. Norman Geisler and Thomas Howe, *When Critics Ask* (Baker, 1992), p. 340.
3. Respuesta adaptada de un artículo de 1993 titulado: «Atheism vs. Christianity, A Response to Unanswered Questions,» de mis ya fallecidos amigos Bob y Gretchen Passantino. Puede verse en Answers.org, http://answers.org/atheism/zindler.html.

¿Cuántos dioses?
1. Joseph Smith, 7 de abril de 1844, King Follett sermón fúnebre, énfasis añadido por mí. Sermón completo en inglés disponible en sitio de Internet de The Church of Jesus Christ of Latter-Day Saints: Joseph Smith, Jr., «King Follett Sermon» (sermon, church conference in Nauvoo, IL, April 7, 1844),

reproduced by the Church of Jesus Christ of Latter-Day Saints, https://www.lds.org/ensign/1971/04/the-king-follett-sermon?lang=eng.
2. En diferentes traducciones de la Biblia aparecen diversos términos, pero el concepto se ve en pasajes como Efesios 5:22-23; 2 Corintios 11:2-3; y Apocalipsis 19:7.

¿Es Jesús Dios?
1. Dan Brown, *El código Da Vinci*, Editorial Planeta, 2003 énfasis añadido por el autor.

¿Es el Espíritu Santo una fuerza?
1. La definición aparece en el sitio oficial de los Testigos de Jehová (en inglés): Jehovah's Witnesses: «What Is the Holy Spirit?» JW.org, acceso 15 de noviembre de 2015, http://www.jw.org/en/bible-teachings/questions/what-is-the-holy-spirit/#?insight[search_id]=ba604074-f3cc-4489-9bd1-26e355efce4d&insight[search_result_index]=0. Su versión en español: https://www.jw.org/es/ense%C3%B1anzas-b%C3%ADblicas/preguntas/qu%C3%A9-es-el-esp%C3%ADritu-santo/#?insight[search_id]=626bab93-1ccd-48d7-9b06-b0d10ac29ec0&insight[search_result_index]=0, acceso 12 de junio de 2016.

Triunidad
1. En griego el término es neutro, no masculino, por lo que la afirmación no es que Jesús y el Padre son una persona sino «una cosa». La identidad de las dos personas no es lo que se está declarando. Se está afirmando la esencial unidad (unidad de esencia)». *NET Bible* (Biblical Studies Press, 2005), 2060. También el contexto lo aclara: si Jesús afirmara solo unión de propósito con Dios, quienes le escuchaban habrían asentido y afirmado lo mismo. Pero al entender que afirmaba ser Dios (y ellos no lo aceptaban) tomaron piedras para arrojárselas.

Implicaciones de la naturaleza de Dios
1. Abdu H. Murray, *Grand Central Question* (InterVarsity Press, 2014), p. 208.

¿Y si los científicos crearan vida?
1. James Oliver Buswell, *Teología sistemática*, disponible en línea: http://www.iglesiareformada.com/Buswell_Teologia_Sistematica.html [acceso 12-6-16].
2. Hay una creativa presentación de esta información en el libro del Dr. A. E. Wilder Smith, *He Who Thinks has to Believe* [El que piensa tiene que creer] (Bethany House Publishers, 1981), p. 34.

La fe es...
1. Sam Harris, «Letter to a Christian Nation: Afterword» [Carta a una nación cristiana: palabras finales] de su sitio de Internet (en inglés) http://www.samharris.org/afterword-to-the-vintage-books-edition.
2. De uno de los personajes de Mark Twain en *Wilson el chiflado*. Editorial: TusQuest Editores Mark Twain *Viaje alrededor del mundo, siguiendo el Ecuador*, Editorial Laertes.

Creer que vs. Creer en
1. Vine, W. E., *Vine Diccionario Expositivo de Palabras del Antiguo y del Nuevo Testamento Exhaustivo*, Editorial Caribe.

Profetas de la Biblia vs. Mahoma
1. Información adaptada de mi entrevista con el Dr. Norman Geisler en, Lee Strobel, *El caso de la fe* (Editorial Vida).

¿Paternidad universal?
1. Intercambio con Ravi Zacharias incluido en Lee Strobel, *El caso de la fe* (Editorial Vida).

Puntos que iluminan, primera parte
1. Cliffe Knechtle, *Give Me an An*swer (InterVarsity, 1986), p. 54.

La Luz suprema
1. Corrie Ten Boom, *El refugio secreto*, Editorial Palabra.

Negación del mal
1. Jean-Paul Sartre, Jean-Paul Sartre: *Basic Writings* [Escritos básicos], ed. Stephen Priest (Routledge, 2001), p. 32
2. Bertrand Russell, «Right and Wrong,» en The Elements of Ethics, first published in 1910 in Philosophical Essays, public domain text online at http://fair-use.org/bertrand-russell/the-elements-of-ethics/section-iii. Obras de Bertrand Russell en español, http://www.ecured.cu/Bertrand_Arthur_William_Russell#Obras
3. John D. Steinrucken, «Secularism's Ongoing Debt to Christianity» [La eterna deuda del secularismo con el cristianismo] *American Thinker*, 25 de marzo de 2010, www.americanthinker.com/articles/2010/03/secularisms_ongoing_debt_to_ch.htm.

Deificación del mal
1. Ver (en inglés) «Devotion to Kali» [Devoción a Kali] Division of Religion and Philosophy, University of Cumbria, acceso del autor 15 de noviembre de 2015, www.philtar.ac.uk/encyclopedia/hindu/devot/kali.html.
2. Celebrity Faith Database, «George Lucas,» Beliefnet.com, acceso del autor 15 de noviembre de 2015, http://www.beliefnet.com/Celebrity-Faith-Database/L/George-Lucas.aspx.

¿El mal como evidencia de Dios?
1. Adaptación de Mark Mittelberg, *The Questions Christians Hope No One Will Ask (With Answers)* [Preguntas que los cristianos esperan que nadie pregunte (y sus respuestas)] (Tyndale, 2010), pp. 132-134.
2. C. S. Lewis, *Mero cristianismo*, Editorial Rialp, 2001.

La verdad prevalece
1. El debate se realizó en la Iglesia Willow Creek Community de South Barrington, Illinois, el 27 de junio de 1993. Disponible en: http://www.youtube.com/watch?v=HuCA4rIX4cE, Más debates de William Lane Craig en http://rfforum.websitetoolbox.com/post/show_single_post?pid=26017286&postcount=1.

Lo que es
1. Mark Mittelberg, *Confident Faith* [Fe con confianza] (Tyndale, 2013), p. 29.

La verdad del evangelio: Dios
1. Adaptación de: Mark MIttelberg, Lee Strobel y Bill Hybels, *Conviértase en un cristiano contagioso*, Guía del participante, Editorial Vida, 2003.

La verdad del evangelio: las personas
1. Adaptación de: Mark Mittelberg, Lee Strobel y Bill Hybels, *Conviértase en un cristiano contagioso*, Guía del líder.
2. Mark Mittelberg, Lee Strobel y Bill Hybels, *Conviértase en un cristiano contagioso*.

La verdad del evangelio: Cristo, primera parte
1. Adaptación de: Mark Mittelberg, Lee Strobel y Bill Hybels, *Conviértase en un cristiano contagioso*, Guía del líder.

La verdad del evangelio: Cristo, segunda parte
1. Más detalles en: Mark Mittelberg, *The Reason Why: Faith Makes Sens*e [La razón por la que la fe es lógica] (Tyndale, 2011).

La verdad del evangelio: Tú
1. Adaptación de: Mark Mittelberg, Lee Strobel y Bill Hybels, *Conviértase en un cristiano contagioso*, Guía del líder.

Morir por la esperanza
1. «Pollster Gallup Feels Spirit Traveling All Over the World» [Encuestador Gallup siente que el Espíritu viaja por todo el mundo], *Chicago Tribune*, 1 de agosto de 1986, que incluye la primera parte de la cita, que aparece completa en Lee Strobel, *What Jesus Would Say* [Lo que diría Jesús] (Zondervan, 1994), p. 159.

Coincidencias sin designio
1. Jonathan McLatchie, «Undesigned Scriptural Coincidences: The Ring of Truth,» CrossExamined.org, August 1, 2011, http://www.crossexamined.org/undesigned-scriptural-coincidences-the-ring-of-truth/.

¿Sudar sangre?
1. Mi entrevista con el Dr. Alexander Metherell está en Lee Strobel, *El caso de C*risto, Editorial Vida, 2000.
2. J. E. Holoubek and A. E. Holoubek, «Blood, Sweat and Fear: "A Classification of Hematidrosis,"» abstract, Journal of Medicine 27 (1996), (3-4): 115-33, indexed on PubMed, http://www.ncbi.nlm.nih.gov/pubmed/8982961.

Jesús o nadie
1. Entrevista completa con el Dr. Brown en: Lee Strobel, *El caso del Jesús verdade*ro, Editorial Vida, 2010.

¿Es malo tener razón?
1. Más sobre esto en Mark Mittelberg, *The Questions Christians Hope No One Will Ask (With Answers)* [Preguntas que los cristianos esperan que nadie pregunte (y sus respuestas)] (Tyndale, 2010).

¿Quién tiene fe?
1. Adaptado de Mark Mittelberg en *Confident Faith* [Fe con confianza] (Tyndale, 2013).

Sustitutos de la fe
1. Adaptado de Mark Mittelberg en *Confident Faith* [Fe con confianza] (Tyndale, 2013).

Camino a creer, primera parte
1. Adaptado de Mark Mittelberg en *Confident Faith* [Fe con confianza] (Tyndale, 2013).

Camino a creer, segunda parte
1. Adaptado de Mark Mittelberg en *Confident Faith* [Fe con confianza] (Tyndale, 2013).

Cristianos geniales
1. Lee Strobel, Mark Mittelberg, *Una aventura inesperada*, Editorial Vida.

Hacer vs. Hecho
1. Bill Hybels, Mark Mittelberg, *Conviértase en un cristiano contagioso*, Editorial Vida.

El amor personal de Dios
1. Del artículo de David Wood, «Does Allah Love Unbelievers?» [¿Ama Alá a los que no creen?] del sitio de Internet Answering Muslims, 31 de octubre de 2012 (en inglés) http://www.answeringmuslims.com/2012/10/does-allah-love-unbelievers.html.
2. De una entrevista con Shabir Ally, «Is Allah All-Loving?» [¿Es Alá todo amor?] del sitio de Internet On islam, 14 de abril de 2013.

Rocas imposiblemente grandes
1. J. Warner Wallace, «Are There "Limits" to God's Power?» [¿Tiene límites el poder de Dios?] *Cold-Case Christianity*, 26 de septiembre de 2013, http://coldcasechristianity.com/2013/are-there-limits-to-gods-power/.

El beneficio de la duda
1. Mary Elizabeth Williams, «So What If Abortion Ends Life?» [¿Y qué, si el aborto acaba con la vida?] *Salon*, 23 de enero de 2013, http://www.salon.com/2013/01/23/so_what_if_abortion_ends_life/.
2. Adaptación de Mark Mittelberg, *The Questions Christians Hope No One Will Ask (With Answers)* [Preguntas que los cristianos esperan que nadie pregunte (y sus respuestas)] (Tyndale, 2010).

Descanso para el cansado
1. San Agustín, *Confesiones,* Editorial LD Books, 2006.
2. Lamar Odom, quoted in Chris Palmer, «Finding Lamar Odom: Tracking Down the Elusive and Recently Embattled Former Star,» Bleacher Report, October 20, 2015, http://www.bleacherreport.com/articles/2580319-finding-lamar-odom-tracking-down-the-elusive-and-recently-embattled-former-star.

¿Un club exclusivo?
1. D. T. Niles, cita de Paul Little en *Know why you believe* [Sepa por qué cree] (InterVarsity Press, 1988), p. 145.

La avalancha de la información científica
1. Lee Strobel, *El caso del Creador,* Editorial Vida, 2005.

De la ciencia a Dios
1. Adaptación de mi entrevista con Viggo Olsen en Lee Strobel, *El caso del Creador,* Editorial Vida, 2005.
2. American Scientific Affiliation, Modern Science and Christian Faith (Wheaton, IL: Van Kampen, 1948).
3. Viggo Olsen, The Agnostic Who Dared to Search (Moody Press, 1974). También del mismo autor, Daktar and Daktar II, Moody Press.

El peso de la prueba
1. Richard Dawkins dijo esto en el programa de Fox News *The O'Reilly Factor,* 23 de abril de 2007.
2. Adaptación de Mark Mittelberg, *The Questions Christians Hope No One Will Ask (With Answers)* [Preguntas que los cristianos esperan que nadie pregunte (y sus respuestas)] (Tyndale, 2010), pp. 291-2.

Dios y la esclavitud
1. La entrevista completa con D. A. Carson está en: Lee Strobel, *El caso de Cristo*, Editorial Vida, 2000.
2. Thomas Sowell, Race and Culture (Basic, 1994).

La vida sin Dios
1. Bertrand Russell, *El credo del hombre libre y otros ensayos*, Colección: Teorema. Serie mayor.

La muerte sin Dios
1. Lee Strobel, *El caso de la esperanza* (Zondervan, 2015), p. 144.

¿Qué pensaría Jesús del islam?
1. Mark Mittelberg, «Would Jesus View Muslims as Enemies?» [¿Vería Jesús a los musulmanes como enemigos?] The City, a publication of Houston Baptist University, 7 de septiembre de 2015, https://www.hbu.edu/News/The-City/Articles/2015/September/Would-Jesus-View-Muslims-as-Enemies.aspx.

¿Qué pensaría Jesús de los musulmanes?
1. Mark Mittelberg, «Would Jesus View Muslims as Enemies?» [¿Vería Jesús a los musulmanes como enemigos?] The City, a publication of Houston Baptist University, 7 de septiembre de 2015, https://www.hbu.edu/News/The-City/Articles/2015/September/Would-Jesus-View-Muslims-as-Enemies.aspx.
2. La historia de Nabeel Qureshi en su libro *Seeking Allah, Finding Jesus* [Buscando a Alá, encontré a Jesús] (Zondervan, 2014).

Cristianos conocen a un musulmán
1. Adaptado de Mark Mittelberg, «Would Jesus View Muslims as Enemies?» [¿Vería Jesús a los musulmanes como enemigos?] The City, a publication of Houston Baptist University, 7 de septiembre de 2015, https://www.hbu.edu/News/The-City/Articles/2015/September/Would-Jesus-View-Muslims-as-Enemies.aspx.

Encuentra tu voz, primera parte
1. Bill Hybels, Mark Mittelberg, *Conviértase en un cristiano contagioso*, Editorial Vida.
2. Bill Hybels, Mark Mittelberg, *Conviértase en un cristiano contagioso*, Curso de capacitación.

Tomar la Biblia en sentido literal
1. R. C. Sproul, *Knowing Scripture* [Conozca las Escrituras], revised ed. (InterVarsity Press, 2009), p. 54 (Article 15 Chicago Statement of Biblical Hermeneutics).
2. Ibid.

¿Falta de verdad en la Biblia?
1. Norman Geisler and William Nix, *A General Introduction to the Bible* (Moody Press, 1968, updated ed., 1986), p. 58.
2. Ibid.

Religión verdadera
1. Friedrich Nietzsche, *El Anticristo*, Editorial Herder.
2. R. C. Sproul, *The Consequences of Ideas* [Las consecuencias de las ideas] (Crossway Books, 2000), p. 159.
3. Cita en Nick Harrison, *Magnificent Prayer* (Zondervan, 2001), p. 223.

La inspiración de la Biblia
1. De mi entrevista con Daniel Wallace, en Lee Strobel, *El caso del Jesús verdadero*, Editorial Vida, 2010.

El libro más vendido de todos los tiempos
1. Mark Mittelberg, *The Reason Why: Faith Makes Sense* [La razón por la que la fe es lógica] (Tyndale, 2011).
2. Resumen de estadísticas de la Biblia, disponible (en inglés) en http://www.biblestudy.org/beginner/why-are-there-so-many-bibles-in-the-world.html. Y «The Battle of the Books,» Economist, December 19, 2007, http://www.economist.com/node/10311317.

Coherencia de la Biblia
1. Norman Geisler and William Nix, *From God to Us: How We Got Our Bible* [De Dios a nosotros, cómo nos llegó la Biblia] (Moody, 1974, 2012), pp. 80-81.
2. Mark Mittelberg, *Confident Faith* (Tyndale, 2013), p. 183.

Fechas de la antigüedad
1. Richard Dawkins, *El espejismo de Dios*, Editorial Espasa, 2009.
2. Lee Strobel, *El caso de Cristo*, Editorial Vida, 2000.
3. Mark Mittelberg, de su sermón «Isn't the Bible Full of Myths and Mistakes?» [¿No está llena la Biblia de mitos y errores?] *Room for Doubt series* (http://www.roomfordoubt.com).

La línea viva
1. El resto de la entrevista con el Dr. Licona está en Lee Strobel, *El caso del Jesús verdadero*, Editorial Vida, 2010.
2. Mi entrevista con Edwin Yamauchi está publicada en Lee Strobel, *El caso de Cristo*, Editorial Vida, 2000.

«Vergüenza de riqueza»
1. Justin Taylor, «An Interview with Daniel B. Wallace on the New Testament Manuscripts,» The Gospel Coalition (blog), 21 de marzo de 2012 (en inglés) http://www.thegospelcoalition.org/blogs/justintaylor/2012/03/21/an-interview-with-daniel-b-wallace-on-the-new-testament-manuscripts/.
2. Más sobre los manuscritos del Nuevo Testamento en mi entrevista con Daniel Wallace, Lee Strobel, *El caso del Jesús verdadero*, Editorial Vida, 2010.
3. Mark Mittelberg, *Confident Faith* (Tyndale, 2013), pp. 187-188.
4. Taylor, «An interview with Daniel B. Wallace».

La arqueología y la Biblia, primera parte
1. Entrevista con Norman Geisler en Lee Strobel, *El caso de la fe* (Editorial Vida).
2. Ver Clifford A. Wilson, *Rocks, Relics and Biblical Reliability* [Rocas, reliquias y la confiabilidad bíblica] (Zondervan, 1977), p. 42.
3. Ver William F. Albright, *Archaeology and the Religion of Israel* (Johns Hopkins Press, 1953), p. 176.

La arqueología y la Biblia, segunda parte
1. Entrevista con Norman Geisler en Lee Strobel, *El caso de la fe* (Editorial Vida).
2. Ver Colin J. Hemer, *The Book of Acts in the Setting of Hellenistic History* [El libro de los Hechos en el contexto de la historia helena] (Eisenbrauns, 1990).
3. Ver William M. Ramsay, *St. Paul the Traveler and the Roman Citizen* [San Pablo, viajero y ciudadano romano] (Baker, 1982), p. 8.
4. Ver A. N. Sherwin-White, *Roman Society and Roman Law in the New Testament* [La sociedad y la ley de Roma en el Nuevo Testamento] (Clarendon Press, 1963), p. 189.
5. Archivos de la revista de la Biblical Archaeology Society, (en inglés), en http://www.biblicalarchaeology.org/magazine/. Acceso del autor 4 de diciembre de 2015.

La arqueología y el libro del Mormón
1. Lee Strobel, *El caso de Cristo*, Editorial Vida, 2000.
2. Joseph Smith, *History of the Church* [Historia de la iglesia] 8 vols. (Deseret, 1978), 4:461, citado por Donald S. Tingle, *Mormonism* (InterVarsity Press, 1987), p. 17.
3. John Ankerberg and John Weldon, *The Facts on the Mormon Church* [Sobre la iglesia de los mormones] (Harvest House, 1991), p. 30.
4. Ronald Nash, «Was the New Testament Influenced by Pagan Religions?» [¿Hay influencia de religiones paganas en el NT?] Christian Research Journal (1994), 8–15, http://www.equip.org/article/was-the-new-testament-influenced-by-pagan-religions/.

¿Una religión de imitación?
1. Dan Brown, *El código Da Vinci*, Editorial Planeta, 2010.
2. Libros que promueven diversos aspectos de la teoría de Mitras: Franz Cumont, *The Mysteries of Mithra* (New York, Dover, 1950); Timothy Freke and Peter Gandy, *The Jesus Mysteries* (Three Rivers Press, 1999) y Dan Brown, *El código Da Vinci*.
3. Ronald Nash, *The Gospel and the Greeks* [El evangelio y los griegos] (P&R Publishing, 2003), p. 3.
4. Ronald Nash, «Was the New Testament Influenced by Pagan Religions?» [¿Hay influencia de religiones paganas en el NT?] Christian Research Journal (1994), pp. 8-15, http://www.equip.org/article/was-the-new-testament-influenced-by-pagan-religions/.

Mitos sobre Mitras
1. Lee Strobel, *El caso del Jesús verdadero*, Editorial Vida, 2010.
2. Ibid.

Recursos literarios de la Biblia
1. Norman Geisler and William Nix, *A General Introduction to the Bíble* (Moody Press, 1968), p. 58.
2. *Knowing Scripture*, revised ed., de R. C. Sproul es un libro excelente y accesible que enseña al respecto (InterVarsity Press, 2009). Otras lecturas de este devocional tratan el tema también.

Cómo interpretar las Escrituras
1. Adaptado de mi entrevista con Paul Copan, de Lee Strobel, *El caso del Jesús verdadero*, Editorial Vida, 2010.

¿Evangelios perdidos?
1. Dan Brown, *El código Da Vinci*, Editorial Planeta, 2010.
2. Lee Strobel, *El caso de Cristo*, Editorial Vida, 2000.
3. N. T. Wright, *Judas and the Gospel of Jesus* (Baker, 2006), pp. 33-34.

Dudas sobre (el evangelio de) Tomás
1. Robert J. Miller, ed., *The Complete Gospels: Annotated Scholars Version* [Los evangelios completos: versión académica con anotaciones] (Polebridge Press, 1992), p. 308.
2. Ibid.
3. Ibid.
4. Lee Strobel, *El caso del Jesús verdadero*, Editorial Vida, 2010.

Gente que jamás oyó, primera parte
1. La conversación completa está en: Mark Mittelberg, *The Questions Christians Hope No One Will Ask (With Answers)* [Preguntas que los cristianos esperan que nadie pregunte (y sus respuestas)] (Tyndale, 2010), pp. 132-134.
2. Ralph D. Winter and Bruce A. Koch, «Finishing the Task: The Unreached Peoples Challenge» [Terminar la obra: el desafío de los que no han sido alcanzados] The Joshua Project, acceso del autor 5 de diciembre de 2015, https://www.joshuaproject.net/assets/media/articles/finishing-the-task.pdf.
3. Mahendra Singhal cuenta su testimonio en el video: «From the Karma of Hinduism to the Cross of Christ: A Spiritual Journey—Mahendra Singhal». posteado por Kevin Engle en Vimeo.com, 5 de agosto de 2009, http://www.vimeo.com/5964358.

Gente que jamás oyó, segunda parte
1. Adaptado de Mark Mittelberg, *The Questions Christians Hope No One Will Ask (With Answers)* [Preguntas que los cristianos esperan que nadie pregunte (y sus respuestas)] (Tyndale, 2010).

¿Son todos los pecados iguales?
1. Adaptado de Mark Mittelberg, *The Questions Christians Hope No One Will Ask (With Answers)* [Preguntas que los cristianos esperan que nadie pregunte (y sus respuestas)] (Tyndale, 2010).

¿Es malo juzgar siempre?
1. Adaptado de la conversación con Paul Copan, de Lee Strobel, *El caso del Jesús verdadero*, Editorial Vida, 2010.

Amar aun en desacuerdo
1. De mi entrevista con Paul Copan en Lee Strobel, *El caso del Jesús verdadero*, Editorial Vida, 2010.

¿Hay alguien que busque a Dios en verdad?
1. Adaptado de Mark Mittelberg, «Myths About a Movement» [Mitos acerca de un movimiento] WCA News (a former newsletter of the Willow Creek Association in South Barrington, IL), September/October 1997, p. 5.

Respuesta a la reencarnación, primera parte
1. De mi entrevista con Paul Copan en Lee Strobel, *El caso del Jesús verdadero*, Editorial Vida, 2010.

Ateos enojados
1. Mark Mittelberg, *The Reason Why: Faith Makes Sense* [La razón por la que la fe es lógica] (Tyndale, 2010).
2. Ibid.
3. Thomas Nagel, *La última palabra*, Editorial Gedisa (2001). [Trad. libre.]
4. Andre Mayer, «Nothing Sacred: Journalist and Provocateur Christopher Hitchens Picks a Fight with God,»[Nada sagrado, periodista y provocador pelea con Dios] CBC News, Mayo 14, 2007, https://archive.is/h0nnk.

Matrimonio bíblico
1. Una frase que usaba Lombardi a menudo, casi siempre cuando empezaban a entrenar. Ver David Maraniss, *When Pride Still Mattered: A Life of Vince Lombardi* [De cuando todavía importaba el orgullo, vida de VL] (Simon & Schuster, 1999), p. 274.

Supuestas contradicciones, primera parte
1. Mi entrevista con Norman Geisler está en Lee Strobel, *El caso de la fe* (Editorial Vida).
2. Norman Geisler and Thomas Howe, *When Critics Ask* [Cuando los críticos preguntan] (Baker, 1992). Nuevo título: The Big Book of Bible Difficulties [El gran libro de las dificultades de la Biblia] (Baker, 2008).

Supuestas contradicciones, segunda parte
1. Mi entrevista con Norman Geisler está en Lee Strobel, *El caso de la fe* (Editorial Vida).

Supuestas contradicciones, tercera parte
1. Mi entrevista con Norman Geisler está en Lee Strobel, *El caso de la fe* (Editorial Vida).
2. Norman Geisler and Thomas Howe, *The Big Book of Bible Difficulties* (Baker, 2008).

¿Alteraciones irremediables?
1. Nabeel Qureshi, *Seeking Allah, Finding Jesus* [Buscando a Alá, encontré a Jesús] (Zondervan, 2014), p. 126.
2. Tomado de la traducción del Corán. http://www.submission.ws/espanol/quran/suras/sura003.html
3. Ibid.
4. Para saber cómo transmitir esta información a los amigos musulmanes, ver Fouad Masri, *Is the Injeel Corrupted?* (Colorado Springs, CO: Book Villages, 2006); Fouad Masri, «Building a Bridge to the Bible,» [Construyendo un puente a la Biblia] en Ambassadors to Muslims (Colorado Springs, CO: Book Villages, 2011), p. 131.
5. Nabeel Qureshi, *Seeking Allah, Finding Jesus.*

Argumento a favor de la Biblia
1. Adaptación de Mark Mittelberg, The Questions Christians Hope No One Will Ask (With Answers) [Preguntas que los cristianos esperan que nadie pregunte (y sus respuestas)] (Tyndale, 2010), pp. 132-134.
2. Lee Strobel, *El caso del Jesús verdadero*, Editorial Vida, 2010. Evans es respetado por conservadores y liberales por igual, ha escrito o editado cincuenta libros, y dado conferencias en Cambridge, Oxford, Yale y otras universidades.

¿Proyección de Dios?
1. Ludwig Feuerbach, «Introducción» en *La esencia del cristianismo*, Editorial Trotta, 2013.
2. Alister McGrath, «God as Wish Fulfillment?» pensamiento, acceso 5 de diciembre de 2015, http://www.bethinking.org/does-god-exist/god-as-wish-fulfilment.
3. Paul C. Vitz, *Faith of the Fatherless: The Psychology of Atheism* [La fe del sin padre, psicología del ateísmo] (Dallas: Spence, 1999).
4. Más sobre mi relación con mi padre y cómo afectó mi peregrinaje espiritual, en Lee Strobel, *El caso de la gracia,* Editorial Vida, 2015.

El canon del Nuevo Testamento
1. Christopher Hitchens, *Dios no es bueno, alegato contra la religión.*
2. Lee Strobel, *El caso de Cristo*, Editorial Vida, 2000.
3. F. F. Bruce, *The New Testament Documents: Are They Reliable?* [¿Son confiables los documentos del NT?] (Eerdmans, 1978), p. 21.

El verdadero Jesús
1. Bart Ehrman, Did Jesus Exist? [¿Existió Jesús?] (HarperCollins, 2012), p. 339.
2. Candace Chellew-Hodge, «Inventing Jesus: An Interview with Bart Ehrman» [Jesús, el inventado: entrevista con BE] Religion Dispatches, 25 de abril de 2012, http://www.religiondispatches.org/inventing-jesus-an-interview-with-bart-ehrman/.
3. Craig Evans, *Jesus and His World: The Archaeological Evidence* [Jesús y su mundo, evidencia arqueológica] (Westminster John Knox Press, 2012), p. 5.
4. Ibid.
5. James D. G. Dunn, respuesta a «Jesus at the Vanishing Point» [Jesús en el punto de desaparición] de Robert M. Price, en *The Historical Jesus: Five Views* [El Jesús histórico, cinco posturas] ed. James K. Beilby y Paul R. Eddy (InterVarsity Press, 2009), pp. 94-98.

Falsificaciones del Nuevo Testamento
1. La respuesta completa de Licona en una entrevista con Lee Strobel está disponible en línea (en inglés) en «Forged?» BibleGateway.com, acceso 12 de diciembre de 2015, https://www.biblegateway.com/LeeStrobel/2011/05/forged/.
2. Bart Ehrman, *Forged* [Falsificado] (c2011).
3. Ibid.
4. Ibid.
5. Ibid.
6. Lee Strobel y Licona «Forged?» BibleGateway.com, https://www.biblegateway.com/LeeStrobel/2011/05/forged/.

Variaciones en los manuscritos bíblicos
1. Bart D. Ehrman, *Jesús no dijo eso*, Grupo Planeta, 2007.
2. Ibid.
3. Mi conversación con Daniel Wallace, Lee Strobel, *El caso del Jesús verdadero*, Editorial Vida, 2010. Y J. Ed. Komoszewski, M. James Sawyer, y Daniel B. Wallace, *Reinventing Jesus* (Kregel Publications, 2006).
4. Lee Strobel, *El caso del Jesús verdadero*, Editorial Vida, 2010.

Impacto de Jesús en el mundo
1. Adaptado de John Ortberg, «Six Surprising Ways Jesus Changed the World,» [Seis formas sorprendentes en que Jesús cambió al mundo] Huffington Post, 13 de agosto de 2012, actualizado 13 de octubre de 2012, http://www.huffingtonpost.com/john-ortberg/six-surprising-ways-jesus_b_1773225.html.
2. John Dickson, *Humilitas* (Zondervan, 2011), 112.

Especulaciones sobre el multiversículo
1. Esta conversación con William Lane Craig está publicada en Lee Strobel, *El caso de la fe* (Editorial Vida).
2. John Polkinghorne, *Serious Talk: Science and Religion in Dialogue* [Hablando en serio: la ciencia y la religión dialogan] (Trinity Press International, 1995), p. 6.
3. Patrick Glynn, *God: The Evidence* (Prima Publishing, 1999).
4. Lee Strobel, *El caso del Creador*, Editorial Vida, 2005.

El argumento a partir de la moralidad
1. Esta conversación con William Lane Craig está publicada en Lee Strobel, *El caso de la fe* (Editorial Vida).
2. Michael Ruse, «Evolutionary Theory and Christian Ethics» [La teoría de la evolución y la ética cristiana], en The Darwinian Paradigm (London: Routledge, 1989), pp. 262, 269.

Historia de dos pródigos
1. Adaptado de mi entrevista con Craig Hazen en Lee Strobel, *El caso de la gracia*, Editorial Vida.
2. La parábola del hijo pródigo, completa, está en Lucas 15:11-32.

Gracia para la gente «buena»
1. Adaptado de mi entrevista con Craig Hazen en Lee Strobel, *El caso de la gracia*, Editorial Vida.

El codificador divino
1. Francis S. Collins, *The Language of God: A Scientist Presents Evidence for Belief* [El idioma de Dios, un científico presenta evidencia en favor de la fe] (Free Press, 2006), pp. 1-2.
2. Lee Strobel, *El caso del Creador*, Editorial Vida, 2005.
3. Ibid. Además, Meyer ha escrito dos libros más recientes que exploran estos temas en mayor profundidad: *Signature in the Cell: DNA and the Evidence for Intelligent Design* [La firma en la célula, el AND y la evidencia del diseño inteligente] (HarperCollins, 2009); y *Darwin's Doubt: The Explosive Origin of Animal Life and the Case for Intelligent Design* [La duda de Darwin: el explosivo origen de la vida animal y el caso del diseño inteligente] (HarperCollins, 2013).

Evidencia desde la conciencia
1. Teresa de Ávila, en referencia a Juan 14:2, *The New Encyclopedia of Christian Quotations* [Nueva enciclopedia de citas cristianas], compilado por Mark Water (Baker, 2000), p. 972.
2. Mi entrevista con J. P. Moreland aparece en Lee Strobel, *El caso del Creador*, Editorial Vida, 2005.
3. Sam Parnia, «Near Death Experiences in Cardiac Arrest and the Mystery of Consciousness» [Experiencias cercanas a la muerte en paro cardíaco y el misterio de la conciencia], Scientific and Medical Network, acceso 13 de diciembre de 2015, https://www.scimednet.org/near-death-experiences-in-cardiac-arrest-and-the-mystery-of-consciousness.
4. Michael Ruse, *Can a Darwinian Be a Christian?* [¿Puede un darwiniano ser cristiano?] (Cambridge University Press, 2000), p. 73.
5. Karl R. Popper and John C. Eccles, *The Self and Its Brain* [El propio ser y el cerebro] (Springer-Verlag, 1977), pp. 559-560.

La evidencia del diseño
1. Adaptado de Lee Strobel and Mark Mittelberg, *The Unexpected Adventure* [La aventura inesperada] (Zondervan, 2009), pp. 103-108.

La realidad del cielo
1. Citas de C. S. Lewis tomadas de distintas fuentes, disponibles (en inglés) en el sitio de Internet de C. S. Lewis Society of California http://www.lewissociety.org/quotes.php.
2. Mi amigo John Burke ha escrito un libro fascinante sobre este tema, titulado *Imagine Heaven: Near-Death Experiences, God's Promises, and the Exhilarating Future That Awaits You* [Imagina el cielo: experiencias cercanas a la muerte, las promesas de Dios y el maravilloso futuro que te espera] (Baker, 2015).
3. Mark Mittelberg, «Why Should I Think Heaven Really Exists—And That God Sends People to Hell?» [¿Por qué creer que el cielo existe y que Dios envía a la gente al infierno?] en *The Questions Christians Hope No One Will Ask (With Answers)* [Preguntas que los cristianos esperan que nadie pregunte (y sus respuestas)] (Tyndale, 2010), pp. 132-134.
4. Ibid.

Riquezas no reclamadas
1. Por ejemplo (en inglés) Unclaimed.org, www.unclaimed.org/what.
2. Material adaptado de: Mark Mittelberg, *The Reason Why: Faith Makes Sense* [La razón por la que la fe es lógica] (Tyndale, 2011).

Las armas con que peleamos, primera parte
1. Charles Spurgeon, Sermón en el Metropolitan Tabernacle de Newington, Inglaterra, el 11 de mayo de 1916, titulado «The Battle of Life.» [La batalla de la vida]. http://www.spurgeon.org/sermons/3511.htm. acceso 4 de diciembre de 2015.

Las armas con que peleamos, tercera parte
1. E. M. Bounds, *E. M. Bounds on Prayer* [Sobre la oración] (Hendrickson Publishers, 2006), p. 196.

EL CIELO REAL
Lo que afirma la Biblia

CHIP INGRAM
CON LANCE WITT

Con todas las sensacionalistas historias acerca del **CIELO** contadas por personas que afirman haber muerto y vuelto a vivir,

¿CÓMO SABER REALMENTE QUÉ CREER?

¿Qué dice, en realidad, la Biblia acerca del cielo?

¿Cómo nos afecta ese tema?

¿Qué sucede en el momento después de la muerte?

¿Cómo serán nuestras relaciones en el cielo?

Chip Ingram hace a un lado el ruido publicitario y los mitos, y excava en las Escrituras para descubrir lo que Dios quiere que sepamos sobre la vida después de la muerte. Más importante aun, Ingram muestra por qué nuestro entendimiento del cielo es valioso ahora, en esta vida. Porque lo que creemos acerca del cielo en realidad nos afecta hoy en formas que quizás no nos hemos imaginado.

CHIP INGRAM es pastor principal de la congregación Venture Christian Church, en California. Pastor por más de veinticinco años, Chip tiene una capacidad única para comunicar la verdad y desafiar a la gente, de una manera cautivadora, a vivir su fe. Chip y su esposa, Teresa, tienen cuatro hijos y diez nietos.

LANCE WITT es fundador de REPLENISH (www.replenish.net), un ministerio dedicado a ayudar al liderazgo cristiano. Lance sirvió como pastor principal y ejecutivo en Saddleback Church. Ayudó en las campañas de 40 días con propósito.

Otro libro de: www.editorialniveluno.com   *Para vivir la Palabra*

Compilado y editado por James L. Snyder

Mi búsqueda diaria

DEVOCIONALES PARA CADA DÍA

PRÓLOGO POR RAVI ZACHARIAS

A. W. TOZER

SABIDURÍA E INSPIRACIÓN DIARIA EN TU BÚSQUEDA DE DIOS

Uno de los autores más inspirados e inspiradores del siglo 20 es hoy una potente voz profética para los cristianos del siglo 21. Gracias al tesoro de enseñanzas inéditas de A. W. Tozer, autor del clásico espiritual *En busca de Dios* podrás pasar un año entero fortaleciendo tu andar diario con Dios. Cada devoción incluye un pasaje de las Escrituras, una breve lectura escrita por Tozer, parte de un himno, y una oración.

Durante 365 días deja que este gran hombre de la fe le presente a tu corazón y tu mente el desafío a adorar con más sinceridad, mayor fe, oración más profunda y más pasión por Cristo.

Mi búsqueda diaria es una invitación a pasar unos minutos cada día en presencia de Jesús, guiados por uno de Sus más fieles siervos. Deja que A. W. Tozer te guíe en tu búsqueda de Dios.

A. W. Tozer fue ministro en la Alianza Cristiana y Misionera de 1919 a 1963, y fue editor de la revista *Alliance Life* de 1950 a 1963. Durante su vida, Tozer escribió numerosos libros, siendo el más famoso de ellos *La búsqueda de Dios*.

Otro libro de: www.editorialniveluno.com   *Para vivir la Palabra*

LA MAYORÍA DE LAS COSAS QUE NOS SUCEDEN EN LA VIDA NOS OCURREN POR LA FORMA EN QUE PENSAMOS.

Pensar equivocadamente produce emociones equivocadas, reacciones equivocadas y comportamiento equivocado; en otras palabras, **INFELICIDAD**.

Es por eso que cuando aprendemos a luchar con las creencias erróneas que yacen en la raíz de la mayor parte de nuestros problemas diarios, hemos dado el primer paso en el camino que conduce a la verdadera **FELICIDAD** y al contentamiento **REAL**.

DÍGASE LA VERDAD enseña la manera correcta de pensar. La "terapia para tratar las creencias erróneas" cambiará totalmente su vida, ya que involucra introducir la verdad en su sistema de valores, filosofías, demandas, expectativas, supuestos morales y emocionales, así como también en lo que se dice a sí mismo o su "monólogo interno".

Un libro práctico, optimista y de fácil comprensión. Le mostrará cómo identificar sus creencias erróneas, cómo deshacerse de ellas y reemplazarlas con la verdad.

William Backus, PhD, fundó el Centro de servicios psicológicos cristianos. Antes de su muerte en 2005, fue un psicólogo clínico con licencia y un clérigo luterano ordenado. Escribió muchos libros.

Otro libro de: www.editorialniveluno.com *Para vivir la Palabra*